江苏商务发展 2013

主 编 ◎ 马明龙

南京大学出版社

《江苏商务发展2013》编委会

目 录 CONTENTS

中　篇

下 篇

附 录

上　篇

2013 年江苏省商务运行情况

2013 年,江苏省商务运行总体平稳,稳中趋优,难中有进。消费品市场平稳较快增长,外贸发展难中有进,利用外资继续保持领先,"走出去"增势良好,开发区建设平稳发展。

一 消费品市场平稳较快增长

2013 年,全省累计实现社会消费品零售总额 20 656.5 亿元,同比增长 13.4%。

（1）全省消费稳中有升。2013 年各季度,全省社会消费品零售总额增速稳中有升,同比分别增长 12.8%、12.9%、13.1% 和 13.4%。分区域看,2013 年,城镇实现社会消费品零售总额 18 564.4 亿元,同比增长 13.4%,占全省比重为 89.9%;乡村实现社会消费品零售总额 2 092.1 亿元,同比增长 13.6%,占全省比重为 10.1%。分行业看,批发零售业实现社会消费品零售总额 18 694.9 亿元,同比增长 13.7%,占全省社零额比重为 90.5%,仍居绝对主导地位。住宿餐饮业实现社会消费品零售总额 1 961.7 亿元,同比增长 11.0%,占全省社零额比重为 9.5%。

（2）居民消费结构加快转型。2013 年,限额以上批零业实现社零额 8 877.5亿元,同比增长 12.1%,占限上社零比重为 95.7%。基本必需品、传统消费热点缓中趋稳,全省食品类、日用品销售额同比分别增长 7.6%、6.6%。金银珠宝等保值类商品消费加快,同比增长 26.7%,增幅较 2012 年同期提高了 12.4 个百分点。书报杂志、通讯器材等服务类消费品同比分别增长 13.8%、7.6%。汽车、石油及制品等权重商品增势平稳,同比分别增长 12.8%、12.0%。虽受房地产调控影响,但五金电料、建筑及装潢材料、家具类等住宅相关商品消费仍实现较快增长,同比增幅分别为 22.4%、31.6% 和 16.3%。

表 1　主要行业限额以上社会消费品零售总额

金额单位:亿元

指　标	2013 年		
	绝对值	同比(%)	比重(%)
全省限额以上社会消费品零售额	9 271.6	11.1	100.0
批发和零售业	8 877.5	12.1	95.7
食品、饮料、烟酒	1 009.6	7.6	10.9
日用品	287.7	6.6	3.1
金银珠宝	275.8	26.7	3.0
书报杂志	110.6	13.8	1.2
通讯器材	162.5	7.6	1.8
汽车	2 897.5	12.8	31.3
石油及制品	1 070.7	12.0	11.5
五金、电料	126.6	22.4	1.4
建筑及装潢材料	272.6	31.6	2.9
家具	60.8	16.3	0.7
住宿和餐饮业	394.1	−7.3	4.3

（3）大众化转型效果明显。2013年,全省限额以上住餐业社零额出现下滑,但全口径数据始终正增长,体现了从依靠限上高档消费到依靠限下大众化消费的转型趋势。一方面,限额以下住餐业社零额增速不仅远远高于同期限额以上住餐业,而且增速呈加快之势。另一方面,限额以上住餐业下滑幅度有所收窄,上半年下降8.0%,全年下降7.3%,体现了规模以上住餐企业调整经营结构,从主要经营高档消费转为更加注重中低档消费的趋势。

（4）网络购物发展势头强劲。2013年,全省网络消费等新型消费方式发展较快。据商务部监测,全省网络购物在全国占据了较大份额,2013年"双十一"购物狂欢节中支付宝成交额达到350.2亿元,其中,江苏成交额为24亿元,位居全国第三。

二 货物贸易难中有进

2013年,全省累计进出口5 508.4亿美元,比2012年同期增长0.5%,居全国第二位,占全国比重为13.2%。其中,出口3 288.6亿美元,同比增长0.1%;进口2 219.9亿美元,同比增长1.2%。

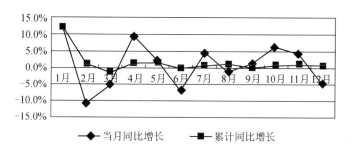

图1　2013年全省月度进出口增长情况

（1）全省进出口低位趋稳,难中有进。2013年,全省进出口总体低位平稳运行,下半年以来持续正增长,增速与全国平均水平的差距从一季度的14.9个百分点逐步缩小至7.1个百分点。其中,出口自下半年以来稳中趋缓,增幅从一季度的3%回落至四季度的0.1%;进口自下半年以来逐步回升,四季度止跌转增,由一季度的下降7.6%转为增长1.2%,提升了8.8个百分点。

（2）苏中进出口增速领先,宿迁泰州增速领跑全省。2013 年,苏南、苏中、苏北进出口分别为 4 746.4 亿、497.6 亿、264.4 亿美元,占全省比重分别为 86.2%、9.0%、4.8%,苏南、苏中地区进出口分别增长 0.5%、6.2%,苏北地区进出口同比下降 9.2%。宿迁进出口、出口增幅均居全省首位,分别增长 19.0%、20.0%。泰州进口增幅居全省首位,同比增长 21.3%。苏州进出口增长 1.2%,占全省进出口的 56.2%。

（3）重点行业出口涨跌分化,机电、高新技术产品出口不振。2013 年,机电产品、高新技术产品分别出口 2 144.0 亿美元和 1 274.2 亿美元,同比分别下降 1.5% 和 2.7%,占全省出口的比重为 65.2% 和 38.8%,与 2012 年相比均下降了 1.1 个百分点。占全省出口近七成的八大重点行业四升四降:纺织服装、化学品、工具和钢材出口同比分别增长了 6.1%、5.8%、4.9% 和 1.5%; IT 产品、光伏产品、交通运输设备、轻工产品出口同比分别下降 1.9%、21.7%、6.6% 和 5.7%。

（4）对主销市场出口有所好转,对新兴市场出口涨跌分化。2013 年,江苏对美国、欧盟、中国香港、日本等四大传统市场分别出口 654.3 亿、571.2 亿、368.3 亿和 312.4 亿美元,占全省出口的比重为 58.0%,比 2012 年下降了 0.3 个百分点。对新兴市场出口同比增长 0.9%,占全省出口比重为 42%,比 2012 年提升了 0.3 个百分点。其中,对东盟出口同比增长 9.0%,对拉美、非洲出口同比分别下降 9.6%、6.0%。对"金砖四国"出口同比下降 4.0%,占全省出口的 6.6%。其中,对印度、南非出口同比分别增长 0.7%、3.3%,对俄罗斯、巴西出口同比分别下降 9.9%、7.2%。

（5）民营企业增速领先,外资企业持续下行。2013 年,全省有进出口实绩的企业 47 956 家,增加了 2 521 家。民营企业进出口 1 620.1 亿美元,同比增长 13.7%,持续领跑全省各类企业;其中,进口、出口同比分别增长 19.7%、10.8%;占全省进出口的比重为 29.4%,比 2012 年提高了 3.4 个百分点。外资企业进出口 3 375.0 亿美元,同比下降 5.2%;其中,进口、出口同比均下降 5.2%;占全省进出口的比重为 61.3%,比 2012 年下降了 3.7 个百分点。

（6）一般贸易增势平稳,加工贸易占比下降。2013 年,一般贸易进出口 2 332.2 亿美元,同比增长 6.4%;占全省进出口比重与加工贸易基本持平,达 42.3%,比 2012 年提高了 2.3 个百分点。其中,出口同比增长 4.3%;进口自下半年以来提速,全年同比增长 10.0%。加工贸易进出口 2 336.5 亿美元,同比下降 5.2%,占全省进出口比重为 42.4%,比 2012 年下降了 2.6 个百分点。其中,出口同比下降 6.3%;进口自下半年跌幅收窄,全年同比下降 3.0%。海关特殊监管区域物流货物进出口 624.3 亿美元,同比增长 7.7%;保税监管场所进出境货物进出口同比下降 9.3%。外投设备、海关特殊监管区设备进口同比分别下降 23.6%、增长 3.1%。

(7)服务贸易增势迅猛,外贸占比进一步提高。2013 年,全省服务贸易进出口 710.1 亿美元,同比增长 37.5%。其中,出口 335.3 亿美元,同比增长 45.5%;进口 374.7 亿美元,同比增长 31.1%。全年服务贸易进出口占同期外贸的比重为 11.4%,较 2012 年同期提高了 2.8 个百分点。

三　利用外资规模继续保持全国领先

2013 年,全省实际使用外资 332.6 亿美元,同比增长 0.98%;全年新增外商投资企业数为 3 453 个,同比下降 16.9%;协议使用外资 472.7 亿美元,同比下降 17.3%。

(1)实际使用外资规模继续保持全国第一。根据商务部口径,全省实际使用外资规模继续位居全国第一,超出第二位的广东 112 亿美元。截至 2013 年,江苏实际使用外资规模连续 11 年位居全国第一,协议使用外资连续 13 年位居全国第一。

(2)产业结构进一步优化,传统优势产业利用外资下降。在全省实际使用外资规模较为稳定的基础上,服务业实际使用外资 139.6 亿美元,同比增长 24.9%,占全省比重达 42%,占比较 2012 年同期提高了 10.7 个百分点;协议使用外资 184.8 亿美元,同比增长 20.3%,占全省比重为 39.1%。第一产业实际使用外资 9.9 亿美元,同比下降 33.5%;第二产业实际使用外资 183.1 亿美元,同比下降 20.7%,占全省比重下降至 55.1%,占比较 2012 年同期下降了 9.5 个百分点。全省服务业利用外资不仅总量较快增长,而且改变了以往过于依赖于房地产的发展模式,服务业利用外资的主要行业如物流仓储业、科学研究和技术服务业、批发和零售业、租赁商务业实际使用外资同比分别增长 64.1%、63.8%、45.2% 和 41.0%。相比之下,传统引资优势产业利用外资均有不同程度的下降,占全省实际使用外资 10%以上的行业中,IT 产业实际使用外资同比下降 15.8%,通用、专用、交通三大设备制造业同比下降 21.2%,电气机械及器材制造业同比下降 25.4%。

(3)新兴业态进一步丰富,利用外资溢出效应不断扩大。外资总部经济加快发展,新申报跨国公司地区总部 22 家,功能性机构 14 家,新引进外商投资性公司 7 家。外资研发投入积极性提升,新引进外资独立法人研发中心 18 家,新增免退税资格外资研发中心 4 家。外资参与江苏企业重组进程加快,164 家江苏企业通过外资并购实现了与境外资本的合资合作。利用外资渠道进一步拓宽,6 家外商投资企业在境外上市。

(4)三大板块稳步发展,区域布局进一步平衡。苏中、苏北实际使用外资增速高于苏南。2013 年,苏南地区实际使用外资规模基本稳定,为 222.8 亿美元,同比微降 0.9%。苏中地区实际使用外资实现增长,为 54.0 亿美元,同比增长 4.0%。苏北地区实际使用外资较快增长,为 55.8 亿美元,同比增长 6.1%。从各省辖市看,与 2012 年同期相比,连云港、镇江实际使用外资增幅超过 40%,无锡、盐城降幅超过 10%。沿海地区实际使用外资 47.1 亿美元,同比增长 6.3%,增速高于全省平均水平 5.3 个百分点。

表 2　2013 年全省各地区利用外资情况

地区	实际使用外资			协议使用外资		
	本期累计(亿美元)	同比	占比	本期累计(亿美元)	同比	占比
全省	332.6	0.98%	100.00%	472.7	−17.3%	100.00%
苏南	222.8	−0.9%	67.0%	267.0	−19.8%	56.5%
苏中	54.0	4.0%	16.2%	112.1	−14.2%	23.7%
苏北	55.8	6.1%	16.8%	93.6	−13.4%	19.8%
沿海地区	47.1	6.3%	14.2%	88.4	−4.9%	18.7%

(5)来自亚洲投资规模稳定,来自欧美、日本投资下降。2013 年,来自亚洲的实际投资金额为 255.0 亿美元,同比略降 1.7%。其中,占全省外资比重超过一半的中国香港对江苏实际投资同比增长 3.2%,来自新加坡、东盟的实

际投资同比分别增长 15.5%、10.3%；来自台湾省的实际投资同比下降 45.7%，受中日政治关系严重影响，来自日本的实际投资同比下降 6.1%。来自欧美的实际投资下降较快，欧盟对全省实际投资 17.0 亿美元，同比下降 11.4%；美国对全省实际投资 7.8 亿美元，同比下降 8.7%。英国对全省投资快速增长，增幅达 46.4%。

四　服务外包发展势头良好

2013 年，全球经济复苏缓慢，内外需持续不振，全省服务外包顶住压力、克服困难，凭借已有的坚实基础和各级政策激励作用，服务外包各项指标继续位居全国前列。全年服务外包合同总额为 295.9 亿美元，同比增长 43.3%，其中，离岸合同金额为 166.9 亿美元，同比增长 40.9%。全省服务外包执行总额达到 238.9 亿美元，同比增长 42.3%，其中，离岸执行金额为 137.7 亿美元，同比增长 40.8%，增速高于全国 5.0 个百分点。截至 2013 年年底，全省服务外包企业登记数为 7 434 家，从业人数达 96.2 万人。

2013 年，全省海内外贸易市场开拓力度进一步加大，企业参加境内外展会积极性提高，参与国际竞争实力提升。国际国内两个市场共同发展，服务外包在岸离岸业务大幅提升。2013 年，全省在岸服务外包执行额为 101.1 亿美元，同比增长 44.6%，占全省服务外包总量的 42.3%。美国、日本和韩国依然是全省离岸服务外包的主要海外市场，占全省离岸业务总量的 33%。从业务类型看，信息技术外包（ITO）、业务流程外包（BPO）、知识流程外包（KPO）稳步发展，执行额与 2012 年同期相比分别增长 46.9%、25.4%、39.4%。从企业性质看，全省外资、民营企业服务外包离岸执行额分别为 68.2 亿美元、57.9 亿美元，分别占全省离岸执行总额的 49.5%、42.0%。2013 年，南京、苏州、无锡继续保持高位增长，苏南五市外包离岸执行总额占全省离岸执行总额的 99%，苏南国际服务外包产业带初具规模，国家级、省级服务外包示范城市引领发展。

五 "走出去"增势稳定

2013年,全省共核准对外投资项目 605 个,同比增长 5.8%;中方协议投资额 61.4 亿美元,同比增长 21.8%。其中,核准境外分公司及办事处项目 55 个;核准境外企业项目 550 个,平均投资规模达 1 113 万美元,同比增加 158 万美元,增幅达 16.5%。全省对外承包工程业务新签合同额 86.6 亿美元,同比增长 20.3%;对外劳务合作业务新签劳务人员合同工资总额 7.6 亿美元,同比增长 22.0%。

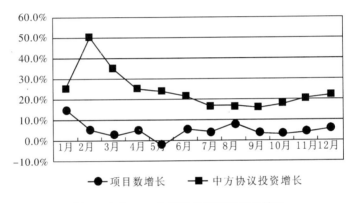

图 2　全省 2013 年境外投资累计增长情况

(1)"走出去"的层次进一步提高。2013年,全省第二产业对外投资项目数为 201 个,中方协议投资额为 29.9 亿美元,同比增长 61.7%。2013 年,全省核准生物医药、交通运输设备制造、专用设备制造、电气机械及器材制造等高端制造业对外投资额同比分别增长 2.7 倍、9.7 倍、5.3 倍、2.3 倍,中方协议投资额共计 10.4 亿美元,共占全省同期总额的 16.9%。

(2)对外承包工程和对外劳务合作水平进一步提高。2013 年,全省对外承包工程完成营业额 72.6 亿美元,同比增长 12.3%,位居全国前列。全省外派劳务市场秩序进一步规范,结构调整取得进展,劳务人员实际收入总额 8.9 亿美元,同比增长 14.7%,位居全国前列。

(3)参股并购类项目规模快速增长。2013 年,全省参股并购类项目中方协议投资额为 12.7 亿美元,同比增长 70.9%,占全省比重为 20.7%;新批项

目 80 个,同比下降 1.2%。参股并购类项目平均投资规模达 1 587.5 万美元,同比增加 390.5 万美元,增幅达 32.6%。

(4)亚欧地区为主要投资地,赴发达国家投资涨跌分化。2013 年,全省新批在亚洲投资额 30.8 亿美元,同比增长 14.7%,占全省比重为 50.2%;新批在欧洲投资额 11.8 亿美元,同比增长 126.5%,占全省比重为 19.2%。亚欧地区中方协议投资额为 42.6 亿美元,占全省比重为 69.4%。赴大洋洲、北美洲的中方协议投资额分别为 3.2 亿美元、5.8 亿美元,同比分别下降 27.6%、4.4%;赴拉丁美洲的中方协议投资额为 4.7 亿美元,同比增长 8.7%。

2013 年江苏省市场运行和消费促进情况

一 | 消费品市场运行情况

2013 年,江苏省消费品市场增长有所放缓。全省全年实现社会消费品零售总额 20 656.52 亿元,同比增长 13.4%,增速低于 2012 年同期 1.6 个百分点。虽然总体增长放缓,但是运行呈现以下特点:

一是横向比较一直处于领先地位。2013 年,江苏省消费市场一直保持增速快于全国、横向比较稳居沿海第一方阵的基本态势。2013 年各季度,江苏省社会消费品零售总额增速稳中有升,同比分别增长 12.8%、12.9%、13.1% 和 13.4%,均快于全国和广东、浙江等省份。全年增速高于全国 0.3 个百分点,分别高于广东、浙江 1.2 和 1.6 个百分点,在沿海主要省份中与山东并列第一。

二是大众化转型效果比较明显。2013 年,江苏省限额以上住餐业社零额出现下滑,但全口径数据始终正增长,体现了从依靠限上高档消费到依靠限下大众化消费的转型趋势。一方面,限额以下住餐业社零额上半年和全年分别增长 41.9% 和 48.02%,不仅远高于同期限额以上住餐业增速,而且增速呈加快之势。另一方面,限额以上住餐业下滑幅度有所收窄,上半年下降 8.0%,全年下降 7.3%,体现了规模以上住餐企业调整经营结构,从主要经营高档消费转为更加注重中低档消费的趋势。

三是消费方式升级的势头强劲。2013 年,江苏省网络消费等新型消费方式保持了较快发展。根据艾瑞咨询发布的 2013 年中国网络购物市场报告,2013 年中国网络购物市场交易规模达到 1.85 万亿元,同比增长 42%。江苏省网络购物在全国占据较大份额,规模在全国位居前列。支付宝统计显示,2013 年网上支出(包含网上消费、转账、还款、缴费等)金额排名前五的省份中,广东位居第一,占全国总量的 15.99%;浙江第二,占 12.17%;北京、上海、江苏紧随其后,分列第三至第五名。年度网络消费百强县中,浙江最多,有 36 个;江苏其次,有 27 个。

二 市场运行和消费促进工作情况

2013 年,江苏省市场运行和消费促进工作稳步推进,市场监测、运行分析、应急保供、消费促进、行业管理等各项工作任务圆满完成,在维护市场稳定、扩大居民消费、促进经济平稳较快增长等方面发挥了积极作用,市场运行监测分析工作继续在商务部评比中位居全国前列。

(一)监测分析方面

(1)市场监测体系进一步完善。一是监测样本进一步优化,增加经营稳定、业绩良好的企业,删除规模较小、报送质量差的企业,确保数据报送的准确性和连续性。二是对全省样本企业结构及销售额占比情况进行梳理,要求各地从规模、业态等方面优化监测样本,对营业规模大的企业重点管理。三是进一步加强对农批市场、超市等与百姓生活密切相关的生活必需品监测,2013 年又新增 6 家日报农批市场,基本每个省辖市有一家农批市场纳入日报监测,为及时了解市场供应及价格走势情况提供了基础。四是强化信息员队伍管理,数据报送质量和信息报送水平得到提高。截至 2013 年年底,全省生活必需品、生产资料、重点流通企业三大直报系统样本企业数量达到 2 600 余家,规模位居全国第一,及时报送率达到 98% 以上,监测智能化水平也不断提高。

(2)加强监测成果转化。2013 年共撰写上报各类市场分析材料近 70 篇,大部分被商务部采用,在考核中取得接近满分成绩。多篇被省委、省政府两办采用,《消费需求仍是经济增长第一拉动力 稳而不旺的趋势或将延续》《关于江苏居民消费需求结构的分析和研究》等分析材料获得省政府分管领导的重要批示。通过江苏"商务预报"网站向社会发布各类信息 10 000 余条,其中原创并推荐给商务部 5 000 余条。与江苏省电视台、江苏省广播电台、江苏经济报三大媒体合作,每周发布江苏"商务预报"电视版、广播版和报纸版。

(二) 消费促进方面

(1) 组织开展促消费活动和项目。组织开展了 2013 年江苏省消费促进月活动。活动期间(1 月 1 日至 2 月 24 日),全省共举办各类促消费活动 90 个(场),参加企业 11 590 家,实现销售额 468.38 亿元,按可比口径计算,增长 15.2%。认真做好品牌体系促进项目试点工作。认真组织对全省首批品牌促进体系试点项目进行验收,5 家试点企业共投入项目建设等资金约 1.73 亿元,约为中央引导资金的 10 倍,项目实施取得良好成效。

(2) 积极开展扩大消费有关课题和政策研究。会同省社科院开展江苏省沿东陇海线、沿海地区扩大消费问题研究,形成研究报告上报省委、省政府。为深入分析消费结构对扩大消费的影响,会同国家统计局江苏调查总队开展江苏省居民消费结构分析课题研究,研究报告获得省政府分管领导重要批示和肯定。加强调查研究,学习兄弟省市做法,积极会同有关部门研究江苏省促消费政策,提出拟由省政府出台的江苏省扩大消费意见初稿,召开座谈会听取专家学者和省各有关部门意见,不断修改完善意见,并已报省政府办公厅。

(三) 应急保供方面

(1) 不断夯实应急保供基础。一是积极落实市级生活必需品储备。截至 2013 年 11 月底,全省各市及省直管县(市)共储备猪肉 17 795 吨,依托蔬菜生产基地和大型农贸批发市场储备蔬菜 31 120 吨,各地政府支持资金 3 180 万元。二是努力提高储备管理水平。采取各储备企业互查和第三方审计结合的方法,加大对省级猪肉储备企业的检查力度,对存在问题的企业依规予以处罚,促进工作更加规范有序,有效确保了省级猪肉储备储得进、调得出、数量实、管得好、用得上。三是认真贯彻落实省政府办公厅《关于江苏省 2013 年价格调控目标责任制的实施意见》有关要求,通过明确工作职责、细化具体措施、加强平时应急演练等措施,提高应急预案可操作性,同时注重抓好应急网络投放建设。四是进一步充实"江苏省应急商品数据库",以全省72家重点企业为依托,对食品、生活用品、救生器材、救灾物资四大类52种商品实施月报,下发信息报送考核办法,努力做到报送及时准确。

(2)积极应对市场保供应急突发事件。一是有效应对H7N9禽流感疫情。针对2013年4月全省大部分地区发生H7N9禽流感疫情、造成市场波动的情况,及时下发《关于加强特殊时期市场保供工作的通知》,加强市场监测,增加水产品和蔬菜市场供应量,及时做好猪肉价格上涨时的应急投放工作,保证生活必需品市场稳定。由于工作成绩突出,被省政府办公厅评为人感染H7N9禽流感疫情防控工作先进集体。二是迅速调运蔬菜援助宁波地区。2013年10月上旬,受强台风影响,浙江宁波地区普降特大暴雨,暴发洪涝灾害。江苏省商务厅按照商务部统一部署,在2013年10月10日上午8点接到任务后的较短时间内,迅速完成与南京众彩农贸批发市场、浙江省商务厅沟通对接等一系列工作,中午12点即安排10.5吨青菜由专人专车发往宁波受灾地区。

(3)认真开展流通领域安全生产工作。按照商务部和省政府统一部署,在全省商务系统组织开展商贸领域安全生产大检查活动,狠抓商贸领域安全生产责任制落实,切实增强各级商贸领域安全生产工作责任感和使命感。活动期间,全省商贸领域组织检查人员11 000余人次,检查商贸企业29 780余家,发现各类隐患5 200余起,现场纠正4 700余起,限期整改500余起,整改率近90%。全省商贸领域安全生产保持了平稳较好态势,大检查工作获得商务部安全生产督查组的好评。

(四)行业管理方面

(1)成品油市场管理。一是积极稳妥解决成品油市场发展中的问题。认真调研梳理全省成品油市场发展中产生的各类问题,以正视历史、面对现实、与时俱进的态度,在合法、合情、合理的范围内,积极寻找稳妥解决方案。二是进一步规范成品油市场管理工作。在充分调研的基础上下发通知,在规划源头、计划安排、对外公告、材料格式等方面进一步规范许可工作。积极推动全省成品油市场管理信息系统建设。三是主动下放有关审批权限。针对人民群众和下级商务部门集中反映的领域,认真梳理现有行政审批权力目录,确定 10 项成品油零售经营审批权限下放委托给省辖市和省直管县(市)执行,同时做好相关衔接服务和监督管理工作,切实缩短了行政流程,提高了审批效率。

(2)茧丝绸管理。围绕贯彻落实国家茧丝绸行业"十二五"发展规划,转变管理模式,强化协调服务,努力扩大江苏丝绸市场份额和影响力。一是会同省农委下达年度行业生产指导性计划。二是会同省工商局、物价局下发通知,加强鲜茧收购秩序管理,出台 2013 年蚕茧收购省级指导价。三是定期收集有关数据,分析市场形势,做好行业监测统计工作。四是会同省财政厅做好国家茧丝绸发展专项资金项目管理工作。五是组织编写蚕茧收烘工作培训教材。六是组织企业参加国家茧丝办开展的 2013 年度设计与营销系列培训和调查、国际丝绸博览会及相关业务会议等。

(3)酒类流通管理。一是充分调研论证江苏省酒类流通管理工作,精心制定符合江苏省实际的《指导意见》贯彻落实具体方案。二是认真执行酒类流通备案登记工作。截至 2013 年年底,全省在商务部酒类流通备案登记系统已备案登记的酒类批发、零售企业共计 105 129 家,同比增加 10.1%,备案企业数在商务部酒类流通备案登记信息系统中位居第一。三是抓好酒类流通电子随附单先行先试工作。在苏州吴江区开展全省酒类电子追溯试点工作,植根于商务部门的《酒类流通随附单》管理,建立了政府监管、企业防伪、消费查询的"三位一体"综合在线管理系统,为江苏酒类流通电子追溯树立了新标杆。四是积极推进酒类流通追溯体系建设试点工作。申报的洋河酒厂股份有限公司酒类追溯体系试点项目已得到江苏省政府支持,获得省财政 2 000 万元支持资金,对保护企业知识产权和加强食品安全管理具有重要意义。

2013 年江苏省商贸流通情况

2013 年,我们以党的十八大、十八届三中全会和省委十二届六次全会精神为指引,认真贯彻落实全国和全省商务工作会议精神,按照厅党组的部署和要求,大力实施流通现代化推进计划,进一步优化流通体系布局,积极创新流通方式,努力营造良好的发展环境,不断提升企业竞争力,取得了较好成效。

一 流通规模跃上新台阶

2013 年,全省社会消费品零售额首次突破 2 万亿元大关,达 20 656.5 亿元,同比增长 13.4%,高于全国 0.3 个百分点,继续稳居全国前列。流通业在扩大消费、引领经济和保障民生中发挥着越来越重要的作用。

二 流通大企业转型步伐加快

在外需不振、宏观经济增长减速、市场竞争加剧的背景下,全省流通企业特别是大型企业采取积极的营销策略和严格的成本控制措施,实施转型升级和多元化发展,销售规模平稳增长,在稳增长、调结构、惠民生、促发展方面继续发挥引领作用。据苏宁云商、华地国际、金鹰集团、南京新百、宏图高科、文峰大世界、南京中央商场、无锡商业大厦等9家上市流通大企业三季度季报,这9家流通大企业营业收入都有15%左右的增长。从政府促进来说,南京市着力扶大扶强,形成了大企业集群,对全市商贸流通业发展起到了引擎作用。苏宁云商加快转型,大力发展电子商务等现代流通方式,实行线上线下一体化发展,预计全年销售额超过2800亿元。南通市实行一企一策,支持企业做大做强,涌现出文峰、化轻、叠石桥等一批有影响力的企业。预计文峰集团、化轻公司全年销售额超过200亿元,叠石桥、南通家纺城全年成交额超过300亿元。

三　现代流通方式快速发展

大力实施流通现代化推进计划,连锁经营、电子商务、现代商贸物流等现代流通方式加快发展。苏宁云商、文峰大世界等大型连锁企业营业收入分别增长10%和13%。盐城市30家规模以上连锁企业实现销售额337亿元,同比增长12.3%,继续保持较快增长。电子商务发展迅猛。苏州市电子商务交易额突破3000亿元,达到3500亿元左右,增幅在30%以上。全年徐州市规模以上企业实现电子商务交易额预计达350亿元,同比增长35%。积极争取商务创新举措在江苏先行先试。苏州市成功获批国家现代服务业综合试点,大力发展现代物流、电子商务和科技服务等生产性服务业,获得中央财政专项扶持3亿元。南京市成功获批国家现代服务业试点城市共同配送试点,获得中央财政专项扶持4000万元。苏州和南京的试点工作都在积极有序推进,并取得初步成效。指导淮安市申报第二批国家中小商贸流通企业服务平台试点工作,并获得通过。

四　大商圈建设稳步推进

南京商圈向高端化、品牌化发展。通过完善商圈规划,优化商业布局,打造网上新街口,构建智慧商圈,提升业态内涵,辐射能力进一步增强。徐州商圈优化布局、加快建设。以提升流通业区域竞争力、打造淮海经济区第一商圈为目标,编制了《徐州市区域性商贸中心发展规划》,加快推进规划实施工作。

2013年徐州市82项重点项目共完成投资300亿元,万达广场等一批功能性项目建成运营,徐州老字号精品街区等特色商业项目建成或主体完工,加快构筑集古城文化旅游资源、现代高端商务商业于一体的时尚大气的核心商圈格局。苏锡常商圈加快现代化、特色化建设。苏州、无锡、常州等市组织开展了特色商业街区、商贸功能区和中央商务区示范创建活动,培育了一批环境优良、功能完善、市场辐射面大,信息流、资金流、物流等一体化运作程度高的商贸流通载体,加快流通业集聚发展。同里古街坊、常熟方塔步行街被评为中国特色(著名)商业街;常熟服装城、东方丝绸市场被确定为商务部重点联系商贸功能区。同时,结合苏南地区城镇化发展,加快建设乡镇商业综合体,打造现代城乡商业空间,形成了一批以大型直营店为龙头,集商业、服务、餐饮、休闲、金融等多功能于一体的商业集聚区,放大商圈的规模效应。南通、盐城、淮安等市特色化发展。根据环境优美、集聚度高、特色鲜明的要求,南通等市大力推进特色商业街、商贸功能区、商业综合体、文化消费区的建设,促进商业服务业向板块式集群方向发展,南通星湖101街区、盐城建军路地下商城、淮安淮海广场中心商业区等一批各具特色的商贸流通项目相继建成开业,成为商贸流通业增长的新亮点。

五 现代商贸物流快速发展

一是加快国家级物流示范城市现代化建设试点。南京、苏州、无锡3市以国家级物流示范城市现代化建设试点为契机,加快贸易、运输、仓储、加工、社会零散物流等资源的整合,积极构建日用消费品和生产资料物流配送体系,加快建设区域性的物流公共信息平台。南京市成功获批国家共同配送试点,制定了江苏省城市共同配送项目管理办法、南京市城市共同配送试点工作方案和城市共同配送专项规划,试点工作正在有序推进。二是鼓励连锁企业自建商贸物流链。依托苏宁、苏果等大型商贸流通企业,一批具有较强竞争力的商贸物流服务主体不断壮大,集展示、交易、仓储、加工、配送等功能于一体的商贸物流体系加快形成。三是第三方物流和物流公共服务平台建设取得进展。苏州(传化)公路港"以信息交易为核心,以国内物流和公路运输为基础,紧密衔接国际物流及空、铁、水多式联运的大型综合物流枢纽",成功打造了"苏州城际货运班车总站"的第三方物流平台。苏锡常等地还通过规划引领和政策配套措施,开发创新了供应链、仓单质押、融通仓等物流金融服务,探索实现了海港－无水港、空港－虚拟港、陆港－公路港等物流一体化集成,不断涌现VMI 和 DC 等先进物流业态。现代商贸物流的快速发展,降低了流通成本,提高了流通效率。

六 流通领域循环经济加快发展

绿色消费力度加大。积极推进国家示范项目建设。南京、徐州、苏州、淮安等 4 市被商务部列为全国再生资源回收体系建设试点城市,省物联集团、常州中再生等 5 家企业被商务部列为全国试点企业。目前,南京市已建成再生资源回收网点 900 个,分拣中心 14 个、集散市场 4 个,全面完成实施方案任务。苏州市已建成的回收网点、分拣中心、集散市场分别占计划数的 75％、100％和 85％,全面完成 2013 年的目标任务。5 家试点企业中,苏北废旧汽车家电拆解公司已建成投产,其他 4 家也正按照实施方案有序推进。试点城市和企业争取在"十二五"期间通过国家再生资源回收体系建设阶段性验收。流通领域节能减排稳步推进。根据《省政府办公厅关于印发 2013 年省级部门节能目标任务的通知》要求,加强宣传发动。积极开展节能宣传周和全国低碳日活动,抵制商品过度包装,引导消费者进行绿色消费,推进大型商场和超市有偿使用塑料购物袋、使用可降解包装袋。引导生产企业"绿色包装",抑制过度包装,促进节能低碳产品的销售使用。开展零售企业节能状况调查工作,有针对性地提出零售业节能改造关键环节和政策支持重点。配合商务部在总结前两年调查经验的基础上,组织省内 10 家企业配合开展零售企业节能状况调查。再生资源回收利用宣传反响较好。8 月份,省商务厅走进省电视台公共频道《政风热线》栏目和江苏省新闻广播 FM937 直播间,就再生资源回收政策咨询及问题投诉,与主持人和听众进行了交流和解答。同时,利用省商务厅网站的《在线访谈》栏目大力宣传再生资源回收相关工作,取得了较好的社会反响。

七 典当业在规范中有序发展

一是依法年审。对全省 369 家典当行进行了年审。4 家企业因违规未通过年审,其中 1 家被取消典当经营资格。二是严格准入。按照商务部要求,完成了全省 2012 年度典当行业发展规划。三是组织培训。举办典当业高管人员培训班,培训人员 200 多人。使企业了解经济形势,熟悉和掌握相关法律法规,增强了企业的风险管控能力,对企业自身的合理定位、拓展业务起到了积极作用。四是加强调研。与人民银行南京分行一道对全省典当业风险情况进行调查,并撰写调研报告,上报央行。五是强化监管。委托会计师事务所对 10% 的现有典当企业进行了随机抽查。重点检查了商务部要求的核查事项。六是日常管理。完成 80 余户典当企业的变更事项审核以及换证。

八 拍卖业在加强监管和服务中稳步发展

一是对全省拍卖行业经营情况进行调查。为加强对拍卖企业的监管,促进全省拍卖业健康有序地发展,省商务厅于 2013 年 3 月制定下发了《关于开展拍卖企业经营情况调查的通知》(苏商流通〔2013〕282 号),通过调查,及时掌握了全省拍卖行业基本情况及行业发展面临的问题,为下一步做好对整个行业的监管和发展提供了有力支撑。二是开展"艺术品拍卖宣传月"活动。5—6 月份,省商务厅在全省开展了"艺术品拍卖宣传月"活动,同时于 5 月初在南京举办了"艺术品拍卖宣传月"专场活动,邀请南京博物院知名专家作"中国书画拍卖与鉴赏"和"玉器鉴定与鉴赏"专题讲座,省拍卖总行有限公司配合举办了古籍善本和当代书画专场拍卖会。全省各市也相继举行了一系列活动。本次宣传月为进一步扩大拍卖的社会影响,为稳增长、扩消费、惠民生、促发展作出了应有贡献。

九 老字号企业在创新中发展

各地对中华老字号企业拆迁安置、品牌保护、技术改造和开展连锁经营等给予政策扶持。积极开展地方老字号认定,加强老字号的对外宣传和推广,加大对老字号的宣传力度,推进"老字号"特色街区打造。南京、无锡、扬州、泰州和盐城等市开展市级老字号认定工作,认定了一批市级老字号。组织老字号企业参加中国中华老字号精品博览会等有关展会,举办江苏老字号创新发展交流会。拟定《江苏老字号认定规范》,为认定江苏老字号做好准备。全省老字号企业在集聚化、特色化、品牌化、规模化发展等方面取得积极成效,总体运营情况良好,加快向良性发展的轨道迈进,受到商务部的肯定。

十 融资租赁和特许经营在探索中发展

通过积极申报和争取,全省新获批 4 家内资融资租赁试点企业,对全省实体经济采用现代营销方式起到示范作用。组织融资租赁企业信息管理系统培训,开展融资租赁企业发展情况调研,调研报告上报商务部。加强特许经营企业日常备案和咨询投诉工作,推动商业特许经营备案权限下放,印发《江苏省商务厅关于委托省辖市和省直管县商务局开展省内商业特许经营备案的通知》(苏商流通〔2013〕1184 号),促进特许经营规范发展。

十一 商贸流通统计工作开局良好

牵头做好商务部布置的全省列入国家典型企业统计的 22 个行业、2 000 多家典型企业的数据审核、上报、汇总工作。协调督促相关处室完成 28 个行业汇总表、行业分析报告上报。与省统计局、南财大合作,完成部分行业汇总测算、行业分析报告,发布 2012—2013 年江苏省流通业发展报告。此项工作在全国处于领先位置,受到商务部的通报表扬。同时,还完成了 2013 年度商贸服务典型企业名录调整与零售业 3 季度季报工作,并督促其他内贸处室做好商贸服务典型企业统计工作。积极推动建立全省流通业统计信息共享机制,起草《全省流通统计信息共享平台建设方案(征求意见稿)》、全省消费及流通业统计资料(季报)样稿,争取与省统计局合作,为全省科学谋划流通业发展提供数据支撑。

十二 第八届跨采会取得圆满成功

本届跨采会以"流通企业国际化的机遇与挑战"为主题,共设展位534个,采供双方举行了1 000多场专业配对洽谈,意向成交额240.8亿元,取得较好成效。其中,大润发、欧尚、沃尔玛等跨国零售集团共达成意向成交额5.2亿元;百思买五星喜获丰收,意向成交额达3.6亿;苏宁、苏果、宏图三胞、雨润等国内百强企业共达成意向成交额223.9亿元;山西大枣等地方特产备受青睐,全省意向成交额达2 240万元。江苏省产品也受到跨国零售集团、国内大型商贸流通企业以及国际采购商的广泛关注和青睐,达成意向成交金额10.1亿元。首次举办了流通产业发展研讨会等高端专业会议,为企业更好地整合国内、国际两种资源,利用国内、国际两个市场,提供了专业领域的前沿信息、先进思想和创新理念。

十三 内贸综合牵头工作有序进行

一是积极推动贯彻落实国发〔2012〕39号文件精神。起草成立全省流通工作领导小组的请示,为省政府代拟成立流通工作领导小组文件,推动建立全省流通工作部门协调和联系机制。起草向国家发展改革委、商务部的汇报材料。二是落实流通现代化推进计划。牵头拟定《流通现代化推进计划实施方案》和流通现代化推进计划2013年上半年和下半年主要工作(重点工作),分解任务到相关处室、明确工作时间节点,扎实推进各项重点工作的落实。起草全省加快推进流通现代化情况汇报材料。开展对全省流通现代化推进计划实施情况的督查和调研,检查各地实施情况,加强分类指导,促进各项措施的落实。三是牵头开展商贸流通业统计和标准化工作。牵头完成28个行业、约2 000家典型企业的数据上报、数据测算等工作,完成2012—2013年江苏省流通业发展报告。牵头做好流通标准的制修订工作,积极推动流通领域和行业重点标准的宣传贯彻。全省的流通标准化工作得到商务部肯定,商务部在江苏省召开了流通标准化工作座谈会,并安排江苏省和苏宁云商在全国流通标准化工作会议上作交流发言。四是牵头开展对流通业发展中重大问题的研究,提出做好江苏省流通体系顶层设计的建议。牵头组织厅领导和部分业务处室负责人实地调研苏宁云商、苏果超市、德基广场、南京云锦等多种业态的流通企业,为全省拟订和实施支持流通企业发展、鼓励商业模式创新的政策提供依据。参与省政府《加强市场体系建设发挥市场配置资源基础性作用》重大课题的调研与撰写。五是起草内贸综合材料。起草向省政府领导汇报内贸情况材料,起草向省政府、商务部的有关汇报材料等。牵头起草商务发展资金中支持流通业发展资金的分配和使用办法等。六是牵头组织有关活动。组织省内大型流通企业与省商务厅驻海外代表的对接交流活动,举行"江苏—拉萨企业对接洽谈会"等。

2013年江苏省商务系统市场秩序工作情况

2013年，江苏省商务系统市场秩序工作按照全省商务工作会议确定的目标任务和全年工作要点，紧紧围绕规范市场秩序、优化消费环境和服务保障民生，创新举措，强化落实，各项工作取得了预期成效。

一 优化思路措施，流通领域食品安全保障有力

（1）肉菜流通追溯体系建设取得新成效。肉菜流通追溯体系正加快实现全省覆盖。推动徐州市列入第四批肉菜流通追溯体系建设国家试点，确定南通、淮安两市为新一批省级试点，全省开展肉菜流通追溯体系建设城市达到7家。追溯体系建设运行成效初显。无锡、南京、苏州三市肉菜流通追溯系统上线运行，常州市追溯体系已试运行。无锡市在城区98家农贸市场和超市卖场实现了肉类蔬菜可追溯；南京、苏州两市实现了猪肉可追溯，分别覆盖了196家、187家农贸市场和超市。南京、无锡两市通过了商务部组织的第一批试点城市评估验收。通过不断优化创新，积极完善长效工作机制。完成了全省肉菜流通追溯

体系统—软件优化和建设规范的制定工作,为全省加快建设进度和互联互通打下坚实基础。同时,针对当前肉菜流通追溯体系建设过程中遇到的困难和问题,组织开展专题调研,对商务部肉菜流通追溯模式进行了优化,确立了全省肉菜追溯体系建设新的工作思路。

(2)生猪屠宰行业结构进一步优化。严格贯彻国家九部委标准和要求,较为顺利地完成了全省生猪屠宰资格审核清理工作,93家屠宰企业通过审核换证。强化生猪屠宰行业常态监管,督促生猪定点屠宰企业落实各项管理制度和管理规范,加大对病害猪无害化处理的监督检查力度,确保定点屠宰企业病害猪不流入市场,较好地保证了市场肉品质量安全,全省肉品质量明显提升。2013年以来,全省未发生重特大生猪肉品质量安全事故。

(3)生猪私屠滥宰势头得到有效遏制。加大打击生猪私屠滥宰工作力度,在全省范围组织了两次专项整治,共受理举报投诉82件,出动执法人员7 781人次,检查屠宰经营企业965家,查办违法违规案件85件,查处涉案人员6人,查获非法肉品7 385.9公斤、注水猪257头,罚没款15.85万元。重点查处了盱眙县管镇镇私屠滥宰案、包括公安部和厅领导督办件在内共26件举报投诉案件,有效遏制了私屠滥宰势头,总体保持了全省生猪屠宰秩序稳定。

二 加强基础建设,商务行政执法加快走向规范

(1)专职执法队伍数量进一步增加。2013年,全省新增13个县(市、区)成立了商务行政执法大队,至此,全省商务综合行政执法队伍总数达到51支。其中,省辖市8支;县(市)32支,覆盖面达71.1%,超额完成厅党组2013年下达的任务指标。盐城、淮安两市已实现商务行政执法县(市、区)级全覆盖。

(2)执法行为进一步规范。对各市、县(市、区)级180多名商务行政执法领导和骨干进行了10个专题的系统培训,为开展综合执法奠定了基础,得到基层商务部门充分认可。下半年,全省组织了《商务行政处罚程序规定》专项检查,对所有执法支(大)队执法案卷(档案)进行了抽查评比,进一步规范了执法行为和程序。通过检查评比,对全省执法队伍强化依法行政意识,规范行政处罚行为,完善执法案卷文书起到了有力促进作用。

（3）执法考评进一步加强。对全省执法队伍开展年度工作绩效考评。通过考评，掌握了执法数据，促进了量化管理，厘清了优劣差距，激励了争先创优。2013年，无锡江阴市、南通海安县被评为全国商务行政执法先进县（市）。

三　开展示范创建，商务信用体系建设初见成效

（1）商务诚信建设有新突破。全省大张旗鼓地组织开展了"学习双桂坊、诚信做食品"诚信经营示范创建和"诚信兴商宣传月"活动，诚信经营理念已在全省流通领域形成浓厚氛围。积极推进无锡市商务诚信建设试点，示范引领全省流通行业。深入调查研究，完成了全省商务领域企业信用信息系统建设方案制订工作。

（2）预付销售有力助推内需的扩大。积极引导流通企业开展预付销售，规范单用途商业预付卡发行。在商务部《单用途商业预付卡管理办法》基础上，细化发布了《江苏省单用途商业预付卡管理实施细则》。积极做好备案管理，全省完成了310家发卡企业备案。针对单用途商业预付卡发行中的不规范行为，下半年，组织开展了为期5个月的单用途商业预付卡规范管理专项行动，对企业备案、资金存管、制度落实等方面存在的问题进行集中规范，取得良好效果，在商务部绩效考核中，江苏排名全国第三。

（3）积极稳妥开展内资商业保理试点工作。根据商务部《关于在重庆两江新区、苏南现代化建设示范区、苏州工业园区开展商业保理试点有关问题的复函》，及时研究提出江苏开展内资商业保理工作的安排和《内资商业保理企业设立审批指引》，积极稳妥地在苏南现代化示范区开展内资商业保理试点工作。

四　加大协调力度，打击侵权假冒工作取得显著成果

（1）组织领导更加有力。省政府高度重视打击侵犯知识产权和制售假冒伪劣商品工作，召开了全省打击侵权假冒工作领导小组全体成员会议，傅自应副省长做了工作部署。省政府办公厅和省领导小组办公室制定下发了《2013年全省打击侵权假冒工作要点》和《2013年全省打击侵权假冒任务分解

表》,细化了成员单位具体工作任务。充分发挥领导小组办公室牵头、协调和督办作用,加强与成员单位的沟通和服务,针对重要工作、重点案件,多次进行协调和督办。

(2)查办了一批大案要案,有力地打击了侵权假冒嚣张气焰。将"深挖犯罪源头、摧毁犯罪网络、严惩骨干分子、防止死灰复燃"作为首要目标,以危害创新发展、危害扩大内需和就业、危害人民群众生命健康、危害生产生活安全、危害粮食安全和农民利益等犯罪行为为重点,积极推进行政执法与刑事司法衔接,加强刑事犯罪司法打击力度,加快案件审理,依法打击犯罪分子。截至2013年11月底,全省行政执法机关共立案 15 337 件,办结 11 716 件;公安机关破获侵权假冒犯罪案件 2 421 件,抓获犯罪嫌疑人 3 608 人;检察机关依法起诉侵权假冒案件 538 件,起诉犯罪嫌疑人 1 075 人;人民法院依法判决侵权假冒案件 574 件。

(3)市场环境进一步改善。在食品、药品、农资、儿童用品、建筑钢材、汽车配件等重点领域组织开展专项整治行动,适时组织行业性、区域性、季节性的专项执法行动,有效保护了注册商标权、著作权和专利权,侵权假冒违法势头得到了有效遏制;省、市、县三级政府机关软件正版化顺利完成,并以省属企业和省内新闻出版企业为重点,推动企业使用正版软件;深入开展"知识产权宣传周"和知识产权保护法制宣传教育活动,加大"正版正货"承诺工作推进力度,深化"正版正货"示范街区品牌的社会认知度,打击侵权假冒长效机制初步建立。

(4)督查考核更加有效。按照全国打击侵权假冒工作领导小组办公室统一部署和省社会管理综合治理委员会办公室工作安排,组织成员单位开展对13 个省辖市和 3 个省管县 2013 年打击侵权假冒工作绩效考核。完成国家考核组对江苏 2012 年打击侵权假冒工作的督查考核工作,得到了全国领导小组办公室和国家考核组的好评,组织了省打击侵权假冒工作领导小组的 32 个成员单位迎接国家考核组对江苏 2013 年打击侵权假冒工作的现场考核。

五 夯实工作基础，药品流通和直销行业管理稳步推进

（1）积极做好全省短缺药品保障供应工作。会同省食品药品监督管理局开展了全省短缺药品承储企业遴选工作，制定遴选方案，从20余家企业中选定江苏省医药公司等4家企业作为短缺药品承储企业。

（2）组织开展药品流通行业统计工作。2013年，全省药品流通行业预计实现销售总额1 032亿元，同比增长14％；实现利润13.2亿元，同比增长26％。积极组织开展医药物流服务延伸工作调研，总结推广南京医药、苏州礼安等企业开展药事服务管理的先进经验上报商务部市场秩序司，在全国药品流通行业受到好评。2013年，全省有52家企业被列入商务部药品流通直报企业。

（3）切实加强直销管理工作。规范开展内资直销企业扩区设点、直销培训员和直销产品备案等业务审核和管理工作。2013年，江苏3家内资直销企业在浙江、山东等省新设立分支机构共5家，新覆盖的地级市共达到64个；新增直销产品200余种，新增直销培训员20人。

2013年江苏省商务系统市场体系建设工作情况

2013年,全省市场体系建设工作条线紧紧围绕稳增长、扩内需和保民生,优化流通产业布局,加快农产品现代流通体系建设,积极促进城市商业发展,为建立和完善统一开放、竞争有序的现代市场体系,促进全省经济又好又快发展作出了贡献。

(一)以促进流通创新为重点,加快农产品流通体系建设

一是总结推广农产品流通创新典型经验。注重从基层发现好思路、好做法,加以总结概括成为适宜推广的模式,重点支持其快速发展成为行业典型。2013年9月,在南京召开了"鲜活农产品直供社区"示范工程现场会,推广南京众彩农副产品批发市场线上与线下相结合的鲜活农产品社区直供(直销)店模式。南京众彩的典型做法得到了商务部的充分肯定,2013年11月,商务部在南京召开了"农产品市场体系建设现场会",江苏省商务厅在会上作了典型发言。二是开展鲜活农产品直供社区示范工程。出台《江苏省商务厅关于推进鲜活农产品直供社区示范工程的意见》,推进以大型流通企业为主导,以批零一体化、连锁经营和社

区直供(直销)为特征,以"线下"与"线上"相结合为发展趋势的鲜活农产品社区直供(直销)网络建设。落实省级资金扶持政策,推动鲜活农产品直供(直销)店、加工配送中心建设,全省共完成 300 多个直供(直销)店建设。三是实施农产品流通体系集中连片建设。积极争取商务部支持,成为全国 8 个连片加强农产品流通体系建设的地区之一。联合省财政厅下发《关于组织申报 2013 年全省农产品流通和农村市场体系建设项目的通知》,组织各地拟定实施方案,开展项目申报。会同省财政厅成立专家评审组对各市上报的实施方案进行评审,优选实施地区和项目承办主体连片推进农产品流通项目建设。

(二)以提升"万村千乡市场工程"运行质量为突破口,推进农村流通网络建设

推动信息化改造。完成对 2012 年建设的农家店信息化改造项目的验收工作,共验收合格农家店 2 868 家。选择银联商务公司、中国移动公司继续开展信息化改造工作,在全省农村地区再改造一批门店,使更多农家店能够具备金融消费、移动通信功能。开展项目验收和绩效评价工作。组织全省各市、县对 2012 年建设的项目进行验收,验收合格 1 541 个农家店、16 个配送中心、30 个乡镇商贸中心。全省累计建设农家店 2.2 万余个,配送中心 211 个。探索发展农村现代市场体系。积极争取商务部支持,成为全国加强农村市场体系现代化的试点地区之一。组织省内有关市按先行先试、适度超前、制度超前、配套推进的原则,在农村地区探索推进现代流通方式、现代流通科技和新型业态。目前已组织各地拟定实施方案,开展项目申报工作。

(三)以规范、改造、整合和提升为手段,促进城市商业发展

加强汽车流通行业规范化建设。会同有关部门研究制定了《关于进一步加强二手车市场监管,促进二手车流通健康发展的意见》。下发《省商务厅关于加强二手车鉴定评估机构管理的通知》,进一步规范二手车鉴定评估机构核准证书的申领、换证、变更及年审工作程序和申报材料。认真贯彻落实国家四部委《机动车强制报废标准规定》,牵头协调发改、公安、环保等部门,研究提出了贯彻实施意见。配合相关部门部署机动车安全隐患大检查工作。积极引导二手车交易市场引进或创新交易模式,品牌二手车经销置换、拍卖、寄卖、展销

等多种先进的交易模式不断涌现。加强对二手车交易市场升级改造示范项目的协调、跟踪、监督和指导。支持省有关协会在全省开展报废汽车回收拆解企业升级改造。牵头协调公安、交通、工商、质监等部门做好全省报废汽车专项整治工作,按照职能分工,对拆解企业、汽车生产企业、汽车维修企业及物资回收市场进行了集中清理整治,对重点市场和重点地区进行专项执法检查。通过专项整治,查处违法违规网点(市场)25 家,取缔非法经营网点 6 个,查处拼装、报废车辆上路行驶违法行为 2 740 余起。组织开展报废汽车回收拆解行业发展调研,形成了《江苏省报废汽车回收拆解行业发展规划(2013—2015)(送审稿)》,上报省政府。按照《标准化菜市场设置与管理规范》要求,继续指导各地逐步分类实施标准化菜市场升级改造。

(四) 以做好网点规划工作为基础,推进内贸规划工作

商业网点规划续编、修编工作进展顺利。网点规划修编工作继续推进,半数以上省辖市已先后进行了修编后的网点规划的论证。网点规划实施工作逐步推开。各市商务主管部门积极推进工作开展:盐城市商务主管部门根据市政府制定的《关于加强盐城市区商业设施建设管理工作的意见》,对市区大型商业设施的选址、功能定位、建设设计、项目建设等进行全过程监督管理。淮安市明确市商务局为城市规划委员会和土地经营管理委员会成员单位,参与城市规划的审查与实施,全程参与研究确定市区土地经营管理政策、土地储备出让开发、上市计划等,将市区商业网点相关规划关口前移,把控关键环节。2013 年 12 月,在商务部召开的全国商业网点规划培训会上,淮安市商务局作了大会交流发言,这是继盐城市商务局在 2011 年全国商业网点规划培训会上作经验介绍后,江苏地级城市在全国性会议上的又一次亮相。常州市商务局拟定了《关于加强市区商业网点建设管理的意见》,并由市政府办公室印发全市贯彻执行。连云港市商务局为加强对大型商业设施建设管理服务工作的研究和推进,报请市政府办公室成立了市区大型商业设施建设管理服务工作领导小组,研究制定了联席会议制度,明确提出了各成员单位的职责和相关的运行推进机制。

扎实做好《国内贸易发展规划(2011—2015 年)》以及对接文件的贯彻落实。按时向商务部上报江苏贯彻落实《国内贸易发展规划(2011—2015 年)》

有关对接文件的情况。召开全国规划工作电视电话会议江苏分会场会议，对下一步全省内贸规划工作作出部署。及时报送 32 个行业指导性文件转发情况和内贸专项规划制定情况。制定推进国内贸易规划和商业网点规划分年度工作计划。认真开展国内贸易规划中期评估。

（五）以加强调研为主要内容，做好市场体系建设的基础性和前瞻性工作

开展包括农产品流通情况、农批市场、农产品流通基础设施数据调查。根据商务部市场建设司的要求，拍摄了《江苏省农产品流通模式创新巡礼》电视专题片。组织全省各市开展农村市场调研，专门赴常州市、泰州市和宿迁市的农村地区进行实地调研，完成《江苏省农村市场专题调研报告》。聘请会计师事务所对 2005—2012 年的"万村千乡市场工程"项目建设情况做了全面的检查梳理，完成全省"万村千乡市场工程"绩效评价报告，上报商务部。为及时了解和掌握重点商品交易市场运营情况，以及内外贸融合发展趋势和建议，在多次调研的基础上，研究提出了全省商品交易市场前 50 强运营情况定期报送制度。组织开展了部分重点商品交易市场座谈会。克服指标设置多、覆盖面广、时间要求紧、调查难度大等困难，组织全条线力量赴辖区第一线，对营业面积 5 000 平方米以上的商业网点的经营业态、营业面积、销售额等指标逐个进行调查统计，对在建商业网点和近年来停业、歇业的网点进行调查摸底，为今后加强流通基础设施建设管理积累了详实的基础性资料。按照商务部要求，积极配合做好商业领域对外开放课题研究，在有关处室的大力协助下，对全省商业领域利用外资的情况、存在问题进行了梳理分析，并提出了进一步推进工作的意见和建议。根据商务部要求，协助国务院发展研究中心市场经济研究所开展长三角商业功能区规划的调研，搜集整理并提供了许多的情况和数据。

2013 年江苏省电子商务发展情况

一 江苏省 2013 年电子商务发展概况

近年来,江苏省电子商务快速发展。一是市场规模不断扩大。2013 年,全省电子商务交易额 1.2 万元,网络零售额 1 800 亿元。支付宝 2013 年度账单显示,江苏居民网上支出额列全国第五位,网络消费百强县前十名中,江苏占四席。二是应用程度进一步普及。截至 2013 年年底,全省网民规模 4 095 万人,互联网普及率达到 51.7%;备案网站数为 345 634 个,经营性网站达到 21 万个,其中网络交易平台 216 个(其中 B2B 97 个,B2C 112 个,C2C 7 个)。三是经营业态日趋丰富。网络零售平台、企业间平台、大宗商品交易平台、跨境贸易电子商务平台等稳步发展,第三方平台、电子商务支撑服务等业态不断涌现。四是应用领域日益广泛和深入。除商贸流通企业积极应用电子商务外,冶金、石化、机械、电子、轻工、纺织、建筑、民航、医药、烟草、公交、农业、林业等行业都积极涉足电子商务,"淘常州"、"锡货网上行"等区域性电子商务应用蓬勃发展,南京众彩物流的"E 鲜美"、常州凌家塘的"万家鲜"等生鲜食品电商依托专业大市场发展良好。五是管理机制逐步建立。江苏省商务厅以及无锡、淮安等市商务主管部门都已成立电子商务处,其他省辖市商务主管部门也在积极筹建或确定电子商务职能处室。6月份,省政府成立"省跨境贸易电子商务服务试点工作领导小组",推动全省开展跨境电子商务零售出口试点,促进外贸转型升级。目前,省政府正积极推动建立江苏省电子商务跨部门协调工作机制,加大全省电子商务工作推进力度。

二 江苏省电子商务平台发展情况

江苏电子商务平台总体发展态势良好,一批骨干电商企业脱颖而出。在B2B平台领域,2013年中国制造网订单交易额约420亿美元;截至2013年10月,仕德伟网络科技研发并运营的循环经济门户"5R网",企业注册总数接近20万家,规模以上企业总数超过2万家,废料交易信息突破30万条,产品设备信息突破40万条,平台再生资源交易量超过30万吨,成为江苏乃至全国具有重要影响力的循环经济信息发布和再生资源交易电子商务平台。在网络零售平台领域,2013年苏宁易购网络销售额约300亿元,同比增长八成;途牛网跻身国内在线旅游品牌影响力前十;同程网创新运营模式,通过架构"一站式"旅游预订、旅游社区和旅游B2B三个战略业务单元,成功地将旅游企业间交易、普通大众的旅游预订行为以及购买前后的资讯搜集和生产过程有机地融合在一起;宏图三胞的"新街口商圈网"整合新街口商圈3平方公里内的4家大型百货商场以及1 000余家中小商业企业,打算再造一个"网上新街口",为传统商业企业转型升级提供平台。在大宗商品平台领域,中国纺织材料交易中心已吸引国内纺织业领军企业2 382家注册,交易企业数468家,无锡不锈钢电子交易中心、华西村大宗商品电子交易中心成为国际市场价格指数发布中心,南通叠石桥家纺、吴江盛泽丝绸、张家港化工被商务部定为中国商品指数发布中心。在移动电子商务平台领域,无锡"买卖宝"掌上移动商城,是国内第一家专业从事移动互联网的B2C商城,借鉴传统互联网成熟的电子商务模式,结合手机的移动便携优势,面向广大四、五线城市,尤其是村镇手机上网用户,提供贴心周到、安全私密的网络购物服务,服务对象可覆盖至全国5亿乡镇居民群众。

三 江苏省电子商务应用情况

江苏传统优势工业企业如沙钢、波司登、海澜、徐工、红豆等,纷纷将电子商务作为企业发展方式转型的突破口。全省工业企业在淘宝网等平台上开店数位居全国前列。目前,全省冶金、石化、机械、电子、轻工、纺织、医药、烟草等行业,都涌现出了一批专业性知名网站。如红豆集团不断推进红豆商城、轩帝尼高端定制、红豆网络订货平台发展,以及集团各大品牌在淘宝、京东等第三方平台的运营,2013 年 3 月,获得由中国电子商务协会颁发的"运营模式创新奖"荣誉,2013 年 4 月,获得由商务部颁发的"国家级电子商务示范企业"称号。

江苏充分利用农村地区现有的网络建设基础,推动电子商务向农村延伸。如皋市、海安县、如东县等全国农村商务信息服务试点县(市)的示范、辐射效应不断增强,农产品网上购销对接日益紧密。南京市高淳区在淘宝网开设的"特色中国·高淳馆",是全省第一个地方特色馆,该项目上线以来,有力推动了当地的螃蟹等地方特色农产品销售,月销售额过 1 000 万元,在淘宝地方特色馆中名列前茅。截至 2013 年 12 月,全国共有 20 个淘宝村,其中江苏有 3 个,分别是:徐州市睢宁县沙集镇,网商超过 2 000 家,主营板材家具;宿迁市耿车镇大众村,网商 300 家,主营板材家具;沭阳县颜集镇,网商超过 2 000 家,主营花木。

江苏已建成能够基本满足旅游电子商务迅速发展需要的网络体系,典型企业发展迅速。其中,同程网是拥有 B2B 旅游企业间平台和 B2C 大众旅游平台的旅游网站,截至 2013 年 11 月 1 日,同程网的注册会员累计达到了 4 600 多万人,平台全年交易额超过 90 亿元人民币,行业影响力持续扩大。镇江市启动了智慧旅游云计算平台,以及架构在该云平台上的旅游信息服务门户和应用平台建设,预计投资超过一亿元。2013 年,常州恐龙园股份有限公司对电子商务业务实现了全面整合,票务系统与携程网实现技术对接,打通了与长三角地区三大 OTA(在线旅游代理商)网站携程、同程、驴妈妈的对接。

江苏电子商务"惠民生"的功能得到了进一步深化和拓展。面向日常生活,以服务本地居民为主的区域性服务平台不断涌现,为居民提供保洁、月嫂、家教、维修、送餐、代购、打的等各类服务。常州买东西网络科技有限公司的"淘常州"平台运用创新的同城 B2B2C 模式,打造了一个集电子商务、商品销售、现代物流、便民服务于一体的大型综合性消费服务平台。无锡市的"锡货网上行"官方导购平台已经建成上线。

在传统流通企业电子商务应用领域,全省涌现出一批借助电子商务转型升级,实现加速发展的国家级、省级示范企业。2013 年,家电零售龙头企业苏宁电器更名为"苏宁云商集团",并提出云商模式,确定了线上线下融合发展的基本战略。苏宁云商线上开放平台,通过进一步优化网站结构,提升用户体验,并在销售实体商品的基础上,拓展本地生活、商旅、数字应用、金融、云服务等虚拟产品的经营,同时,积极打造包括手机、PAD、智能电视、门店终端等 PC 平台外的终端平台。2013 年前三季度,苏宁易购平台电子商务业务实现销售额 189.72 亿元,同比增长 98.5%,苏宁易购网站 SKU 总数超 300 多万,线上线下注册会员总数达 1.2 亿人。宏图三胞打造的"新街口商圈网"探索建设以商业中心区为主体的网上商圈,促进圈内企业线上与线下一体化经营,成为新街口商圈转型升级的重要平台。

江苏积极推进跨境电子商务发展,明确南京、苏州、无锡作为省内第一批跨境电子商务试点城市,充分发挥跨境电子商务推动外贸转型升级的重要作用。南京市确定以龙潭保税物流中心为依托,采取"保税出口"方式开展试点;苏州市以苏州工业园区的苏州物流中心有限公司为依托,以"一般出口"方式开展试点;无锡市以苏南国际机场为依托,采取"机场监管场所+国际快件中心"方式开展试点。目前,苏州跨境贸易电子商务服务试点平台已于 2013 年 12 月 18 日正式启动,兰亭集势(苏州)贸易有限公司每天约有 200—300 单业务通过该平台出口。

四 | 电子商务支撑服务业发展状况

截至 2013 年 7 月,央行累计发放 250 张支付机构牌照,其中江苏籍企业 15 家。2013 年,全省新增 3 家,分别是江苏飞银商务智能科技有限公司、南京会购信息科技有限责任公司、江苏金禧智能卡管理有限公司。2013 年,获得支付牌照的外地企业有 5 家在江苏设有分公司,分别是:艾登瑞德(中国)有限公司

(落户无锡)、北京随行付信息技术有限公司(南京分公司)、现代金融控股成都有限公司(江苏分公司)、北京通融通信息技术有限公司(南京分公司)、上海畅购企业服务有限公司(苏、锡、常、南京、昆山分公司)。

全省重点扶持 68 家重点物流园区、20 家示范区、200 家重点物流企业加快发展,南京、苏州、徐州等市已成为区域物流配送中心,苏宁"物流云"项目加快建设,全球多家著名连锁企业,如家乐福、欧尚、沃尔玛等,均计划在江苏建设物流采购中心,快递服务网络已通达省内县级以上城市和绝大部分乡镇区域。

2013 年出台的《江苏省大力促进信息化发展和切实保障信息安全实施意见》及《江苏省智慧城市建设实施意见》,为电子商务健康发展创造了良好环境。全社会信用体系建设初具规模,省市公共信用信息平台、企业和个人征信系统运行良好。政府网络信任体系建设全国领先,已发放有效数字证书超过150 万张。江苏买卖网电子商务有限公司是国家工信部批准的"国家可信电子签名和数据电文试点"应用支撑单位,其研制的"第三方电子缔约公共服务支撑平台"已通过工信部验收,为电子商务企业营造了安全、高效且有法律效力保障的网络交易环境。

江苏通过打造电子商务特色产业园区,吸引电子商务以及为电商服务的各类企业入驻,推动电子商务产业集聚发展。各地利用现有条件,建设以平台运营、软件开发、营销推广等为主导功能的特色园区,推动电子商务服务业加快发展。2013 年,南京(建邺)电商示范基地先导区载体已有百余家企业入驻,科技企业加速器已于 2013 年上半年完成装修,网联科技、网讯(南京)电商呼叫中心、金娃娃科技等 20 余家初具规模的电商企业已于 2013 年 8 月全面入驻。建邺区现有各类企业发展平台 100 多个,通过建立公共数据中心、服务器托管中心和物流调度中心,全面整合电商产业资源。

五 | 示范城市建设情况

江苏省现有南京、苏州两个国家级电子商务示范城市。两市相继出台了一批法规和规划,积极推进试点专项工作,发挥了良好的示范引领作用。

(1)完善电子商务发展环境。南京出台了《南京市十二五电子商务发展规划》、《关于鼓励和支持南京市电子商务发展的若干意见》,明确了南京电子商务发展的总体思路、工作目标、主要工作、重点建设内容和发展保障体系,提出了总体产业空间布局。苏州先后制定出台了《苏州创建国家电子商务示范城市实施意见》、《关于加快苏州电子商务发展意见》,以及《关于促进电子商务发展的若干政策意见》和《苏州市电子商务"十二五"专项规划》。此外,两市都相继成立了电子商务协会。

(2)加强统计系统建设。南京市建立了南京电子商务网络直报系统,并在南京电子商务协会会员中开展季报和年报工作。苏州市与行业协会建立了苏州市电子商务典型企业统计信息系统,通过制定电子商务企业认定标准,积极开展认定工作,逐步建立起苏州电子商务企业数据库。苏州还从重点企业和协会会员单位入手,计划用 2 年时间,逐步建立起一套集数据采集、分析、评估、预测、监管和公示等职能于一体的综合性信用信息服务平台。

(3)有序推进试点项目。苏州被列入国家示范城市应用性试点的绸都网、同程网、常熟服装城、苏州银行等单位的 4 个项目建设推进顺利。其中,绸都网纺织电子交易系统、苏州"社会保障·市民卡"已上线运营,同程网的移动客户应用系统、常熟服装城的服装电子商务交易平台已进入测试完善阶段。南京市积极推进金融 IC 卡便民支付应用,继 2012 年在农贸市场启动金融 IC 卡便民支付应用试点工作后,2013 年南京市商务局再次与人民银行南京银管部联合下发了《关于开展南京地铁商圈"小额便民支付无障碍示范区"建设的通知》,地铁商铺无障碍刷卡,为消费者提供便捷、安全的支付环境。

(4)积极发挥示范作用。南京和苏州结合示范城市的创建,加强电子商务支撑体系建设,积极开拓创新,较好地发挥了示范作用。南京市加强信用体系建设,依托中国国际电子商务中心中国商务信用平台,联合打造了南京电子商务信用平台,目前已对 80 多家电商企业进行了评级认证。同时,积极帮助江苏买卖网公司推广应用 PKI(公钥基础设施)技术,组织南京电子商务协会及苏宁云商、新百商店等企业进行对接,促进可靠电子签名和数据电文应用在电子商务领域的应用发展。苏州依托工业园区综保区(物流中心),成功申报了国家跨境贸易电子商务服务试点,率先在全国建成了功能全、政策优、服务佳的"跨境电子商务一站式服务平台",并在 2013 年年底成功实现江苏跨境零售出口第一单。

六 示范基地建设情况

　　江苏省现有南京建邺区(电子商务基地)和苏州金枫产业园两家国家级示范基地。

　　(1)加强园区硬件建设,集聚效应初步显现。目前,南京建邺区示范基地规划建筑面积约 80 万平方米,先导区两大核心载体——江东产业园和舜天产业园相继开园,共有 100 余家企业入驻,基地通过租赁载体、房租补贴等方式来满足电商企业的载体需求。苏州金枫产业园已拥有 A、B、C 三个园区,共计孵化面积 60 000 平方米,集聚企业 130 余家,2013 年,园区经营总额近 8 亿元,实现税收收入 1 200 多万元。

　　(2)完善基地组织架构和政策体系。一是建立工作机制。南京、苏州两市形成市、区、基地三级联动机制,成立国家电子商务示范基地领导工作小组,配置专职人员开展工作。二是完善工作意见。苏州先后制定了《关于促进电子商务发展的若干政策意见》、《关于促进吴中区商务转型升级的若干意见》等促进电子商务产业发展的专项扶持政策。南京先后制订了《关于实施创新驱动战略建设创新型城区的决定》、《南京市建邺区迎青奥"千日行动计划"(2011—2014)》、《建邺区科技创新创业五年发展计划》、《关于加快建邺区电子商务产业发展的若干意见》、《建邺区电子商务产业发展促进办法(试行)》等一系列扶持政策。目前,上述政策都已发布实施。三是落实扶持政策。南京和苏州通过租金优惠、财税奖励、电商专项扶持、人才专项扶持等,为企业落地发展提供政策性保障。南京建邺区设立每年 2 000 万元的电子商务产业发展专项基金,推动了电商平台企业做大做强、支持电子商务支付服务和移动电子商务内容提供服务发展,培育电子商务总部企业。

　　(3)不断完善配套服务体系。一是加强公共平台建设。积极建立公共数据中心、服务器托管中心和物流调度中心,全面整合电商产业资源,为园区内多家企业提供各项增值服务。苏州 IDC 数据中心于 2013 年正式投入试运行;"金枫网"服务平台预计 2014 年正式上线运行,主要为园内电商企业免费提供互动交流、信息发布、推广宣传等服务。二是建设"电商企业孵化平台"。通过电商企业孵化器、电商企业上市计划及电商普及培训等方式,为创业型中小企业提供良好的运营基础环境和企业运作、市场拓展等多方面的支持,解决电子商务中小企业因购置工具软件造成的开发成本过高、人才招聘和培训难等问题,降低中小企业创业风险和创业成本。三是深化金融创新。南京发起设立了规模1亿元的电子商务科技金融创新创业产业引导基金,构筑以天使投资、风险投资、股权投资和产业基金为重点的支持自主创新的电商科技金融体系。苏州的投融资服务平台"科创贷"结合了多家银行与基金公司,为企业开展无抵押、零利率、持股孵化等多项融资服务,2013年,已为10多家企业成功提供小额贷款服务。

此外,示范基地还在公共服务体系和平台建设,做好已签约企业的落地服务,加快高层次电商人才引进,组织基地电商企业开展合作,营造良好的电商生态环境等方面做了大量工作。

七 示范企业建设情况

江苏省有7家企业获评"商务部2013—2014年度电子商务示范企业",分别分布在南京、无锡、苏州三市。

苏宁云商集团旗下苏宁易购是全国排名三甲的B2C电子商务平台,2013年,网络零售额达到300亿元,注册会员3 000多万人,网站商品SKU总量已超过200万。2013年年底,苏宁累计建成并投入使用的物流基地达24个,物流网络可以深度辐射到全国2 800多个县(区)以上的地区。2013年2月21日,苏宁电器正式更名为苏宁云商集团股份有限公司,围绕新的云商战略,全面整合商品、供应链、市场、物流、售后、IT服务等多种共享资源,成为"店商+电商+零售服务商"。6月8日,苏宁云商宣布全面推行线上线下同价,全国所有苏宁门店、乐购仕门店销售的所有商品将与苏宁易购实现同品同价,双线同价标志着苏宁O2O模式的全面运行。9月12日,苏宁开放平台"苏宁云台"正式推出,标志着苏宁已全面转型互联网零售企业。

焦点科技旗下的中国制造网电子商务平台(Made-in-China.com)作为第三方B2B电子商务平台为中国供应商和全球采购商(供求双方)提供了一个发布供求信息和寻找贸易合作伙伴的电子交易市场,为供求双方提供交易信息的发布、搜索、管理服务,为供求双方的初步沟通与磋商提供工具与手段,为供求双方进行贸易合作提供信息、及其他涉及供求双方业务与贸易过程的相关服务。据测算,2013 年,中国制造网达成的交易额为 420 亿美元。

宏图三胞高科技有限公司是三胞集团有限公司的全资子公司。公司打造的基于 CRS(CDM、Retail、Service)模式的专业 IT 电子商务网站——"宏图三胞慧买网"自 2011 年 7 月全面上线以来,经过一年建设投入、运营优化阶段,2013 年 1—10 月,平台交易规模近 10 亿元,业务覆盖全国各个地区,提供针对消费的产品销售、针对中小型商家的运营平台及面向大中型企业的服务产品成为宏三电子商务平台的交易亮点。现平台月度总访问量超过一千万次,注册用户近 500 万人,活跃用户超过 200 万人,成为中国 3C 领域电子商务领军企业。

无锡买卖宝信息技术有限公司创建于 2010 年,现注册资本为 3 000 万元人民币,员工 700 余人。无锡买卖宝打造的电子商务平台以三四线城市新生代农民工等群体为目标客户群,通过手机 WAP 访问公司网站(mmb.cn)。运营 6 年来,买卖宝历史浏览用户已过亿,目前同时在线突破 50 万人,每月成交订单 30 万宗,顾客回头率高达 40%。因服务人群的特殊性,此市场容量正以成熟化、规模化的态势迅速扩张。

江苏红豆实业股份有限公司是一家上市公司,其主营业务为服装、针织品、锦纶丝的生产与销售,以及房地产的开发与销售。公司紧握时代脉搏,多年来一直注重电子商务的投入与发展。2011 年,成立了无锡红豆网络科技有限公司,对电子商务的多种形态进行实践和探索,如 B2B 红豆网络订货平台、B2C 红豆商城、D2C 轩帝尼高端定制等。2013 年,其网络销售额达到 5 亿元,其中红豆男装、红豆居家等品牌销售均位于各大平台服装类前列。

同程网络科技股份有限公司成立于 2004 年,总部设在苏州,目前员工 2 000 人,注册资本 6 000 万元,是一家从事酒店、机票、景点门票、独家、租车等旅游预订、旅游软件开发、旅游网站建设与旅游目的地网络营销规划等业务的大型综合旅游互联网企业。2013 年,其营收规模达 9 亿元。

江苏仕德伟网络科技股份有限公司是苏州最大、江苏前三、华东地区有重要影响力的电子商务运维服务和网络营销顾问服务提供商,公司成立于 2004 年 2 月 27 日,注册资金 1 000 万元,是一家在董事会领导下的总经理负责制的具有现代法人治理结构的股份制企业,在江苏省内拥有 12 家分、子公司,经营面积超过 2 万 m^2,员工总数近千人,服务客户 3 万余家,年均收入增长率超过 50%,2013 年度主营业务收入达 5.9 亿元。

2013 年江苏省对外贸易运行情况

2013 年,面对严峻复杂的国际国内环境,在省委、省政府的坚强领导下,江苏商务系统牢牢把握"稳中求进"的总基调,全力以赴稳增长、调结构、促改革,对外贸易在逆境中实现了正增长,难中有进、稳中趋优。

据海关统计,2013 年,全省进出口 5 508.4 亿美元,同比增长 0.5%,占全国比重为 13.2%,连续 11 年保持全国第二位。其中,出口 3 288.6 亿美元,同比增长 0.1%,占全国比重为 14.9%;进口 2 219.9 亿美元,同比增长 1.2%。占全国比重为 11.4%。

一 进出口低位趋稳,与全国差距逐步缩小

2013 年,全省进出口总体低位平稳运行,下半年以来持续正增长,增速稳中有升,全年增速比一季度、半年、三季度分别加快了 2.0 个、0.6 个和 0.3 个百分点,与全国平均水平的差距从一季度的 14.9 个百分点逐步缩小至 7.1 个百分点。其中,出口自下半年以来稳中趋缓,增幅从一季度的 3% 回落至四季度的 0.1%;进口自下半年以来逐步回升,四季度止跌转增,由一季度的下降 7.6% 转为增长 1.2%,提升了 8.8 个百分点。

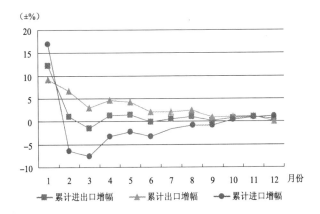

图 1 2013 年全省进出口趋势

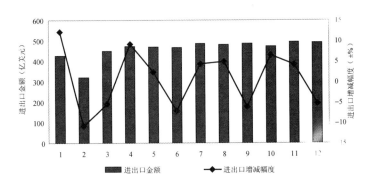

图 2 2013 年全省月度进出口趋势

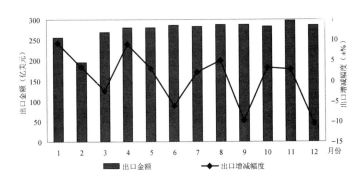

图 3 2013 年全省月度出口趋势

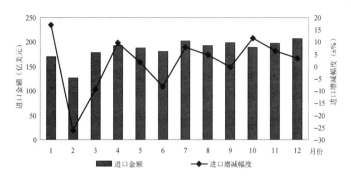

图4 2013年全省月度进口趋势

二 一般贸易增势平稳，加工贸易占比下降

2013年，一般贸易进出口2 332.2亿美元，同比增长6.4%；占全省进出口比重与加工贸易基本持平，达42.3%，比2012年提高了2.3个百分点。其中，一般贸易出口同比增长4.3%，占全省出口的比重为44.3%，比2012年提高了1.8个百分点；一般贸易进口自下半年以来提速，同比增长10.0%，占全省进口的比重为39.5%，比2012年提高了3.2个百分点。

加工贸易进出口2 336.5亿美元，同比下降5.2%；占全省进出口比重为42.4%，比2012年下降了2.6个百分点。其中，加工贸易出口同比下降6.3%；加工贸易进口自下半年跌幅收窄，同比下降3.0%。

保税贸易(保税监管场所进出境货物、海关特殊监管区域物流货物)进出

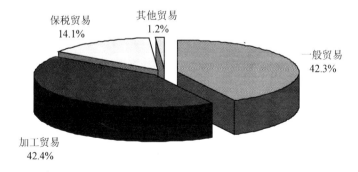

图5 2013年全省进出口分贸易方式图

45

口 774.6 亿美元,同比增长 3.9%。外投设备、海关特殊监管区设备进口同比分别下降 23.6%、增长 3.1%。

三 苏中进出口增速领先,7 个市进出口实现正增长

2013 年,苏南、苏中地区进出口分别为 4 746.4 亿、497.6 亿美元,同比分别增长 0.5%、6.2%,占全省比重分别为 86.2%、9.0%;其中,苏中占比比2012 年提高了 0.4 个百分点。苏北地区进出口 264.4 亿美元,同比下降9.2%,占全省比重为 4.8%。

13 个省辖市中,7 个市进出口正增长,7 个市出口正增长,8 个市进口正增长。宿迁进出口、出口增幅均居全省首位,同比分别增长 19.0%、20.0%。泰州进口增幅居全省首位,同比增长 21.3%。

表 1   2013 年全省各市进出口情况表

金额单位:万美元

地市名称	出　　口			进　　口		
	累计出口	比同期（%）	占全省（%）	累计进口	比同期（%）	占全省（%）
总值	32 885 683	0.1	100.0	22 198 752	1.2	100.0
南京	3 226 603	1.1	9.8	2 349 125	0.7	10.6
无锡	4 114 796	−0.4	12.5	2 922 311	−0.8	13.2
徐州	489 709	−22.1	1.5	139 210	−31.7	0.6
常州	2 037 363	2.1	6.2	884 133	−2.5	4.0
苏州	17 570 638	0.6	53.4	13 364 142	2.0	60.2
南通	2 127 789	13.3	6.5	853 655	13.6	3.8
连云港	378 364	5.1	1.2	285 754	−35.1	1.3
淮安	278 137	−17.3	0.8	87 957	0.7	0.4
盐城	377 860	9.1	1.1	274 968	20.1	1.2
扬州	755 003	−7.6	2.3	195 655	−2.2	0.9

续表

地市名称	出口			进口		
	累计出口	比同期（%）	占全省（%）	累计进口	比同期（%）	占全省（%）
镇江	622 292	−19.6	1.9	372 689	1.4	1.7
泰州	629 106	−9.4	1.9	414 959	21.3	1.9
宿迁	278 022	20.0	0.8	54 195	14.0	0.2
其中：苏南地区	27 571 693	0.0	83.8	19 892 400	1.2	89.6
苏中地区	3 511 898	3.6	10.7	1 464 268	13.2	6.6
苏北地区	1 802 092	−5.3	5.5	842 084	−16.4	3.8

2013 年,出口规模前 15 位县(市)占全省出口近四成,其中,8 个县(市)出口正增长,6 个县(市)出口增幅高于全省平均水平。启东、海安等县(市)出口较快增长。进口前 15 位县(市)占全省进口逾四成,其中 9 个县(市)进口实现正增长。

四 机电、高新技术产品出口不振,大宗原材料商品进口有所回升

2013 年,全省机电产品、高新技术产品分别出口 2 144.0 亿美元和 1 274.2 亿美元,同比分别下降 1.5％和 2.7％,占全省出口的比重分别为 65.2％和 38.8％,比 2012 年均下降了 1.1 个百分点。占全省出口近七成的八大重点行业四升四降:纺织服装、化学品、工具和钢材出口同比分别增长 6.1％、5.8％、4.9％和 1.5％。IT 产品出口同比下降 1.9％,其中笔记本电脑出口同比下降 14.9％;光伏产品出口持续深度下跌,但第四季度起连续 3 个月单月出口止跌转增,累计跌幅逐步收窄至 21.7％;交通运输设备出口同比下降 6.6％,其中船舶出口同比下降 18.3％;轻工产品出口同比下降 5.7％。

2013 年,占全省进口四成的高新技术产品进口同比增长 0.8％。其中,集

成电路进口同比增长 14.9%,液晶显示板、手机零件、计算机零件进口同比分别下降 13.8%、10.7% 和 20.5%。全省重点监测的 20 种大宗资源、原料性商品进口同比增长 1.6%;其中 12 种商品进口规模下降,11 种进口数量下降,15 种进口价格下降。硅原料、废钢、铜等 9 种原材料量价齐跌,钢材、羊毛、棉花等 6 种大宗商品量增价跌。受国内投资不振影响,机械设备进口同比下降 3.5%,金属加工机床、发动机进口跌幅超过两位数,但光伏及半导体制造设备进口恢复性增长 13.9%。

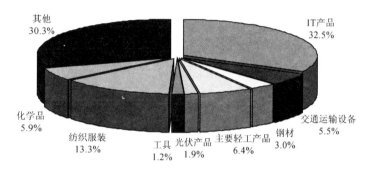

图6 2013 年全省主要出口行业分布图

五　主销市场出口有所好转,自主要来源地进口涨跌分化

2013 年,对美国、欧盟、中国香港、日本等四大传统市场分别出口 654.3 亿、571.2 亿、368.3 亿和 312.4 亿美元,合计占全省出口的比重为 58.0%,比 2012 年下降了 0.3 个百分点。其中,对美国出口同比增长 2.6%,美国继续位居全省第一大出口市场;对欧盟出口持续负增长,下半年以来跌幅收窄,全年下降 9.7%;对中国香港出口下半年以来增速逐步回落,全年增长 9.2%;对日本出口持续负增长,自 11 月起由负转正,全年增长 1.4%。对新兴市场出口同比增长 0.9%,占全省出口比重为 42%,比 2012 年提升了 0.3 个百分点。其中,对东盟出口同比增长 9.0%,对拉美、非洲出口同比分别下降 9.6%、6.0%。对"金砖四国"出口同比下降 4.0%,占全省出口的 6.6%;其中,对印度、南非出口同比分别增长 0.7%、3.3%,对俄罗斯、巴西出口同比分别下降 9.9%、7.2%。

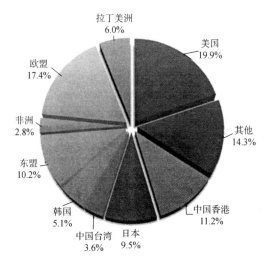

图7　2013年全省主要出口市场分布图

　　2013年,江苏自韩国进口415.1亿美元,同比增长7.8%,韩国继续位居全省第一大进口来源地;自中国台湾进口311.6亿美元,同比增长2.6%,台湾省取代日本晋升为全省第二大进口来源地;自日本进口297.7亿美元,同比下降8.0%;自欧盟进口241.5亿美元,同比增长4.2%,欧盟超过东盟位居全省第四大进口来源地;自东盟进口229.9亿美元,同比下降15.4%。自上述五大来源地进口总额占全省进口总额的比重为67.4%,比2012年下降了1.6个百分点。自拉丁美洲、非洲、大洋洲、中东进口增速较快,同比分别增长4.2%、46.2%、11.7%、25.4%。

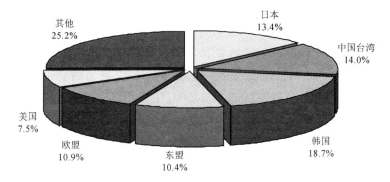

图8　2013年全省主要进口来源地分布图

六 民营企业增速领先，外资企业持续下行

2013年，内资企业进出口2 133.4亿美元，同比增长11.1%，占全省进出口的38.7%。其中，民营企业进出口1 620.1亿美元，同比增长13.7%，持续领跑全省各类企业；占全省进出口的比重为29.4%，比2012年提高了3.4个百分点。外资企业进出口3 375.0亿美元，同比下降5.2%；占全省进出口的比重为61.3%，比2012年减少了3.7个百分点。

表2 2013年全省各类企业进出口情况表

金额单位：万美元

企业性质	出 口			进 口		
	累计出口	比同期（%）	占全省（%）	累计进口	比同期（%）	占全省（%）
内资企业	13 579 734	8.8	41.3	7 754 751	15.4	34.9
国有企业	2 906 204	2.1	8.8	2 227 412	5.9	10.0
民营企业	10 673 531	10.8	32.5	5 527 339	19.7	24.9
外资企业	19 305 948	−5.2	58.7	14 444 002	−5.2	65.1

七 有进出口实绩的企业数近4.8万家

2013年，全省有进出口实绩的企业47 956家，同比增加了2 521家。企业平均进出口规模1 148.6万美元，同比下降4.8%。年进出口规模超1亿美元的企业787家，比2012年增加了16家。其中，出口规模超1亿美元的企业467家，比2012年增加了12家；进口规模超1亿美元的企业375家，比2012年减少了6家。年进出口额1 500万美元以下的小型微型企业比2012年增加了2 385家，累计进出口额同比增长4.2%。昆山仁宝集团为全省唯一一家进出口过百亿美元的企业，全年进出口额130亿美元。苏州得尔达国际物流、沙钢集团、汇鸿集团进出口规模分别达到96亿、58亿和53亿美元，居全省内资企业进出口前三位。

2013 年江苏省机电产品运行情况

据海关统计,2013 年,江苏省机电产品进出口 3 432.7 亿美元,同比下降 1%,低于全省平均水平 1.5 个百分点。其中,出口 2 144 亿美元,同比下降 1.5%,低于全省平均水平 1.6 个百分点;进口 1 288.8 亿美元,同比下降 0.1%,浅于全省平均水平 1.3 个百分点。机电产品进出口、出口、进口分别占全省外贸的 62.3%、65.2% 和 58.1%。2013 年,全省机电产品进出口主要呈现以下特点:

一 进出口呈"总体平稳、略有下降"的运行态势

2013 年,全省机电产品进出口规模总体保持平稳,除 2 月、3 月受春节影响降幅稍深以外,其余月份累计进出口降幅保持在 1 个百分点以内。1 月、4 月、5 月三个月还出现了正增长。

二 近 7 成重点关注传统机电产品出口保持增长

2013 年,重点关注的 34 种出口商品中,17 种传统优势机电产品中的 11 种产品出口保持增长。家电类、工具类、机械类和运输工具类产品出口占全省出口的 11.2%,除船

舶和工程机械出口下降外,其他传统行业的产品出口保持增长。其中,汽车及零部件出口 69.3 亿美元,同比增长 7.8%;工具类出口 39.8 亿美元,同比增长 4.7%;电线电缆出口 24 亿美元,同比增长 4.9%;电动机及发电机、洗衣机、医疗器械、吸尘器等产品出口超 10 亿美元,同比增幅均超 10%。

电动机及发电机、电线电缆、汽车零件、医疗器械等传统优势产品进口也保持增长。

三　一般贸易保持增长,加工贸易进出口低迷

2013 年,全省机电产品一般贸易出口 578.3 亿美元,同比增长 5.4%,高于全省机电产品出口平均增幅 6.9 个百分点;机电产品一般贸易进口 291.1 亿美元,同比增长 9.6%,高于全省机电产品进口平均增幅 9.7 个百分点。全省机电产品加工贸易进出口低迷,其中,出口 1 256.1 亿美元,同比下降 8.1%;进口 626.3 亿美元,同比下降 3.4%。机电产品其他贸易方式出口 309.6 亿美元,同比增长 18.7%;其他贸易方式进口 371.4 亿美元,同比下降 1.1%,其中外投设备、出口加工区设备分别进口 30.6 亿美元、17.7 亿美元,同比分别为－23.8% 和 3.1%。

四　进出口主体规模扩大,内外资企业涨跌分化

2013 年,全省内资企业机电产品出口 659.5 亿美元,同比增长 13.9%;机电产品进口 345.5 亿美元,同比增长 26.1%。外资企业机电产品出口 1 484.5 亿美元,同比下降 7.1%;机电产品进口 943.3 亿美元,同比下降 7.1%。

2013 年,全省机电产品进出口实绩企业 30 365 家,比 2012 年度增加 1 608 家。进出口超 1 亿美元的企业 443 家(2012 年 440 家),累计进出口 2 509.6 亿美元,占全省机电产品进出口的 73.1%;超 10 亿美元企业 58 家 (2012 年 53 家),累计进出口 801.3 亿美元,占全省机电产品进出口的 23.3%。内资、外资企业机电产品出口前 15 家中,各有 4 家内资企业、9 家外资企业出口下降。

五 对亚洲市场出口平稳增长，自欧美进口增势显著

2013 年，全省机电产品对亚洲出口 1 027.6 亿美元，同比增长 13.9%，占全省机电产品出口的 47.9%。其中对台湾省出口同比增长 15.7%，对东盟、日本和韩国出口分别增长 7.1%、4.9% 和 0.5%；对美国出口 445.6 亿美元，同比增长 2.2%。对欧洲出口呈明显下滑态势，出口 428.2 亿美元，同比下降 14.3%；其中，对欧盟出口 385.6 亿美元，同比下降 14.5%。

2013 年，亚洲为全省机电产品第一大进口来源地，自亚洲进口规模为 1 033.7亿美元，占全省机电产品进口的 80.2%，同比下降 3.2%；其中，自日本进口下降明显，进口 189.8 亿美元，同比下降 11.3%。自美国进口增势明显，进口 83.3 亿美元，同比增长 53.8%；自欧盟进口稳中略涨，进口 150.1 亿美元，同比增长 4.6%；自拉丁美洲和大洋洲等新兴来源地分别进口 6.8 亿、1.2 亿美元，同比分别下降 6.9%、19.7%。

2013 年江苏省高新技术产品运行情况

据海关统计,2013 年,江苏省高新技术产品进出口 2 197.8 亿美元,同比下降 1.2%。其中,出口 1 274.2 亿美元,同比下降 2.7%;进口 923.6 亿美元,同比增长 0.8%。高新技术产品进出口、出口、进口分别占全省的 39.9%、38.7%、41.6%。2013 年,全省高新技术产品进出口呈现以下特点:

一　出口波动下行,进出口增长乏力

2013 年,全省高新技术产品出口增势疲乏,增幅呈现波动下行趋势。受 2012 年同期出口基数走低影响,2013 年前 5 个月单月出口增幅上行,6 月份起,除 10 月当月正增长外,其余单月均为负增长,12 月当月出口降幅深达 16.7%,为 2012 年 2 月份以来单月出口降幅最大值。单月进口涨跌互现,走势趋低,上半年累计进口较 2012 年同期略有下降,下半年累计进口同比增长 2.2%。

二　重点产业表现各异，光伏产业渐出"寒冬期"

2013 年,9 大类高新技术产品中,电子技术、生命科学技术、计算机集成制造技术、材料技术、航空航天技术、生物技术产品分别出口 378.1 亿、60.1 亿、21.1 亿、14.4 亿、8.3 亿、1.2 亿美元,同比分别增长 8.6％、9.7％、2.8％、12.8％、14.4％和 14.4％;计算机与通信技术、光电技术、其他技术产品分别出口 692.1 亿、98 亿和 1 亿美元,同比分别下降 5.9％、23.8％和 0.6％。

IT 产业:进出口 1 837.2 亿美元,较 2012 年同期略有增长,占全省进出口的 33.4％。其中,出口 1 069.1 亿美元,同比下降 1.9％;进口 768 亿美元,同比增长 3.8％。6 月份(10 月份除外)起单月出口持续负增长,12 月当月出口降幅深达 17.6％。其中,集成电路进出口增速超常,出口 247.9 亿美元,同比增长 31.2％;进口 416.2 亿美元,同比增长 15 ％。3—5 月单月出口倍增,5 月份增幅高达 248.6％,6 月份起陡然下降,12 月单月出口同比下降 36％,为 2012 年 1 月以来单月最深降幅。笔记本电脑出口数量金额双跌,出口 6 454.5万台、259.2 亿美元,同比分别下降 16.6％、14.9％,较 2012 年同期净减 1 281.3 万台、45.3 亿美元,继续拖累全省 IT 产品出口增长。重点 IT 产品进出口涨跌互现。硬盘驱动器、印刷电路、液晶显示器彩色数字电视接收机、手机出口持续两位数负增长;微型自动数据处理机、手机零部件、移动机站等出口保持快速增长。

光伏产业:出口 62.5 亿美元,同比下降 21.7％。自 2011 年 8 月起单月出口持续下跌,2013 年 10 月当月出口增幅由负转正,并持续至年底。其中,太阳能电池出口 57.5 亿美元,同比下降 21.7％。硅材料进口 21 520 吨、3.9 亿美元,同比分别下降 12.1％、38.1％,多晶硅国际市场均价持续下降。太阳能电池进口数量同比增长 88％,进口额 8.4 亿美元,同比增长 57.4％。

新兴产业:风电装备出口 32 亿美元,同比增长 3.1％;新材料(化工、合成及合金类)出口 89.5 亿美元,同比下降 15.5％;轨道交通产品出口 17.9 亿美元,同比增长 18.7％;生物医药高端产品出口 61.3 亿美元,同比增长 9.7％,占全省医药产品出口的 58％,在全国同行业保持领先规模。

三　主要市场出口持续不振,自美国进口持续增长

2013 年,美国、中国香港和欧盟分别位居全省高新技术产品前三大出口市场,对这三大市场累计出口占全省高新技术产品出口比重为 59.8%。对欧盟出口仍深跌,2013 年基本上保持 20% 以上的跌幅。对美国出口在 4、5 月异常增长后再次步入下行通道,增幅趋缓走低,2013 年对美国出口与 2012 年同期基本持平。对中国香港、台湾省出口在上半年高速增长后快速回落,其中,对中国香港出口 259.1 亿美元,同比增长 5.8%,12 月当月出口同比下跌30.1%;对台湾省出口 81.1 亿美元,同比增长 19.4%,单月出口同比从 8 月份开始持续下跌,12 月当月下跌至 71.5%。

2013 年,韩国和台湾省为全省高新技术产品前二大进口来源地,自这两地进口分别占全省高新技术产品进口的 22.9% 和 20.8%;国货复进口规模位列第三,占 16.1%。自美国进口增长 92.4%,自欧盟进口与 2012 年同期基本持平。

四　苏中苏北地区进出两旺,苏州市规模持平

2013 年,苏南地区高新技术产品出口 1 222.3 亿美元,同比下降 3.4%,占全省高新技术产品出口的 95.9%;进口 900 亿美元,同比微涨 0.5%。苏中、苏北地区分别出口 39.5 亿、12.3 亿美元,同比分别增长 14.8%、27.2%;分别进口 14.8 亿、9.2 亿美元,同比分别增长 11%、24%。苏州市出口992.5 亿美元,与 2012 年同期基本持平,进口 708.6 亿美元,同比增长 3.7%;分别占全省高新技术产品出口、进口的 77.9% 和 76.7%。

2013 年,全省高新技术产品进出口企业 14 160 余家(2012 年近 13 600 家)。其中,进出口超 1 亿美元的企业 254 家,累计进出口 1 882.5 亿美元,同比增长3.7%;进出口超 10 亿美元的企业 46 家,累计进出口 1 206.1 亿美元,同比增长 9.8%。

2013 年江苏省加工贸易运行情况

据海关统计,2013 年,江苏省加工贸易进出口 2 336.5 亿美元,同比下降 5.2％,规模继续位居全国第二。其中,出口 1 500.6 亿美元,同比下降 6.3％;进口 835.9 亿美元,同比下降 3％。加工贸易进出口、出口、进口分别占全省外贸的 42.4％、45.6％和 37.7％。2013 年,全省加工贸易运行呈现以下特点:

一 进出口持续低位运行,进口降幅震荡回升

2013 年,全省加工贸易进出口延续 2011 年下半年以来的走低态势,且降幅略有收窄。从单月出口看,2—7 月连续 6 个月负增长,8 月微增,9—12 月再次下挫。从单月进口看,上半年跌幅在 10％左右,7 月、8 月、11 月实现 4％左右的增长,12 月增幅超过 10％,其余单月进口依旧负增长。累计出口、进口降幅分别由一季度的 —6.7％、—9.6％收窄至年底的 —6.3％、—3％。2013 年,加工贸易进出口、出口、进口占全省外贸的比重较 2012 年同期分别下降了2.5 个、3.2 个、1.5 个百分点。

一一 重点行业进出口增长乏力，生物医药、工具、家电行业出口略有增长

2013 年，全省机电和高新技术产品加工贸易进出口持续下行。机电产品加工贸易进出口、进口跌幅分别浅于 2012 年同期 1 个、3.8 个百分点。机电产品加工贸易出口与 2012 年基本持平，其中，单月出口连续 11 个月负增长，6 月份跌幅深达 17.6%，为 2012 年以来单月跌幅最低点。高新技术产品加工贸易进出口、出口、进口跌幅分别浅于 2012 年同期 2.9 个、1.6 个、5.3 个百分点。其中，出口 840.2 亿美元，同比下降 10.4%，单月出口除 1、8 月份以外均呈下降态势，且降幅达一成左右。

重点行业出口涨跌分化。IT 产品加工贸易单月出口普跌(1 月、8 月份除外)，全年出口 751.3 亿美元，同比下降 10.6%，深于全省加工贸易出口平均跌幅 4.3 个百分点；下半年以来单月进口上扬，全年进口 444.6 亿美元，同比下降 1.6%。光伏、交通运输设备行业、机床加工贸易出口同比分别下降 27.1%、12.6%、8.3%；生物医药、工具、家电加工贸易出口微增。

二二 重点关注产品涨跌互现，IT 产品出口拉动作用降低

45 种重点关注的加工贸易出口商品中，超半数商品出口出现负增长。便携式电脑出口价增量跌，出口额分别占全省外贸出口、加工贸易出口的 7.9% 和 16.6%，低于 2012 年同期 0.9 个、1.5 个百分点；出口均价 402.3 美元/台，比 2012 年同期上涨 9.2 美元。其他 IT 重点产品表现不一。光伏产品出口已连续 29 个月单月负增长，跌幅较 2012 年收窄了 13.9 个百分点；其中，太阳能电池板出口跌幅为 26.4%，9—11 月当月出口再现正增长。船舶出口规模持续疲软，降幅深于 2012 年同期 5.9 个百分点。集装箱出口回升，较 2012 年同期上涨 59.4 个百分点。

28 种重点关注的加工贸易进口商品中，仅 6 种商品进口正增长。集成电路、液晶显示板为加工贸易进口前两大商品，分别进口 225.6 亿、98.6 亿美

元,同比分别为 9.6%、−12.5%。原材料类商品加工贸易进口下跌较快,天然橡胶、合成橡胶、对苯二甲酸、钢材进口同比分别下降 23.9%、15.7%、10.3%和 16.6%。羊毛进口同比下降 3.4%,棉花增长 9%。

四 欧美市场持续低迷,自亚洲进口下跌

2013 年,美国继续位列全省加工贸易出口的第一大市场,对美国单月出口连续 4 个月负增长,对欧盟出口持续下跌。对美、欧盟累计出口占全省加工贸易出口的 42%,低于 2012 年同期 2.3 个百分点,累计出口额净减 80.4 亿美元。对亚洲市场出口基本持平,占比高于 2012 年同期 3.3 个百分点。其中,对台湾省、东盟出口增幅为 8.3%、5.9%,对日本、韩国出口下降 7.8%、4.1%。对非洲、拉丁美洲等新兴市场出口下跌 15%左右。

韩国仍为全省加工贸易第一大进口来源地,自韩国进口 220.8 亿美元,同比下降 3.7%,较 2012 年同期跌幅收窄 3.2 个百分点;自台湾省、日本、东盟进口规模位列其后,同比分别为 3.6%、−11.4%、−12.6%;国货复进口 77.7 亿美元,同比下降 6.2%。自欧盟进口增长 12.5%,自大洋洲和拉丁美洲进口深跌。

五 内资企业进口逆势上扬,重点企业不容乐观

2013 年,全省内资企业加工贸易出口、进口分别增长 16.4%、36.9%;外资企业加工贸易出口、进口分别下降 8.3%、5.5%。全省加工贸易进出口实绩企业 6 773 家,比 2012 年少 547 家。其中,进出口超 1 亿美元的加工贸易企业 357 家,累计进出口 1 809.8 亿美元,占全省加工贸易进出口的 77.5%;进出口超 10 亿美元企业 41 家,累计进出口 877.7 亿美元,占全省加工贸易进出口的 37.6%。加工贸易出口前 15 家企业中,有 7 家企业出口增长,其中康硕电子、晶端显示精密电子出口倍增。IT 产业龙头企业仁宝集团、名硕电脑位列全省加工贸易出口企业前两位,分别出口 111.7 亿、70.2 亿美元,同比分别为−17.3%、−5.4%。

六 苏中地区进出口平稳，海关特殊监管区整体回落

2013 年，苏南、苏北地区加工贸易进出口双双回落，苏中基本持平。13 个省辖市中，苏州市加工贸易进出口 1 541 亿美元，同比下降 5.5%，其中，出口、进口分别下降 6.6%、3.5%。常州、南通、淮安、盐城、宿迁 5 市加工贸易进出口同比增长，其余城市均为负增长，其中徐州市跌幅超过三成。

海关特殊监管区加工贸易进出口占全省加工贸易比重低于 2012 年同期 6.6 个百分点；进出口、出口、进口增幅分别低于 2012 年同期 32 个、27.1 个、41.4 个百分点。出口加工区加工贸易进出口、出口、进口同比分别下降 41.4%、42.8%、40%，其中无锡出口加工区、泰州出口加工区分列进出口规模、增幅第一。综保区加工贸易进出口 773 亿美元、出口 520.8 亿美元、进口 252.2 亿美元，同比分别下降 13.4%、10.2%、19.3%。昆山综保区加工贸易进出口规模位居海关特殊监管区域加工贸易进出口之首，出口、进口分别为 287.6 亿、138.8 亿美元，同比分别下降 15.9%、20.6%。

2013 年江苏省服务贸易运行情况

2013 年 1—12 月份,根据外管局 BOP 报表显示,全省服务贸易进出口额达 710.06 亿美元,同比增长 37.5%,其中,出口额累计 335.33 亿美元,同比增长 45.45%,进口额为 374.73 亿美元,同比增长 31.09%,逆差额为 39.40 亿美元;占江苏对外贸易总额的比重为 11.4%,比 2012 年提升了了近 3 个百分点。2013 年,全省服务贸易呈现以下特点:

一 服务贸易继续保持较快增速,规模持续扩大

自 2012 年全省服务贸易进出口额首次突破 500 亿美元以来,服务贸易继续保持快速增长势头。2013 年,全省服务贸易进出口额达 710.06 亿美元,增速为 37.5%,已经成为全省对外贸易发展的现实增长点。全省服务贸易占对外贸易的比重显著提升,由 2010 年的 4.6%、2011 年的 5.8%、2012 年的 8.6% 上升至 2013 年的 11.4%,服务贸易成为全省外贸转型升级的重要动力,服务贸易对经济和社会发展的带动作用也明显增强。

一 服务贸易进出口同步高速增长,逆差额相对稳定

2013 年,全省服务贸易逆差达 39.4 亿美元。在服务贸易发展的初级阶段,逆差是正常现象,7 年来,逆差额并没有因为服务贸易进出口总额的增加而出现大幅波动,服务贸易发展较为健康。2013 年,逆差主要集中在旅游、通信、保险、金融服务、计算机信息服务、专有权利使用费和特许费、体育、文化和娱乐服务、政府服务、其他商业服务中的法律、会计、管理咨询和广告、展览、市场调研,逆差额总额为 91.75 亿美元;其中,其他商业是顺差最大的行业,达到32.55 亿美元。

三 高附加值服务进出口快速增长,传统服务进出口占比降低

高附加值服务中,金融服务,体育文化和娱乐服务,广告展览、市场调研出口额快速增长,分别比 2012 年同期增长 219.83%、127.02%、210.42%,电影音响、体育文化娱乐服务进口额快速增长,分别比 2012 年同期增长 92.03%和 41.5%。传统运输服务和旅游在服务贸易进出口总额中的占比达到4.46%和 7.95%,运输服务占比比 2012 年下降了 1.5 个百分点,旅游服务占比基本持平。旅游进出口额为 56.46 亿美元,居于传统服务贸易之首,同比增幅为 41.4%;其中,出口和进口分别为 1.51 亿美元和 54.94 亿美元,同比分别为 1%和 42.97%。运输服务进出口总额达 31.67 亿美元,同比增幅为3.19%,其中,运输出口增幅为 8.08%,运输进口下跌 5.34%。

四 其他商业服务占服务贸易进出口总额的 81%,转口贸易和佣金占其他商业服务的比重为 92%

根据 BOP 报表显示,江苏省服务贸易各类构成中,其他商业服务占比和增幅均为最大,占比达到 81%。而 BOP 统计报表中,法律、会计、管理、广告

等进出口总额的占比仅为 2.24%，收支系统显示转口贸易和佣金的进出口额是其他商业服务中占比最大的类别，达到 92%。其中，转口贸易和佣金的出口额为 254.75 亿美元，占其他商业服务出口额的比重为 93%；进口额为 225.03 亿美元，占其他商业服务进口额的比重为 90%。

五　区域发展不平衡

根据 BOP 报表显示，江苏各市服务贸易进出口额呈稳步增长趋势。从区域来看，全年苏南服务贸易进出口总额为 561.31 亿美元，占比为 79.05%；苏中服务贸易进出口总额为 120.46 亿美元，占比为 16.96%；苏北服务贸易进出口总额为 28.29 亿美元，占比为 3.98%。

从规模来看，呈现出以下三个层次：第一层次为无锡、苏州、南京和南通，服务贸易进出口规模均超过 100 亿美元，分别为 199.17 亿、156.67 亿、132.33 亿、109.08 亿美元。第二层次为常州、镇江、连云港，进出口规模处于 10—60 亿美元之间，分别为 50.95 亿、22.19 亿、11.32 亿美元。其中，连云港服务贸易进出口额位列苏北第一。第三层次为其余 6 个市，进出口规模处于 10 亿美元以下，其中宿迁为 0.76 亿美元，排名最后。

六　江苏服务贸易进出口市场主要集中在发达国家和地区

2013 年，中国（香港）、日本、美国位居江苏服务贸易进出口（剔除转口贸易）前三位。中国（香港）排名居首，服务贸易进出口总额达 27.93 亿美元，继续以较大优势领先；对日本和美国的服务贸易进出口总额分别为 19.2 亿美元和 19.06 亿美元，排名第二和第三位。服务贸易出口和服务贸易进口排名前三的仍然为中国（香港）、美国、日本。

2013 年江苏省服务外包产业发展情况

受国际国内经济大环境影响,2013 年江苏服务外包业务拓展遇到一些困难,但凭借已有的坚实基础和各级政策激励作用,总体上增长势头依然强劲。根据商务部服务外包统计系统,2013 年 1—12 月份,全省服务外包离岸执行额 137.7 亿美元,同比增长 40.8%;离岸外包合同金额约 166.9 亿美元,同比增长 40.9%。截至 2013 年 12 月底,全省服务外包企业登记数为 7434 家,从业人数达 96.2 万人。南京、苏州、无锡继续保持高位增长,三市外包离岸总量占全省的 95% 以上,其中苏州在较大的基数上实现了 50.3% 的高增长。其他地区增长乏力的局面暂未改变。2013 年,全省服务外包呈现以下运行特点:

一 外包总体继续领跑全国

根据商务部服务外包统计系统,1—12 月份,江苏服务外包占全国总量的 1/3 强。全国各省市中,江苏遥遥领先(约占 36%),广东、北京、浙江、山东、上海、辽宁等省共占约 50%。其中,山东增速最快,约 70%;江苏基数最大,仍然保持 40% 以上的增长速度,高于全国平均水平 5 个百分点。全国新增企业约 2 800 家,其中江苏新增约 770 家,新

增数全国第一。全国新增受训人数约 11 万人,其中江苏新增约 3.3 万人,排第一位。全国新增就业人数约 80 万人,其中江苏新增约 10 万人,排第三位,表明江苏外包人才的结构正在不断优化。

二 美欧业务继续保持突出地位,对日业务排名下降

从出口国别地区看,2013 年 1—12 月,江苏对美接包业务执行额约 32.0 亿美元,占全省离岸外包执行总额的 23.2%,居首位;对欧洲外包业务执行额 21.6 亿美元,占全省离岸外包执行总额的 15.7%;受日元贬值以及中日关系影响,2013 年 1—12 月,全省对日接包业务执行额约 13.5 亿美元,占全省离岸外包执行总额的 9.8%,落在北美、欧洲、中国香港、台湾省之后,由 2012 年同期第 3 位下降至第 5 位。

三 离岸、在岸业务额差距持续缩小

从外包业务形式看,由于对欧美地区外包业务持续向好,以及国家、省、市各级政策的激励,2013 年全省离岸外包业务继续保持较快增长。2013 年 1—12 月,离岸外包合同执行金额 137.7 亿美元,同比增长 40.8%;合同签约额 166.9 亿美元,同比增长 40.9%。在岸外包业务规模逐步扩大,至 2013 年年底,在岸执行总额 101.1 亿美元,同比增长 44.6%;合同签约额 129.0 亿美元,同比增长 46.6%。全省在岸外包合同执行额、签约额与离岸外包执行额、签约额差距不断缩小。

四 ITO 量大快增,KPO 保持稳定,BPO 则相对量速两弱

从外包业务模式看,2013 年 1—12 月,信息技术外包(ITO)执行金额 146.5 亿美元,同比增长 47.0%,占服务外包业务执行总额的 61.3%。其中,ITO 离岸执行额 80.7 亿美元,同比增长 47.1%,占全省服务外包离岸执行总额的 58.6%。

知识流程外包(KPO)执行总额 68.9 亿美元,同比增长 39.4%,占服务外包执行总额的 28.8%。其中,KPO 离岸执行 46.5 亿美元,同比增长 40.2%,占全省服务外包离岸执行总额的 33.8%。KPO 高速增长,主要是由于产品技术研发、医药研发外包、工业设计、工程设计等业务增长较快。

业务流程外包(BPO)执行总额为 23.5 亿美元,同比增长 25.4%,占外包执行总额的 9.8%;其中,业务流程外包(BPO)离岸执行额为 10.5 亿美元,同比增长 7.3%,占全省离岸外包总额的 7.6%。BPO 离岸业务增长偏缓,与当前业务界定不清晰、扶持政策指向不明确有关。

2013 年江苏省利用外资情况

一 规模继续位居全国第一

2013 年,江苏实际使用外资 332.6 亿美元,同比增长
1.0%。根据商务部口径,江苏实际使用外资规模继续位居
全国第一,较第二位的广东多 112 亿美元。截至 2013 年,
江苏实际使用外资规模连续 11 年位居全国第一,协议使用
外资连续 13 年位居全国第一。

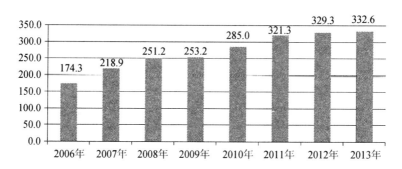

图 1　2006—2013 年江苏实际使用外资情况图(单位:亿美元)

表1 2013年全国主要省市利用外资情况表

序号	省市	商务部口径			各地公布统计数		
		实际使用外资（亿美元）	同比	占全国比重	实际使用外资（亿美元）	同比	公布数在全国占比
1	江苏	267.7	−6.5%	22.8%	332.6	1.0%	28.3%
2	广东	155.7	9.4%	13.2%	249.5	6.0%	21.2%
3	上海	152.5	11.3%	13.0%	167.8	10.5%	14.3%
4	浙江	95.3	14.5%	8.1%	141.6	8.3%	12.0%
5	山东	70.8	31.6%	6.0%	140.5	13.8%	12.0%
6	北京	68.4	11.0%	5.8%	85.2	6.0%	7.3%
7	辽宁	54.0	−22.6%	4.6%	290.4	8.3%	24.7%
8	天津	44.8	48.9%	3.8%	168.3	12.1%	14.3%
9	福建	41.8	−9.4%	3.6%	66.8	5.4%	5.7%
10	四川	29.9	3.2%	2.5%	103.6	4.9%	8.8%

二 产业结构进一步优化

在全省实际使用外资规模较为稳定的基础上,服务业利用外资大幅增长,实际使用外资同比增长24.9%,占全省比重已经超过4成;协议使用外资184.8亿美元,同比增长20.3%,占比提升到39.1%。同期,第二产业实际使用外资183.1亿美元,同比下降20.7%,占比下降至55.1%。

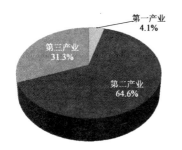
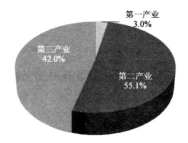

图2-1 2012年实际使用外资产业结构　图2-2 2013年实际使用外资产业结构

三 现代服务业进一步拓展

全省服务业利用外资不仅总量较快增长,而且改变了以往过于依赖房地产业的发展模式,服务业利用外资的主要行业如物流仓储业、科学研究和技术服务业、批发和零售业、租赁商务业实际使用外资分别增长 64.1%、63.8%、45.2% 和 41.0%。全年房地产业实际使用外资 69.0 亿美元,同比增长 17.5%,对服务业实际使用外资增长的贡献率仅 3 成多。

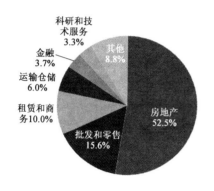

图 3-1　2012 年实际使用外资
第三产业内部结构

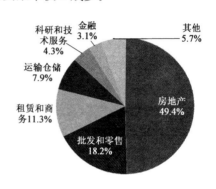

图 3-2　2013 年实际使用外资
第三产业内部结构

四 区域布局进一步平衡

苏中、苏北实际使用外资增速高于苏南。2013 年,苏南地区实际使用外资 222.8 亿美元,规模基本稳定,同比微降 0.9%。苏中地区实际使用外资实现增长,规模为 54.0 亿美元,同比增长 4.0%。苏北地区实际使用外资较快增长,规模为 55.8 亿美元,同比增长 6.1%。从各省辖市看,与 2012 年相比,连云港、镇江实际使用外资增幅超过 40%,无锡、盐城降幅超过 10%。

表 2 2013 年全省各地区使用外资情况表

地区	实际使用外资			协议使用外资		
	本期累计（亿美元）	同比	占比	本期累计（亿美元）	同比	占比
全省	332.6	1.0%	100.0%	472.7	−17.3%	100.0%
苏南	222.8	−0.9%	67.0%	267.0	−19.8%	56.5%
南京市	40.3	−2.0%	12.1%	46.9	−23.3%	9.9%
无锡市	33.4	−16.5%	10.0%	43.9	−6.3%	9.3%
常州市	31.1	2.0%	9.4%	43.7	−7.9%	9.3%
苏州市	87.0	−5.0%	26.2%	100.1	−34.0%	21.2%
镇江市	31.0	43.1%	9.3%	32.4	26.7%	6.9%
苏中	54.0	4.0%	16.2%	112.1	−14.2%	23.7%
南通市	22.9	10.4%	6.9%	46.6	−1.2%	9.9%
扬州市	18.3	−9.1%	5.5%	33.2	−23.9%	7.0%
泰州市	12.9	15.5%	3.9%	32.3	−18.9%	6.8%
苏北	55.8	6.1%	16.8%	93.6	−13.4%	19.8%
徐州市	15.0	26.6%	4.5%	24.5	0.3%	5.2%
连云港市	8.7	43.9%	2.6%	11.3	32.5%	2.4%
淮安市	11.5	−10.0%	3.5%	15.3	−50.1%	3.2%
盐城市	15.5	−11.5%	4.7%	30.5	−18.1%	6.4%
宿迁市	5.1	16.0%	1.5%	12.0	66.3%	2.5%

五 新兴业态进一步丰富

外资总部经济加快发展，新申报跨国公司地区总部 22 家，功能性机构 14 家，新引进外商投资性公司 7 家。外资研发投入积极性提升，新引进外资独立法人研发中心 18 家，新增免退税资格外资研发中心 4 家。外资参与江苏企业重组进程加快，164 家江苏企业通过外资并购实现了与境外资本的合资合作。

利用外资渠道进一步拓宽,6 家外商投资企业在境外上市。

六 协议使用外资明显下降

2013 年,江苏协议使用外资 472.7 亿美元,尽管较第二位的广东多 161 亿美元,但同比下降 17.3%,是继 2012 年以来的第二次下降,且降幅比 2012 年 4% 左右的降幅进一步加深。从历年协议使用外资规模看,2013 年协议使用外资的规模还不及 2008 年和 2009 年的水平。

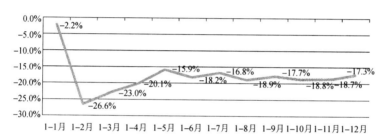

图 4   2013 年全省协议使用外资降幅情况图

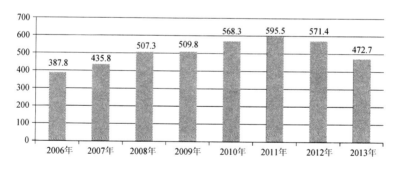

图 5   2006—2013 年江苏协议使用外资情况图(单位:亿美元)

七 第二产业主要行业下降,且降幅较大

第二产业实际使用外资 183.1 亿美元,同比下降 20.7%;协议使用外资 268.7 亿美元,同比下降 31.2%。江苏传统引资优势产业均有不同程度的下

降,占全省实际使用外资比重达 10% 以上的行业中,IT 产业实际使用外资同比下降 15.8%,通用、专用、交通三大设备制造业同比下降 21.2%,电气机械及器材制造业同比下降 25.4%。

八 主要投资来源地大部分下降

一是亚洲投资有增有减。其中,来自台湾省的实际投资下降 45.7%;受中日政治关系严重影响,来自日本的实际投资下降 6.1%;而来自新加坡、东盟和中国香港的实际投资恢复增长,分别增长 15.5%、10.3% 和 3.2%。二是主要转投资地呈全面下降态势。来自开曼群岛等四个转投资地的实际外资 28.1 亿美元,同比下降 12.9%。三是来自欧美的投资下降较快。实际利用欧盟资金 17.0 亿美元,同比下降 11.4%;实际利用美国资金 7.8 亿美元,同比下降 8.7%。

表3 2013 年主要国家(地区)对江苏投资情况表

序号	国别/地区	实际使用外资			协议使用外资		
		本年(亿美元)	同比	占比	本年(亿美元)	同比	占比
1	亚洲	255	−1.7%	76.7%	384	−12.0%	81.2%
2	欧盟	17	−11.4%	5.1%	21.7	−29.7%	4.6%
3	东盟	27.1	10.3%	8.2%	22.8	−21.1%	4.8%
4	中国香港	185.3	3.2%	55.7%	294.6	4.1%	62.3%
5	日本	24.8	−6.1%	7.4%	17.4	−56.3%	3.7%
6	新加坡	23.9	15.5%	7.2%	16.8	−19.0%	3.6%
7	维尔京群岛	17.5	−10.7%	5.3%	11.7	−38.3%	2.5%
8	台湾省	8.8	−45.7%	2.6%	30.8	−48.3%	6.5%
9	美国	7.8	−8.7%	2.4%	13.7	−34.0%	2.9%
10	韩国	7.2	−27.5%	2.2%	14.3	−24.1%	3.0%

续表

序号	国别/地区	实际使用外资			协议使用外资		
		本年（亿美元）	同比	占比	本年（亿美元）	同比	占比
11	萨摩亚	5.9	−7.2%	1.8%	7.3	−35.0%	1.5%
12	德国	5.8	−18.1%	1.7%	6	−42.9%	1.3%
13	加拿大	2.7	−20.7%	0.8%	4.5	−37.1%	0.9%
14	开曼群岛	2.5	−25.9%	0.7%	−0.9	−122.9%	−0.2%
15	毛里求斯	2.2	−25.7%	0.7%	1	−680.9%	0.2%
16	英国	1.7	46.4%	0.5%	1.7	−71.3%	0.4%
17	澳大利亚	1.6	−0.9%	0.5%	3	−31.3%	0.6%

2013 年江苏省对外投资情况

2013 年,江苏省新批对外投资项目 605 个,中方协议投资额 61.4 亿美元,同比分别增长 5.8%和 21.8%。其中,机构类项目 55 个;企业类项目 550 个,平均投资规模达1 113 万美元,比 2012 年增加 158 万美元,同比增长 16.5%。

全省对外投资呈现以下特点。

一、千万美元以上大项目投资额占比近八成,5 000 万美元以上项目近半数采用再投资方式

2013 年,全省新批中方协议投资额 1 000 万美元以上项目 108 个,比 2012 年增加 17 个,占全省同期总数的17.9%;中方协议投资额共计 48.7 亿美元,同比增长27.3%,占全省同期总额的 79.3%。其中,5 000 万美元以上项目 37 个,比 2012 年增加 7 个,投资额共计 33.5 亿美元;超 1 亿美元以上项目 5 个,比 2012 年增加 3 个。1 000 万美元以上项目中有 28 个项目以再投资为目的,再投资金额共计 19.9 亿美元(不含境外融资 5 亿美元),占全省同期1 000 万美元以上项目投资额的 40.9%。其中,5 000 万美

元以上项目中有 18 个项目以再投资为目的,再投资金额共计 17.6 亿美元(不含境外融资 5 亿美元),分别占全省同期 5 000 万美元以上项目投资总量的 48.6% 和 52.5%。

二 海外融资平台及避税地成为全省企业对外投资大项目的重要选择,欧美等发达地区成为全省企业对外投资大项目的主要目的地

2013 年,全省新批赴亚洲投资项目 335 个,中方协议投资额 30.8 亿美元,同比增长 14.7%,占全省同期总额的 50.2%。新批赴欧洲投资额 11.8 亿美元,同比增长 126.5%,占全省同期总额的 19.2%。新批赴非洲和拉丁美洲投资额分别为 5.2 亿美元和 4.7 亿美元,同比分别增长 42.5% 和 8.7%,分别占全省同期总额的 8.5% 和 7.7%。新批赴北美洲和大洋洲投资额分别为 5.8 亿美元和 3.2 亿美元,同比分别下降 4.4% 和 27.6%,分别占全省同期总额的 9.4% 和 5.2%。

1 000 万美元以上再投资项目中,有 18 个项目通过中国香港再投资,再投资金额 11.8 亿美元;5 个项目通过卢森堡和荷兰再投资,再投资金额 6.2 亿美元;5 个项目通过英属维尔京群岛和开曼群岛再投资,再投资金额 1.8 亿美元。这 28 个再投资项目主要投向欧洲(12.9 亿美元)、美国(2.3 亿美元)、东南亚(5 477 万美元)、土耳其(2 250 万美元)和日本(2 250 万美元)等地区。从最终目的地看,1 000 万美元以上项目中,赴发达国家投资额共计 37.6 亿美元(不含境外融资 5 亿美元),占全省同期 1 000 万美元以上项目投资额的 77.2%。

三 对外投资行业不断优化,高端制造产业投资增势迅猛

2013 年,全省共核准第二产业对外投资项目 201 个,中方协议投资额 29.9 亿美元,同比增长 61.7%,占全省同期总额的 48.7%;核准第三产业对外投资项目 389 个,中方协议投资额 28.9 亿美元,同比下降 2.5%,占全省同

期总额的 47.1％。对外投资项目主要分布在制造、批发零售、新能源、房地产和商务服务领域,这五大产业对外投资项目数合计 488 个,中方协议投资额达 49.3 亿美元,占全省同期总额的 80.3％。其中以交通运输设备制造、节能环保、医药制造、专用设备制造、电气机械及器材制造产业为代表的高端制造产业对外投资增势明显,增幅分别为 2012 年水平的 9.7 倍、6.5 倍、2.7 倍、5.3 倍和 2.3 倍,投资额共计 10.7 亿美元,占全省同期制造业对外投资额的 64.8％,占全省同期对外投资总额的 17.4％。

四　海外并购大项目成倍增长,企业全球化水平不断提升

　　2013 年,全省新批海外并购项目 80 个,中方协议投资额 12.7 亿美元,占全省同期总额的 20.7％,同比增长 70.9％。其中,1 000 万美元以上项目 20 个;5 000 万美元以上项目 9 个,是 2012 年的 3 倍。例如:江苏金昇实业股份有限公司出资 7 亿美元(含境外融资 5 亿美元)收购瑞士欧瑞康集团纺机专件及技术,连云港正道新能源有限公司出资 9 000 万美元并购美国新能源汽车电机生产企业 CM 公司 43％股权,江苏艾兰得营养品有限公司出资 8 000 万美元并购美国营养品及处方药生产企业维生素集团 100％股权,道尼尔海翼有限责任公司出资 7 000 万美元并购德国交通运输设备生产企业道尼尔海翼公司 85％股权。这些企业完成并购后,将大大提高企业的生产能力和技术水平,并拓展在欧美市场的营销渠道,标志着江苏企业的对外投资理念已经开始从设立生产加工基地、建设营销网络、提升研发能力等单一目的向全方位、整合性转变,企业的全球化战略理念得到跨越性提升。

五　民营企业对外投资占七成,苏南地区仍为主力

　　2013 年,全省共核准民营企业对外投资项目 426 个,中方协议投资额 43.4 亿美元,同比分别增长 11.2％和 35.4％,分别占全省同期总量的 70.4％和 70.7％。共核准苏南地区对外投资项目 433 个,占全省同期总数的

71.6%；中方协议投资额 43.7 亿美元,同比增长 29.8%,占全省同期总额的 71.2%。核准苏中地区对外投资项目 106 个,中方协议投资额 10.8 亿美元,同比增长 14.9%,占全省同期总额的 17.6%。核准苏北地区对外投资项目 66 个,中方协议投资额 6.9 亿美元,同比下降 6.3%,占全省同期总额的 11.2%。苏州项目数和投资额仍居全省各市第一位,连云港、扬州、泰兴(省直管县)、盐城和镇江投资额同比分别增长 12.5 倍、7.7 倍、2.3 倍、2.2 倍和 1.1 倍,是全省增速最快的地区。

2013 年江苏省对外承包工程情况

一　基本情况

2013 年,江苏省对外承包工程快速发展,新签合同额 86.6 亿美元,同比增长 20.3%,位居全国第五位;完成营业额 72.6 亿美元,同比增长 12.3%,位居全国第四位;工程项下外派人员 20 751 人次,较 2012 年同期下降 7.2%;期末在外 36 266 人,同比增长 1.8%。

二　主要特点

(1) 业务规模不断扩大,大项目增势喜人。2013 年,全省对外承包工程企业努力拼搏,千方百计开拓国际市场,取得了新签合同额和完成营业额同比分别增长 20.3% 和 12.3% 的良好成绩。全省新签合同额 5 000 万美元以上的大项目有 33 个,新签合同总额 48.9 亿美元,同比增长 23.5%,占全省新签合同总额的 56.5%。中国中材国际工程股份有限公司表现抢眼,新签合同额 5 000 万美元以上大项目 5 个,其中由其在印尼承建的 4.2 亿美元 10 000 t/d 水泥生产线,是 2013 年全省在海外承揽的最大工程承包项目。

（2）市场分布日益多元化，新兴市场不断涌现。亚洲市场新签合同额42.3亿美元，同比增长30.2%，占全省新签合同总额的48.8%。其中，印度尼西亚市场表现突出，新签合同额12.4亿美元，同比增长14.7倍，占全省总额的14.3%。非洲市场新签合同额29.9亿美元，同比下降5.6%，占全省新签合同总额的34.5%。其中，津巴布韦市场发展较好，新签合同额3.5亿美元，同比增长4.8倍，占全省总额的4%。欧洲市场新签合同额7.8亿美元，同比增长247.3%，占全省新签合同总额的9%。

江苏部分大型企业开始向发达国家市场进军。2013年，南通惠生重工有限公司在比利时承揽的2.6亿美元的浮式LNG液化再气化存储海工装备项目总承包项目（FLRSU）刷新了全省在发达国家承揽单体项目的纪录。

（3）传统行业占比下降，新兴行业活力显现。2013年，房屋建筑类项目占比居第1位，新签合同额25.6亿美元，同比下降15%，占全省总额的29.6%；工业建设类项目位居第2位，新签合同额17.8亿美元，同比下降1.3%，占全省总额的20.6%；水利、石化、交通等新业态企业增长迅猛，新签合同额分别达到6.2亿、6亿、7.7亿美元，同比分别增长496%、289%、82.4%，合计占全省总额的23%。房屋建筑、工业建设和新业态类承包工程项目已呈齐头并进的发展态势。

（4）苏南苏中快速增长，重点城市实力凸显。2013年，苏南地区对外承包工程新签合同额54.7亿美元，同比增长19.7%，占全省总额的63.2%；苏中地区新签合同额28.3亿美元，同比增长46.3%，占全省总额的32.6%；苏北地区新签合同额3.6亿美元，同比下降48.2%，占全省总额的4.2%。其中，南京市新签合同额32.5亿美元，占全省总额的37.5%，位列各市之首；南通市新签合同额16.3亿美元，占全省总额的18.8%，排第二位。

2013 年江苏省开发区发展情况

2013 年，面对世界经济仍在深度调整、国际金融危机深层影响不断显现、全球经济形势继续发生深刻复杂变化的新形势，全省开发区认真贯彻落实党的十八大和十八届三中全会精神，全面落实"六个注重"，全力实施"八项工程"，以提高发展质量和效益为中心，加快调整结构和转型升级步伐，继续保持较快增长势头，新增长极地位日益突出，实现又好又快发展。

一 专题调研工作深入推进

围绕呼应上海自由贸易试验区设立、加快开发区转型升级和开发区发展中出现的新情况、新问题等深入开展调查研究工作。一是开展江苏自贸区的调研。在厅领导的带领下，与省社科院一道开展了江苏自由贸易区的调研，形成了调研报告《江苏也要探索建设自由贸易试验区》，罗志军书记、李学勇省长和傅自应副省长都作了重要批示。根据领导的批示要求，结合江苏实际，提出了江苏设立自由贸易园（港）区总体方案上报省政府。二是开展产业转移专题调研活动。先后赴苏州、昆山、淮安、江阴、盐城、阜宁、宿迁以及河南、陕西、重庆等地展开调研，召开了 6 场开发区负责人座谈会,形成了数份调研报告,其中,《关于赴河南学习考察情况的汇报》和《关于赴陕西省、重庆市调研承接产业转移和开发区建设情况的报告》等均获傅自应副省长批示。三是组织开展江阴—靖江工业园区管理体制调研。江阴—靖江工业园区已成立 10 周年,为进一步提升共建联动发展水平,加快园区建设步伐,根据省领导指示,开展了江阴—靖江工业园区管理体制专题调研。四是积极做好商务部委托的国家级经济技术开发区立法课题研究,现已完成课题初稿。

二　国家级开发区申报工作取得辉煌成就

坚持将申报创建国家级开发区作为加快开发区转型升级和创新发展的重要抓手。2013 年,全省开发区创建国家级开发区工作取得辉煌成就,共有 7 家省级开发区获批升级为国家级开发区。其中,原省级宿迁、海门、如皋、宜兴、苏州浒墅关、沭阳等 6 家经济开发区获批升级为国家级经济技术开发区;原省级南通高新区获批升级为国家级高新技术产业开发区。全省开发区布局更趋合理,功能更趋完善。自 2008 年年底国家重启省级开发区升级工作以来,江苏已有 26 家省级开发区获批升级为国家级开发区,其中,国家级经济技术开发区 20 家,国家级高新技术产业开发区 6 家,获批数量位列全国第一。截至 2013 年年底,全省共有国家级、省级开发区 131 家,其中,国家级开发区 38 家,包括 25 家国家级经济技术开发区(总量全国第一)、10 家国家级高新技术产业开发区(总量全国领先)、2 家国家级旅游度假区和 1 家保税港区。此外,江都、丹阳、苏州相城、无锡惠山、大丰、启东等 6 家省级经济开发区,以及连云港、常熟、镇江、盐城等 4 家省级高新区申报国家级开发区的材料已经省政府上报国务院,国务院已批转国家有关部委审核办理。

三　海关特殊监管区域建设保持全国领先水平

全省海关特殊功能区建设取得新成效。国务院新批设立南通、太仓港等 2 家综合保税区。截至 2013 年年底,全省综合保税区数量达到 9 家。江苏已成为全国综保区获批数量最多,同时也是海关特殊监管区域总量最多、功能最全、发展最好的省份。目前,全省海关特殊监管区域共19个,其中,保税港区1个,综合保税区9个,出口加工区9个。此外,全省还设有2个海关特殊监管场所(江阴、连云港保税物流中心)。积极会同省有关部门,全力做好对上争取工作,加速推进常熟、吴中、吴江、镇江、扬州、武进、常州等7家出口加工区以及宿迁、江阴申报综合保税区工作。

四 特色产业园区建设加速提档升级

加快培育和打造各类特色产业园区,引导全省特色产业园区提档升级,加快全省开发区调整结构和节约集聚步伐。新设立泰州高港新型建筑装饰材料产业园和姜堰智能电网产业园等一批特色产业园。截至2013年年底,全省特色产业园区总数达到143个。为促进全省特色产业园进一步提高产业层次、增强集聚功能,研究制定了《全省特色产业园区考核办法》,开展了考核评价工作,对全省前10名和各市前3名的特色产业园区予以表彰。

五 生态工业园区建设走在全国前列

2013年,常州钟楼经济开发区、江阴高新区获批命名为国家级生态工业示范园区,全省国家级生态工业园区达到9家(全国共有22家),居全国第一。丹阳、溧水等10家开发区获批命名为省级生态工业园区,邳州、阜宁经济开发区获批创建省级生态工业园区。目前,全省开展生态工业园创建的开发区有96家,占全省开发区总量的73%。积极支持和推动开发区开展生态环保国际合作,苏通科技产业园区与奥地利合作的中奥苏通生态园、镇江经济技术开发区与瑞士合作的中瑞镇江生态产业园均被商务部确定为全国重点开展国际合作的生态园区。

六 共建园区建设取得新突破

一是全力推进苏中共建园区工作,深入贯彻落实李学勇省长召开的省政府专题会议精神和《中共江苏省委 江苏省人民政府关于推进苏中融合发展特

色发展提高整体发展水平的意见》(苏发〔2013〕8号)、《省政府关于印发促进苏中与苏北结合部经济相对薄弱地区加快发展政策意见的通知》(苏政发〔2013〕30号),以及江苏省人民政府省长办公会议纪要(第5号)精神,多次赴苏中地区,特别是兴化、高邮、宝应和黄桥等地调研,现场办公推进,帮助联系沟通,解决实际困难,推进落实苏中地区南北共建工作。二是继续推进南北共建园区工作。配合省苏北办实施了对2012年度南北共建园区的考核评价和督查工作。通过对共建园区的综合考评,更好地引导和促进南北共建园区持续健康发展,确保各项扶持政策落实到位。同时,对2012年度考核评价指标体系提出修改和调整意见,使共建园区的考核评价指标与目前全省开发区科学发展综合评价指标更趋一致,更符合共建园区发展实际,更好地体现考评体系引领科学发展的导向作用。

七 创新型开发区建设凸显新成效

着力加强对全省开发区创建"江苏省创新型开发区"的业务指导和培训工作。按照"积极、规范、有序"的原则,引导开发区高标准完成江苏省创新型开发区创建工作,尽快走上创新驱动、内生增长的轨道,增强集约创新、科技创新和体制机制创新能力。根据《江苏省开发区开展创新型开发区建设工作意见》的规定和要求,推荐并认定苏州工业园区、无锡高新区等8家开发区为首批"江苏省创新型开发区"。积极会同有关部门加强指导和服务,促使开发区成为全省创新型经济蓬勃发展、创新体系健全、创新活力充分释放的先导区和示范区。

八 知识产权园区建设增添新亮点

坚持把创建知识产权园区工作作为完善投资软环境、加快科技创新的重点加以推进。张家港保税港区、张家港经济技术开发、昆山高新技术产业开发已获得国家知识产权局批复,成为国家级知识产权试点园区。目前,全省知识产权园区总量达到78家。其中,国家级示范创建3家,国家级试点6家,省级试点69家。为进一步规范试点园区的申报工作,会同省知识产权局联合印发了《关于开展 2013 年省级知识产权试点园区申报评定和考核验收工作的通知》,对指导该项工作发挥了积极作用。

九 科学发展综合评价水平实现新提升

一是强化开发区统计人员队伍建设,健全完善统计制度,专题举办全省开发区、海关特殊监管区域和南北共建园区统计工作培训,及时做好开发区建设发展情况分析,为领导决策提供参考依据。二是印发了修订的《江苏省开发区科学发展综合评价办法》,完成 2012 年度全省开发区科学发展综合评价工作,举办"江苏省开发区科学发展综合评价办法"专题培训,对加快开发区转变发展方式,引导和促进全省开发区落实科学发展观、加快转型升级发挥了重要的导向和激励作用。

2013 年江苏省遭遇贸易摩擦及产业损害调查情况

2013 年 5 月,根据厅党组的决定,原产业损害调查处与公平贸易局合并,设立了新的公平贸易局(产业损害调查处、反垄断处、WTO 事务中心)。全局人员坚决服从安排,明确职责,团结协作,迅速做到机构到位、思想到位、工作到位,有效地促进了公平贸易和产业安全工作的有机融合,使江苏省公平贸易工作再上新台阶。

一　成功应对贸易摩擦

2013 年以来,全省遭遇贸易摩擦(含各类复审案件)168 起,同比增长 45%,涉案金额 29 亿美元,同比下降 76%(剔除 2012 年光伏案件影响,实际增长 10%);涉案企业 3 809 家,同比增长 38%。面对各类疑难案件,公平贸易局积极协调各方力量有效应对,有力地维护了公平的市场环境。针对欧盟对我光伏产品"双反"调查,在国家的统一指挥下,充分发挥江苏行业协会和骨干龙头企业的作用,为价格承诺谈判的达成提供了大量有价值的基础资料。价格承诺达成后,公平贸易局继续积极帮助全省企业争取合理的市场份额,密切跟踪其执行情况。针对涉及省内 108 家企业的美国对我硬木装饰胶合板"双反"调查,公平贸易局在分管厅长的直接领导下,坚决支持企业应诉到底,最终美国国际贸易委员会作出否定性裁决,不对原产于中国的硬木装饰胶合板征收反倾销税和反补贴税。此案情况复杂、影响较广,该局的做法得到了商务部的充分肯定。针对美国可能对我线性驱动器产品发起的"337 调查"和对大型洗衣机发起的"双反"调查,分别组织召开了预警工作会,主动采取措施,避免了案件的发生。另外,为进一步提高应对贸易摩擦的主动性和有效性,该局推动全省建设公平贸易预警点 29 家,做好预警信息的收集、评估分析和反馈工作,真正做到防患于未然。

二 有效维护产业安全

截至 2013 年 12 月,全省企业累计发起对进口产品反倾销原审案件 28 起(含支持企业提起),主动发起案件数名列全国第一,涉及化工、电子、冶金、轻工等 11 个行业的 24 种产品,涉案企业 33 家。为增强运用国际通行规则实施贸易救济措施的力度,公平贸易局密切配合商务部推进案件调查,多次协助实地核查以获得肯定性的裁决,及时调研以跟踪评估贸易救济措施效果,召开或参加上下游企业意见陈述会、听证会以缓解上下游矛盾,定期做好产业安全数据库维护和发布产业损害预警报告,及时了解分析重点、敏感商品进出口对全省产业的影响。在省委、省政府和厅领导的高度重视下,2013 年,该局把握重点,依法推进由徐州中能硅业发起的对原产于美国和韩国的进口太阳能级多晶硅反倾销调查和裁决、对原产于美国的进口多晶硅反补贴调查,使企业从停产状态逐渐转为 90% 的生产线恢复生产状态,有力地维护了多晶硅产业的安全。

三 积极推进反垄断审查

2013 年前三季度,涉及到江苏省的反垄断审查案件无条件批准 15 起。公平贸易局依法履行职责,协助和配合商务部进行反垄断审查,确保企业依法实施并购;广泛宣传《反垄断法》知识,营造良好的竞争氛围;加强对国外反垄

断法律的研究,积极为全省企业海外并购提供相关的政策指导和法律支持,推动企业做大做强。对一些重点案件做好跟踪服务,如金昇实业收购欧瑞康公司纺织机械及专件业务经营者集中案,是 2013 年李克强总理访问德国期间与德国总理默克尔共同见证的唯一一个代表民营企业国外兼并的项目,由于时间紧迫,厅领导亲自协调,安排专员跟踪服务,最终审查无条件批准,保证了企业并购计划按期进行。

四 认真做好 WTO 有关事务

积极开展各类 WTO 事务工作:收集江苏企业对有关国家贸易政策关注和评论,协助商务部做好 2013 年世贸组织贸易政策审议工作;根据加入政府采购协定(GPA)谈判要求,对江苏省服务项目出价清单进行修改完善;认真核实外方就我补贴政策提出的质疑,形成了上百页的《有关美方质疑我补贴政策情况的报告》,为国家有效应对外方质疑提供了客观依据。

五 加快建设专业队伍

通过定期组织、参加形势分析会、研讨会、专题培训班等,及时掌握国际贸易摩擦最新动态,着力提高相关工作人员运用规则和应对贸易摩擦的能力,努力培养一支政治坚定、业务精通的国际化高素质人才队伍。2013 年 7 月,组织部分公平贸易工作人员赴德国参加"公平贸易理论和实践"培训和交流;9 月,协助商务部在徐州召开了全国应对国际贸易摩擦培训班;11 月,在南京举办了全省公平贸易与维护产业安全培训班。

中　篇

DOC
JIANGSU

中共江苏省商务厅党组关于深入开展党的群众路线教育实践活动的实施意见

党的十八大明确提出,围绕保持党的先进性和纯洁性,在全党深入开展以为民务实清廉为主要内容的党的群众路线教育实践活动,是新形势下坚持党要管党、从严治党的重大决策,是顺应群众期盼、加强学习型服务型创新型马克思主义执政党建设的重大部署,是推进中国特色社会主义伟大事业的重大举措。抓好党的群众路线教育实践活动,对于认真贯彻党的十八大和中央、省委领导一系列重要讲话精神,进一步加强省商务厅作风建设,始终保持同基层、企业和群众的血肉联系,带动全省商务系统政风行风建设,推动全省商务事业科学发展,都具有十分重要的意义。根据中央和省委文件精神,结合全厅实际,现提出如下实施意见。

一 指导思想

高举中国特色社会主义伟大旗帜,坚持以马克思列宁主义、毛泽东思想、邓小平理论、"三个代表"重要思想、科学发展观为指导,认真学习贯彻党的十八大和习近平总书记一系列重要讲话精神,紧紧围绕保持和发展党的先进性和纯洁性,以为民务实清廉为主要内容,以建设"三宽四有"高素质党员干部队伍为鲜明导向,以厅领导班子和处以上领导干部为重点,突出抓好直接联系服务企业、服务群众的窗口单位,切实加强全体党员马克思主义群众观点和党的群众路线教育。牢牢把握基本原则,把贯彻落实中央八项规定、省委十项规定和厅十项规定作为切入点,进一步突出作风建设,坚决反对形式主义、官僚主义、享乐主义和奢靡之风,对作风之弊、行为之垢进行大排查大检修大扫除,切实解决基层、企业和群众反映强烈的问题。充分发挥党密切联系群众的优势,大力弘扬"三创三先"新时期江苏精神,为与时俱进推进"两个率先"、实现江苏商务事业的新跨越提供坚强保证。

二 目标要求

在党的群众路线教育实践活动中,始终贯穿习近平总书记提出的"照镜子、正衣冠、洗洗澡、治治病"的总要求,坚持自我净化、自我完善、自我革新、自我提高。按照省委提出的总要求,针对全厅实际,紧紧围绕"四查四治"开展活动,查"宗旨意识牢不牢,治脱离实际、脱离群众之病;查工作作风实不实,治急功近利、不负责任之病;查精神状态振不振,治庸懒满散、贪图享乐之病;查廉洁自律严不严,治挥霍奢靡、铺张浪费之病",教育引导广大党员、干部树立群众观点,弘扬优良作风,解决突出问题,保持清廉本色,努力实现"思想进一步提高、作风进一步转变、党群干群关系进一步密切、为民务实清廉形象进一步树立"的目标,使广大党员干部宗旨意识更加牢固,群众路线、群众观点、群众感情更加入脑入心,科学发展观和正确政绩观更加坚定;理论联系实际、密切联系群众、批评和自我批评以及求真务实、艰苦奋斗等优良作风得到大力弘扬;坚持商务为民,求真务实、真抓实干,敢于负责,勇于担当,党员、干部精神面貌和作风状况焕然一新,努力成为商务领域党和政府与人民群众联系的桥梁,以实实在在的工作业绩取信于民;坚持"两个务必",坚决反对一切特权行为和消极腐败现象,真正做到干部清正、机关清廉、政治清明。

三 方法步骤

从2013年7月份开始,在全厅全面展开教育实践活动,时间跨度为4个月,集中教育时间不少于3个月。教育实践活动在全体党员中开展,重点抓好厅领导班子和处以上领导干部,突出抓好直接联系服务群众的窗口单位。着力抓好三个重要环节,每个环节分别制定具体实施办法,并把"三解三促"作为贯穿教育实践活动全过程的重要载体。

(一)学习教育、听取意见

重点是搞好学习宣传和思想教育,深入开展调查研究,广泛听取干部群众意见。通过动员大会,认真传达中央和省委关于开展教育实践活动的精神,联系实际讲清活动的重要性和必要性,对开展活动作出部署。动员大会结束后,对厅领导班子和党员领导干部作风方面情况进行评议,并征求意见和建议。对非领导班子成员的处级干部的民主评议另作安排。通过省委督导组进行面上个别谈话,征求对厅领导班子及党员领导干部作风方面的意见和建议。积极开展"铭记宗旨、修身正己"专题学习活动。召开厅党组中心组学习会,各处室、直属事业单位党支部分别召开专题学习会,联系思想实际深入学习,进一步统一思想认识。厅机关结合开展读书活动,深化"商务精神"讨论,在内网开展"勤政思廉,修善为民"箴言的征集活动。抓好领导干部"三解三促"计划的落实,2013年还未到基层"三解三促"的党员领导干部,于8月中旬前全部完成下基层开展"走基层、听民声、求良策"工作。认真梳理分析近年来"三解三促"活动和作风建设中基层、企业和群众提出的意见、建议,通过座谈会、专设意见建议箱、专门电话和电子邮箱网络等形式,广泛听取党员干部和党内外群众方方面面的意见。

在这一环节中,强调坚持正面教育为主,通过加强马克思主义群众观点和党的群众路线教育,引导党员干部坚定理想信念,增强公仆意识,讲党性、重品行、作表率,坚守共产党人的精神家园。要注重切实转变学风,联系思想实际,采取集中学习与分散学习相结合、读书观片与讨论交流相结合、"走出去"与"请进来"相结合等形式,组织党员、干部认真学习中国特色社会主义理论体系,学习党章和党的十八大报告,学习习近平总书记一系列重要讲话精神,学习党的光辉历史和优良传统,学习中央和省委的有关要求规定,开展理想信念、党性党风党纪、道德品行、社会主义法制观念和优秀廉政文化教育,开展中国特色社会主义和中国梦、商务梦宣传教育,开展"我是谁、为了谁、依靠谁"大讨论,开展学习吴仁宝等重大典型活动等,不断深化对马克思主义群众观点和党的群众路线的认识。

(二)查摆问题、开展批评

重点围绕为民务实清廉要求,以党章为镜,通过群众提、自己找、上级点、互相帮,认真查摆"四风"问题,进行党性分析和自我剖析,以整风精神开展批评和自我批评。领导班子成员之间要开展好谈心交心活动,每个党员领导干部都要对照为民务实清廉要求撰写对照检查材料。在领导班子专题民主生活会上,厅党组主要负责同志带头查摆问题,在班子内部开展积极的批评和自我批评。通过召开通报会,在一定范围内通报厅党组领导班子民主生活会情况和班子成员的对照检查材料。每个党员都要参加所在党支部召开的专题民主生活会,针对存在问题,提出改进措施和办法。同时,开展一次"正风肃纪啄木鸟"的专题行动,采取发动群众帮助"查"、运用"四位一体"帮助"评"、召开全省商务系统政风行风监督员座谈会帮助"找"等形式和方法,进一步排查在"四风"方面存在的问题。

在这一环节中,强调开展积极健康的思想斗争,敢于揭短亮丑,崇尚真理、改正缺点、修正错误,真正让党员、干部的思想、作风和行为都有新的改进和加强。强调切实"对准焦距、找准穴位、抓住要害",把作风中存在的问题一一梳理出来,有的放矢地进行整改。坚持讲求实效,开门搞活动,请群众参与,让群众评判,受群众监督,使群众满意,努力取得经得起实践、群众和历史检验的成果。

(三)整改落实、建章立制

重点针对作风方面存在的问题,提出解决对策,制定和落实整改方案。对排查出的一些突出问题进行集中治理,认真抓住重点问题,按照整改有目标、推进有措施、落实有责任、完成有时限的"四有"要求,制定整改任务书、时间表,实行一把手负责制,并在厅 OA 网站专栏内予以公示。进一步理清改进工作作风、密切联系群众的思路举措,更加自觉地落实中央和省委制定的关于坚决反对"四风"、加强作风建设的意见和各项规定,不断健全完善作风建设长效机制。积极开展群众评议厅机关活动,坚决按照《江苏省商务厅公开承诺》,扎实开展"诚信履诺"行动,凡是已经承诺的事项,必须做到样样兑现,件件落实。积极开展以"破难题、办实事、优服务、树形象"为主题的系列活动,不断改进工作作风,提高服务效能。通过召开总结大会进行认真总结,并请省委督导组进行评价及对今后工作提出要求。会议结束时,对厅领导班子及党员领导干部开展教育实践活动的情况进行民主评议。督导组向厅党组反馈评议结果。对非领导班子成员处级干部的民主评议另作安排。注意总结推广厅机关基层党组织建设的新鲜经验,注重发挥商务系统党组织联系服务群众的优势,进一步健全党员立足岗位创先争优长效机制,推进全省商务系统的政风和行风建设。在集中教育实践活动告一段落后,继续抓好整改措施的落实,进一步巩固和扩大活动的成果。

在这一环节中突出三个重点。① 严明纪律。紧扣为民务实清廉要求,坚决落实《省商务厅关于进一步改进工作作风严格执行和贯彻落实十项规定的实施意见》,对违反党章党纪党规的党员及时进行教育和组织处理。发现重大违纪违法问题,将严格按照有关规定进行严肃查处。② 提高群众工作能力。借助"三解三促"活动平台,认真研究和把握新形势下群众工作的特点规律,切实提高调查研究、掌握实情能力,科学决策、民主决策能力,解决问题、化解矛盾能力,宣传群众、组织群众能力。③ 加强制度建设。坚持把制度建设贯穿教育实践活动始终,建立健全促进党员、干部坚持为民务实清廉的长效机制,坚决纠正有令不行、有禁不止、无视制度的问题,使制度真正成为党员、干部联系服务基层、企业和群众的硬约束。

四　组织领导

(一)成立活动领导小组

马明龙同志任组长,笪家祥、姜昕同志任副组长,厅办公室、综合处、财务处、人教处、机关党委、监察室主要负责人为成员。活动领导小组办公室设在厅机关党委,形成党组统一领导、有关职能处室具体负责、党支部书记认真抓落实的工作机制。各处室和直属事业单位主要负责人为所在处室(单位)开展教育实践活动的第一责任人。

(二)严格落实领导责任

厅党组主要负责同志切实担负起第一责任人的责任,并做到一级抓好一级,一级带动一级。处级以上党员领导干部要充分发挥示范表率作用,带头参加活动,带头学习讨论,带头征求意见,带头自我剖析,带头整改落实。充分发挥处室(单位)党支部在整个教育实践活动中的作用,统筹兼顾、周密安排,把开展教育实践活动与推动当前工作紧密结合起来,做到两手抓、两不误、两促进。

(三)搞好督促检查

自觉接受省委督导组的指导和检查,自觉接受群众的监督和评价。厅教育实践活动领导小组要切实加强对活动的督促检查,适时发现问题、解决问题。发现组织不力的,及时明确指出责令纠正;有走过场的要严肃批评,督促整改。

(2013 年 7 月 5 日)

关于成立江苏省商务厅党的群众路线教育实践活动领导小组的通知

厅机关各处室局、中心、所:

根据《中共江苏省委关于深入开展党的群众路线教育实践活动的意见》(苏发〔2013〕9号)精神,厅党组决定,成立党的群众路线教育实践活动领导小组,人员组成如下:

组　长:马明龙　厅长、党组书记

副组长:笪家祥　副厅长、党组副书记,省贸促会(省国际商会)会长、党组书记(正厅级)

　　　　姜　昕　纪检组组长、党组成员

成　员:朱一兵　办公室主任

　　　　倪海清　综合处处长

　　　　王显东　财务处处长

　　　　江　桦　人教处处长

　　　　王晓燕　机关党委副书记

　　　　王吉鸿　监察室主任

各处室和直属单位主要负责人为所在处室(单位)开展教育实践活动的第一责任人。领导小组办公室设在机关党委,下设三个工作小组,人员组成及分工如下:

主　任:王晓燕　机关党委副书记

副主任:江　桦　人教处处长

综合协调组:彭福林(组长)　机关党委副书记

　　　　　任　鹏　机关党委科员

　　　　　张建明　监察室主任科员

主要负责与省委活动领导小组办公室、省委督导组的沟通协调以及各类活动的组织和保障工作。

宣传材料组:李汉春(组长)　办公室副调研员

　　　　　顾　明　综合处主任科员

　　　　　袁　园　公平局副主任科员

　　　　　顾一舟　人教处科员

主要负责领导讲话、活动简报、会议情况小结、总结报告等文字材料的起草以及宣传栏制作、厅网站活动专栏维护等相关工作。

整改落实组:倪海清　综合处处长

　　　　　汤大军　流通处处长

主要负责牵头组织各项整改落实工作。

(2013 年 7 月 5 日)

江苏省商务厅关于深入开展党的群众路线教育实践活动的实施方案

一 指导思想

　　高举中国特色社会主义伟大旗帜,坚持以马克思列宁主义、毛泽东思想、邓小平理论、"三个代表"重要思想、科学发展观为指导,认真学习贯彻党的十八大和习近平总书记一系列重要讲话精神,紧紧围绕保持和发展党的先进性和纯洁性,以为民务实清廉为主要内容,以建设"三宽四有"高素质党员干部队伍为鲜明导向,以厅领导班子和处以上领导干部为重点,突出抓好直接联系服务企业、服务群众的窗口单位,切实加强全体党员马克思主义群众观点和党的群众路线教育。牢牢把握基本原则,把贯彻落实中央八项规定、省委十项规定和厅十项规定作为切入点,进一步突出作风建设,坚决反对形式主义、官僚主义、享乐主义和奢靡之风,对作风之弊、行为之垢进行大排查大检修大扫除,切实解决基层、企业和群众反映强烈的问题。充分发挥党密切联系群众的优势,大力弘扬"三创三先"新时期江苏精神,为与时俱进推进"两个率先"、实现江苏商务事业的新跨越提供坚强保证。

二 目标要求

在党的群众路线教育实践活动的全过程,始终贯穿习近平总书记提出的"照镜子、正衣冠、洗洗澡、治治病"的总要求,针对全厅实际,以厅领导班子、处级以上党员领导干部为重点,进一步突出作风建设这个重点,突出抓好直接联系服务企业、服务群众的窗口单位,围绕以"查宗旨意识牢不牢,治脱离实际、脱离群众之病;查工作作风实不实,治急功近利、不负责任之病;查精神状态振不振,治庸懒懒散散、贪图享乐之病;查廉洁自律严不严,治挥霍奢靡、铺张浪费之病"为主要内容的"四查四治"开展活动,牢牢把握基本原则,加大"学议、查摆、整改"的力度,着力解决存在的问题与不足,努力实现"思想进一步提高、作风进一步转变、党群干群关系进一步密切、为民务实清廉形象进一步树立"的目标,不断促进各项实际工作,进一步推进全省商务事业的科学发展。

三 方法步骤

从 2013 年 7 月 9 日起,全面展开教育实践活动。参加范围为全厅全体党员。时间跨度为 4 个月,集中教育时间不少于 3 个月。着力抓好三个重要环节,每个环节分别制定具体实施办法,并把"三解三促"作为贯穿教育实践活动全过程的重要载体。

(一) 学习教育、听取意见(7 月上旬至 8 月中旬)

重点是搞好学习宣传和思想教育,深入开展调查研究,广泛听取干部群众意见。

(1) 制订工作计划。厅党组认真传达学习全省党的群众路线教育实践活动动员大会精神,进一步统一思想认识,同时成立厅教育实践活动领导小组。根据《中共江苏省委关于深入开展党的群众路线教育实践活动的意见》及《江苏省第一批开展党的群众路线教育实践活动实施方案》,结合实际研究制订《中共江苏省商务厅党组关于深入开展党的群众路线教育实践活动的实施意见》及《江苏省商务厅关于深入开展党的群众路线教育实践活动的实施方案》,

上报省委教育实践活动领导小组办公室审批后组织实施。

（2）召开动员大会。7月9日，召开全厅机关干部大会，由厅党组书记、厅长、厅教育实践活动领导小组组长马明龙同志主持并作动员讲话，传达中央和省委关于深入开展教育实践活动的精神，对活动作出部署。省督导组组长周毅之同志讲话，提出工作要求。傅自应副省长讲话，对扎实开展好活动提出明确要求。

（3）组织民主评议。动员大会结束后，在参会人员中开展民主评议，主要内容为：对厅领导班子和党员领导干部作风方面的情况进行总体评价；领导班子和党员领导干部"四风"方面存在的突出问题；对搞好教育实践活动的意见和建议。对非领导班子成员处级干部的民主评议另作安排。

（4）开展学习讨论。积极开展"铭记宗旨、修身正己"专题学习活动。7月下旬，召开厅党组中心组学习会，认真学习有关文件材料，进一步统一思想，提高认识。厅机关各处室、直属事业单位党支部分别召开专题学习会，紧密联系思想实际进行深入学习。组织党员特别是党员领导干部认真学习《中共江苏省委关于深入开展党的群众路线教育实践活动的意见》中规定的内容，深入开展党的光辉历史、党的优良传统和社会主义法制及优秀廉政文化教育，深入开展中国特色社会主义和中国梦的宣传教育等。在这一工作环节中，注重切实转变学风，采取集中学习与分散学习相结合、读书观片与讨论交流相结合、"走出去"与"请进来"相结合等形式，紧密联系学习吴仁宝等重大先进典型，开展"我是谁、为了谁、依靠谁"的大讨论，深化对马克思主义群众观点和党的群众路线的认识，进一步打牢思想基础，并做到边学边查边改。

（5）召开专题交流会。8月上旬，召开厅机关学习交流会，进一步交流学习体会，以不断深化教育实践活动。

（6）深化"商务精神"讨论，开展主题箴言、征文的征集活动。厅机关结合开展读书活动，在内网上征集"勤政思廉，修善为民"的箴言。

（7）征求群众意见。在配合督导组进行面上个别谈话的同时，认真梳理近年来在"三解三促"活动和机关作风建设中基层群众提出的意见和建议。抓好领导干部"三解三促"计划的落实，2013年还未到基层"三解三促"的党员领导干部，于8月中旬前全部完成下基层开展"走基层、听民声、求良策"工作。通过座谈会、专设意见建议箱、专门电话和电子邮箱网络等形式，广泛听取群众方方面面的意见。

（二）查摆问题、开展批评（8 月中旬至 9 月下旬）

重点围绕为民务实清廉要求，通过群众提、自己找、上级点和互相帮等形式，认真查摆形式主义、官僚主义、享乐主义和奢靡之风方面的问题，以整风精神开展批评和自我批评。

（1）开展谈心谈话。把深入谈心谈话作为"查摆问题、开展批评"工作环节的重要内容，坚持做到厅党组主要负责同志与班子成员必谈，班子成员与分管部门和单位的负责同志必谈，班子成员之间必谈，单位中层正职与副职必谈。在谈心谈话中做到推心置腹，该提醒的提醒，该批评的批评，并征求对自己的意见。

（2）开展一次"正风肃纪啄木鸟"的专题行动。按照省委领导的要求，采取发动群众帮助"查"、运用"四位一体"帮助"评"、召开全省商务系统政风行风监督员座谈会帮助"找"等形式和方法，切实"对准焦距、找准穴位、抓住要害"，把作风中存在的问题一一梳理出来。

（3）进行对照检查。厅领导班子和处级以上党员领导干部，总结检查落实中央八项规定和省委十项规定精神的情况，对照"为民务实清廉"的要求，认真进行反思，找出存在的问题，并撰写对照检查材料。对厅领导班子和党员领导干部的对照检查材料，在厅机关、省辖市和部分县（市）级商务主管部门及内外贸企业、开发区代表中征求意见。

（4）召开专题民主生活会。拟在 9 月上旬，召开厅领导班子专题民主生活会，党组主要负责同志带头查摆问题，班子成员既要有深刻的自我批评，也要有诚恳的相互批评，对群众提出的意见进行回应，以整风精神开展积极的思想斗争，以真正达到"洗澡"、"治病"的成效。认真听取督导组反馈的意见和建议，尤其是督导组对厅领导班子开展批评和自我批评情况的评价和提醒意见，及时改进工作，落实整改措施。党组就民主生活会形成专项报告，报省委教育实践活动领导小组办公室，同时按程序报省纪委和省委组织部。

（5）召开专题组织生活会。9 月上旬前，各党支部召开专题组织生活会。每个党员都要参加所在党支部的专题会议，并针对存在问题，提出改进措施和办法。

（6）召开通报会。厅领导班子民主生活会后，按上级要求召开通报会，通报民主生活会情况。厅领导班子和党员领导干部的对照检查材料要作进一步修改完善，经督导组和厅党组主要负责同志同意后，在通报会前发放给与会人员。

（三）整改落实、建章立制（9 月下旬至 10 月底）

重点是针对作风方面存在的问题，提出解决对策，制定和落实整改方案，同时集中治理存在的一些突出问题和不足。

（1）制定整改方案。抓住重点问题，按照整改有目标、推进有措施、落实有责任、完成有时限的"四有"要求，制定整改任务书、时间表，实行党组书记一把手负责制。整改方案经督导组审阅后，在一定范围内公示。进一步明确相关整改项目和相关责任人，健全和落实整改项目督查推进制和整改情况报告反馈制。

（2）抓好专项整治。对照《省商务厅关于进一步改进工作作风严格贯彻和落实十项规定的实施意见》及整改方案，围绕反对"四风"，集中时间和精力，开展作风建设专项整治。集中开展一次对厅领导班子和领导干部的综合分析研判，摸清底数，掌握情况。对"四风"方面存在的问题和不足，做到坚决整改不找理由、不走过场。进一步强化正风肃纪，对违反党章党纪党规的党员及时进行教育和组织处理。发现重大违纪违法问题，将严格按照有关规定进行严肃查处。

（3）开展群众评议厅机关活动。通过多种方式广泛征求群众的意见和建议，不断改进工作作风，提高服务效能。注意总结推广机关基层党组织建设的新鲜经验，注重发挥厅系统党组织联系服务群众的优势，进一步健全党员立足岗位创先争优长效机制，推进全省商务系统的政风和行风建设。

（4）开展以"破难题、办实事、优服务、树形象"为主题的系列活动。坚持按照"商务为民"的要求，积极开展岗位练兵竞赛，不断提升机关工作人员履职的能力，进一步提高服务质量；坚持对照"创先争优"的标准，深入开展调研活动，走进基层，倾听民声，认真分析和全力解决制约商务事业科学发展的"瓶颈"问题和基层、企业发展所遇到的困难。坚决按照《江苏省商务厅公开承诺》的要求，扎实开展"诚信履诺"行动，凡是已经承诺的事项，必须做到样样兑现，件件落实,真正做到解企业所需、圆群众所盼。

(5)健全完善制度。根据省委省政府的有关规定和要求,通过深入调研,深入实践,进一步理清改进工作作风、密切联系群众的思路举措,更加自觉地落实中央和省委制定的关于坚决反对"四风"、加强作风建设的意见和各项规定,把制度建设贯穿于教育实践活动的全过程,不断健全完善作风建设长效机制,使贯彻党的群众路线成为厅机关党员干部长期自觉的行动。

(6)召开总结大会。10月下旬,召开全厅党员大会,由厅党组书记、厅长、厅教育实践活动领导小组组长马明龙同志主持并讲话。省委督导组组长周毅之同志讲话,对全厅教育实践活动进行评价,并对今后工作提出要求。会议结束时,对厅领导班子及党员领导干部开展教育实践活动的情况进行民主评议,重点评议解决问题、改进作风情况。督导组向厅党组反馈评议结果。对非领导班子成员的处级干部的民主评议另作专门安排。

(7)巩固扩大成果。在集中教育实践活动告一段落后,继续抓好整改措施的落实,进一步巩固和扩大活动的成果。

四 组织领导

成立厅教育实践活动领导小组,马明龙同志任组长,笪家祥、姜昕同志任副组长,厅办公室、综合处、财务处、人教处、机关党委、监察室主要负责人为成员。活动领导小组办公室设在机关党委,形成党组统一领导、有关职能处室具体负责、党支部书记认真抓落实的工作机制。各处室和直属事业单位主要负责人为所在处室(单位)开展教育实践活动的第一责任人。

五 具体要求

(1)搞好学习教育。始终把贯彻中央八项规定、省委十项规定和省商务厅十项规定精神作为切入点,坚持联系思想实际,搞好正面教育,不断增强广大党员干部参加教育实践活动的自觉性。厅党组中心组和各党支部必须按规定时间和要求,组织好集中学习讨论,不断提高思想认识。在内网开辟"教育实践活动专栏",及时反映学习动态,介绍好的做法和经验,努力在全厅内部形成开展教育实践活动的良好氛围。

（2）扎实开展活动。认真落实中央和省委的统一部署要求，突出教育实践活动的成效。既做到坚持教育实践活动的基本环节不减少、不变通、不走样，坚持把"规定动作"做到位，又结合厅机关实际突出重点，灵活安排求实效，使"自选动作"有特色。充分发挥各处室（单位）党支部在整个教育实践活动中的作用，统筹兼顾、周密安排，确保每个党员积极参加学习实践活动。把开展教育实践活动与推动当前工作紧密结合起来，做到两手抓、两不误、两促进。

（3）领导率先垂范。厅党组主要负责同志切实担负起第一责任人的责任，严格落实领导责任制，一级抓好一级，一级带动一级。处级以上党员领导干部要带头参加活动，带头学习讨论，带头征求意见，带头自我剖析，带头整改落实，充分发挥示范表率作用。

（4）搞好督促检查。在整个教育实践活动中，自觉接受省委督导组的指导和检查，自觉接受群众的监督和评价。厅活动领导小组切实加强对活动的督查，适时分析形势，研究情况，解决问题。集中活动结束后，按照省委和督导组要求，厅活动领导小组办公室认真做好相关材料的整理上报工作。各党支部及时向厅活动领导小组报送开展教育实践活动的情况。

（2013 年 7 月 5 日）

傅自应副省长在省商务厅（贸促会）党的群众路线教育实践活动动员大会上的讲话

根据中央关于在全党深入开展党的群众路线教育实践活动的统一部署，7月1日下午，省委召开了全省党的群众路线教育实践活动动员大会，省委书记罗志军在会上作了动员讲话，对全省开展教育实践活动进行部署。今天，省商务厅召开会议，认真学习贯彻中央和省委精神，对全厅教育活动进行动员部署。刚才，马明龙厅长作了很好的动员，省委督导组的同志作指导讲话，讲得都很好。根据省委统一安排，商务厅是我的联系单位。借此机会，我就学习贯彻中央和省委精神、深入开展教育实践活动讲几点意见：

一、充分认识开展教育活动的重要性和必要性，切实增强开展教育实践活动的政治责任感

群众路线是党的生命线和根本工作路线。党的十八大明确提出，围绕保持党的先进性和纯洁性，在全党深入开展以为民务实清廉为主要内容的党的群众路线教育实践活动。这是新形势下坚持党要管党、从严治党的重大决策，是顺应群众期盼、加强学习型服务型创新型马克思主义执政

党建设的重大部署,是推进中国特色社会主义伟大事业的重大举措。中央和省委对教育实践活动高度重视,习近平总书记多次作出重要指示。6月18日,中央召开教育实践活动工作会议,习总书记发表了重要讲话。中央政治局带头开展活动,为我们作出了表率。省委坚决贯彻中央部署,先后召开常委会和常委扩大会议,传达学习习总书记一系列重要讲话精神,成立教育实践活动领导小组,制定了《意见》和第一批活动《实施方案》,为深入开展教育实践活动作了充分准备。罗志军书记亲自作动员讲话,并对全省开展教育实践活动进行了部署。罗书记的讲话,站在实现"两个百年"目标和中国梦的高度,着眼巩固党的执政基础和执政地位,深入学习贯彻习近平总书记重要讲话精神,深刻阐述了开展教育实践活动的重要意义、目标要求和方法步骤,明确指出了当前江苏省党群干群关系方面存在的主要问题和突出表现。我们商务厅全体党员干部,一定要深刻领会习总书记和省委罗志军书记的讲话精神,紧密联系全省商务工作实际,进一步统一思想,提高认识,把思想和行动统一到中央和省委的决策部署上来,增强投身教育实践活动的自觉性、主动性。

一 准确把握目标要求和重点,有力有序开展教育实践活动

中央和省委对教育实践活动的指导思想、目标任务、基本原则作了明确规定。要认真贯彻习近平总书记提出的"照镜子、正衣冠、洗洗澡、治治病"的总要求,自觉对照党章、查找差距、正视问题、改正缺点、听取意见、开展批评,对症下药、治病救人,努力实现自我净化、自我完善、自我革新、自我提高。要突出作风建设这个重点,着力解决商务工作中的形式主义、官僚主义、享乐主义和奢靡之风方面存在的突出问题。省商务厅开展教育实践活动,要不折不扣贯彻落实中央部署要求,同时结合江苏商务工作实际,提高解决"四风"问题的针对性,突出抓好查宗旨意识牢不牢,治脱离实际、脱离群众之病;查工作作风实不实,治急功近利、不负责任之病;查精神状态振不振,治慵懒满散、贪图享乐之病;查廉洁自律严不严,治挥霍奢靡、铺张浪费之病的"四查四治"工作,努力取得党员干部深受教育、突出问题得到解决、作风形象明显改进、人民群众真正满意的成效。这些年,我们商务厅在密切联系群众,解决基层群众困难和

问题方面,做了不少工作,也取得了一定的成效。特别是在下放权力、精简程序与提高服务意识方面取得了明显成效,但按照中央和省委转变职能的高标准严要求来看,我们还存在很多不足。在为基层群众服务方面,有时我们对基层企业和群众的困难还不能及时、客观、具体地加以分析,找出问题的症结,提出有针对性的政策建议和工作措施。我们为基层群众服务的主动精神还要加强,服务效能还有待提高。再比如,近年来,我们商务厅的干部队伍作风状况虽然有了明显改进,但脱离基层、脱离群众的现象仍然存在。有的不愿意深入群众倾听群众诉求,有的不善于深入基层开展调查研究,有的习惯于坐在办公室里想问题、作决策。抓工作不怕群众不满意、就怕领导不注意;有的接待群众办事,总拿"按规定"、"走程序"做挡箭牌,办事拖拉。这些问题,都要通过这次教育活动,进行对照检查,深刻反思,切实找准在践行群众路线、坚持群众观点、站稳群众立场方面存在的问题,全面加以纠正和解决。

二 进一步明确具体方法步骤,扎实抓好教育实践活动重点环节

　　根据中央和省委要求,这次活动的显著特点,就是不分阶段、不搞转段,但在方法步骤上明确了三个重要环节。我们要准确把握每个环节的主要任务和工作要求,采取得力措施,切实抓好工作落实,确保教育实践活动扎实推进、不走过场。

(一)要采取多种形式进行学习和教育

　　重点是搞好学习宣传和思想教育,组织党员、干部认真学习中国特色社会主义理论体系,学习党章和党的十八大报告,学习习近平总书记一系列重要讲话精神,学习中央和省委的有关要求规定,切实强化公仆意识,解决好"我是谁"的问题;树牢群众观点,解决好"依靠谁"的问题;站稳群众立场,解决好"为了谁"的问题。要认真梳理分析近年来"三解三促"活动和机关作风建设中基层群众提出的意见、建议,组织党员领导干部走基层、听民声、求良策。要紧密结合"三解三促",走访与调查摸底结合、解决思想问题与解决实际困难结合、解决党员困难与群众困难结合。要结合商务工作实际,运用集中学习、分散学

习、专题辅导、典型引导、结对帮学等多种方式推动学习教育活动。

（二）抓好查摆问题和开展批评

找出问题，认清不足，开展批评和自我批评，既是教育实践活动的重要环节，也是解决问题、改进作风、推进工作的前提。商务厅党组和机关要以实事求是、严肃认真的态度，紧密结合工作和思想实际，着力查找在"四风"方面存在的问题和不足，深刻分析这些问题产生的主客观原因，总结经验教训。在这方面要有求真务实的态度，要有敢于动真格的勇气。特别是厅党组一班人要通过找准问题和不足，敢破敢立，着力破除不符合中央八项规定和省委十项规定要求的思想观念、规章制度，进一步明确落实密切联系群众的新思路。在查摆问题、开展批评环节，我在这里特别强调要组织召开好专题民主生活会。根据省委要求，省委督导组要全程参加领导班子的专题民主生活会。在民主生活会准备阶段，督导组还要向厅党组主要负责同志和班子成员通报掌握的班子建设情况和存在的突出问题。对反映存在问题较多的班子成员，督导组还要同厅党组主要负责同志进行谈话提醒；对其他班子成员也要进行个别谈话提醒。届时，我也要参加商务厅的有关活动。此外，还要搞好谈心活动。谈心活动要求党员之间、班子成员之间、班子与中层干部之间、党支部委员之间、支委与委员之间、普通党员之间主动征求意见，虚心接受批评，指出存在问题，给予善意帮助。切实通过开展谈心交心活动，谈出风清气正的良好风气。

（三）要切实抓好整改落实和建立长效机制

重点是针对作风方面存在的问题，提出解决对策，制定和落实整改方案；对一些突出问题进行集中治理。省委要求，要按照整改有目标、推进有措施、落实有责任、完成有时限的"四有"要求，制定整改任务书、时间表，实行一把手负责制，并在一定范围内公示。从商务厅来说，我看要突出正风肃纪、提高群众工作能力和加强制度建设等三个重点。要紧扣商务为民和务实清廉要求，在反对形式主义方面，要着重认真清理各类展会流程、会议、文件和评比表彰活动，坚决取消那些没有实际效果的展会流程安排、没有实质内容和实际作用的会议、活动和文件。在反对官僚主义方面，对全厅党员、干部特别是领导干部勤政情况进行检查,坚决整治为基层企业和群众办理审批事项不及时、服务态度不好、推诿扯皮、办事效率低下问题,专项治理消极应付、不作为、乱作为,门难进、脸难看、事难办以及侵害群众利益的问题。在反对享乐主义方面,要认真克服不思进取、怕苦怕累、逃避责任、不愿意到艰苦的地方工作,更不想创造性地开展工作的思想,坚决纠正公务活动中的讲排场、比阔气,不重实效的行为。要进一步规范和落实公务接待有关规定。在反对奢靡之风方面,全面检查"三公"经费使用情况,坚决制止铺张浪费行为,严禁用公款大吃大喝,严禁以各种名义用公款互相宴请和安排高消费娱乐活动,严禁借开会、调研、考察、检查、培训等名义变相旅游。在提高群众工作能力方面,要认真研究和把握新形势下商务为民的工作特点规律,切实提高调查研究、掌握实情能力,科学决策、民主决策能力,解决问题、化解矛盾能力,宣传群众、组织群众能力,着力防止和克服情况不明、掩盖问题、回避矛盾。要注重开展群众评议机关等活动,改进工作作风,提高服务效能。要切实抓好整改提高。主要抓好制定整改方案、认真进行整改、建立长效机制等方面工作。制定整改方案要做到"四个围绕"的总体要求,围绕"立党为公、执政为民"着力解决群众观念问题,围绕"科学发展、改善民生"着力解决永续发展问题,围绕"惜岗敬业、创先争优"着力解决服务群众问题,围绕"作风转变、清正廉洁"着力解决廉政从政问题。党支部要抓住普遍性问题、倾向性问题制定整改方案,明确整改重点,分解整改任务,落实整改责任,及时通报情况,接受群众监督。

四 注重统筹兼顾,以教育实践活动成果推进完成全年商务发展目标任务

我们商务厅开展教育实践活动的根本目的,就是为推动全省商务发展提供保障。要把开展活动同圆满完成全省商务工作目标任务紧密结合起来,安排好活动时间和精力,引导广大党员干部团结奋进、开拓创新、狠抓落实,使活动每个环节每项措施都为中心工作服务。要把开展教育实践活动同促进党员干部履职尽责结合起来,把在活动中激发出来的进取精神和工作热情转化为做好当前商务工作的动力,用商务发展成绩检验教育实践活动成效,真正做到两手抓、两不误、两促进。2013年以来,全省商务发展面临着许多困难和挑

战,不确定因素明显增多,宏观经济环境呈现出前所未有的严峻性和复杂性。对此,我们一定要有清醒的认识和足够的估计,积极做好应对各种困难局面的充分准备。当前和今后一段时期,全省商务发展的目标就是稳增长、调结构。在指导思想上,必须坚持以科学发展观统领商务工作,必须坚持江苏商务工作率先领先全国的发展目标。当前,深入开展教育实践活动,进一步推进全省商务工作走上科学发展轨道,作为省政府主管全省商务发展的职能部门,商务厅要努力抓好四个方面的重点工作:① 要把推动商务发展转型升级、促进内外贸融合发展,作为当前工作的中心任务。推动商务发展转型升级,就是要突破原有发展模式,主动顺应形势变化,努力促进结构调整,实现商务发展转型升级。要加快内外贸融合发展,不断提高统筹国际国内两个市场、两种资源的能力。② 要把促进商务工作稳定增长放在更加重要的位置。稳增长,就是要保持商务发展在江苏经济社会发展中的拉动作用不削弱,保持全省商务工作在全国的领先地位不动摇,努力实现"市场份额不减少、工作位次不后移、质量效益有提升",为全省经济社会发展作出更大贡献。③ 要把加强对形势的研判,作为发挥参谋助手作用的重要着力点。要进一步提高对复杂形势的研判和应对能力,加强对涉及商务发展重大问题的研究,进一步坚定发展的信心和决心,牢牢把握商务工作主动权。要积极研究创新政策、创新工作思路,提出有针对性的意见和建议,切实当好省委省政府的参谋助手。④ 要切实把提升服务基层和群众能力,作为落实商务为民的重要抓手。近年来,商务厅从有利于推动商务发展出发,一直坚持简政放权,我认为这个工作指导思想是非常正确的,这是建设服务型政府的要求,也是上级满意、基层欢迎、企业开心的大好事,下一步要更好地适应商务工作科学发展和转变政府职能的新要求,研究出台一些新的政策措施,并进一步优化工作流程,提高效率,为基层和群众提供更加便捷、更多人性化的服务。同时,要在深入基层中不断提高服务大局服务群众的能力水平。

同志们,深入开展党的群众路线教育实践活动,继续保持江苏商务工作又好又快发展,是摆在我们面前的一项重要任务。我们一定要进一步统一思想、振奋精神、齐心协力,扎实工作,圆满完成好教育实践活动各项任务,为与时俱进推进"两个率先"、谱写好中国梦的江苏篇章,努力开创江苏商务发展新局面作出更大的贡献!

(2013 年 7 月 9 日)

省委第十一督导组组长周毅之在省商务厅(贸促会)党的群众路线教育实践活动动员大会上的讲话

根据中央部署和省委安排,江苏第一批群众路线教育实践活动已经启动。为加强对活动的督促检查和工作指导,省委决定,由省委教育实践活动领导小组向参加第一批活动的单位派出21个督导组。我们这个组,主要负责商务厅、卫生厅、计生委等11家单位的督导工作。

商务厅对这次教育实践活动高度重视,中央作出相关部署后,就专门组织力量深入调研,广泛听取党员、干部和群众意见,查明情况、摸清底数;全省党的群众路线教育实践活动动员大会召开后,及时组织党员、干部认真学习贯彻会议精神,研究部署相关工作,并成立领导机构和工作机构;制定的实施方案,体现省委精神、符合单位实际,为全面开展教育实践活动奠定了良好基础。今天,党委(党组)召开会议,对开展群众路线教育实践活动进行动员部署。刚才,马明龙同志作了动员讲话,讲得非常好。

下面,我代表督导组,讲几点意见。

一 深刻把握中央和省委关于开展教育实践活动的基本要求

中央对教育实践活动的指导思想、目标任务、方法步骤和重点举措作了明确规定,省委贯彻中央精神,结合江苏实际,制定下发全省《意见》和第一批活动《实施方案》,鲜明提出全省教育实践活动要紧紧围绕"四查四治"主线,努力实现"四个进一步"的目标任务,为我们开展教育实践活动指明了方向,提供了指南。我们要认真学习,深刻领会,切实把思想和行动统一到中央精神和省委部署要求上来,站在巩固党的执政基础和执政地位、建设"三宽四有"高素质干部队伍、又好又快推进"两个率先"的战略高度,充分认识活动的重大意义,以强烈的政治责任感和使命感,积极投身到教育实践活动中来。活动中,要着重把握好以下五个方面:

(一)认真贯彻"照镜子、正衣冠、洗洗澡、治治病"总要求

习近平总书记对这次教育实践活动提出的 4 句话、12 个字的总要求,强调的是直面问题的勇气和真转真改的态度,是开展活动必须把握好的重要遵循。我们要把总要求贯穿到教育实践活动的全过程、各环节,并随着活动的深入而不断深化。要以党章为镜,摆问题、找差距、明方向;要勇于正视缺点和不足,增强党性、端正行为;要以整风精神清洗思想和行为上的灰尘,既解决实际问题,又解决思想问题;要本着惩前毖后、治病救人的方针,对不正之风和突出问题进行专项治理,实现自我净化、自我完善、自我革新、自我提高。

(二)紧紧围绕"四查四治"主线

中央明确,这次教育实践活动着力解决形式主义、官僚主义、享乐主义和奢靡之风"四风"问题。省委强调,要不折不扣贯彻落实中央部署要求,同时结合江苏实际,提高解决"四风"问题的针对性,突出抓好"四查四治"。就是要查宗旨意识牢不牢,治脱离实际、脱离群众之病;查工作作风实不实,治急功近利、不负责任之病;查精神状态振不振,治慵懒满散、贪图享乐之病;查廉洁自律严不严,治挥霍奢靡、铺张浪费之病。找准病症、深挖病根、对症下药,真正

对作风之弊、行为之垢来一次大排查大检修大扫除,努力取得党员干部深受教育、突出问题切实解决、作风形象明显改进、人民群众普遍满意的成效。

(三)勇于拿起批评和自我批评武器

中央和省委反复强调,要以整风精神来抓教育实践活动。我们要切实拿起批评和自我批评这个有力武器,体现"认真"二字,开展积极健康的思想斗争,敢于抛开面子、动真碰硬,让党员干部红红脸、出出汗、排排毒。深刻批评自己,要触及问题实质、挖到思想深处;相互批评要敢于指出问题、真诚帮助提高。对作风方面存在问题的党员干部,要及时教育提醒,问题严重的要严肃处理。

(四)突出发挥领导带头作用

作风建设一定要从上头抓起。教育实践活动成效如何,领导带头是关键。在全省动员大会上,省委罗志军书记明确表态,省委常委会一定带头投身教育实践活动,以更高标准对照检查,以更实举措解决问题,以更严要求改进作风,真正发挥好表率作用。近期,省委常委已经开始学习和征求意见,为我们做了表率、放了样子。各级领导干部要以普通党员身份带头参加活动,带头改进作风,带头自我剖析,带头解决问题,努力做到"认识高一层,学习深一步,实践先一着,剖析解决问题好一筹"。党委(党组)主要负责同志,要切实担负起第一责任人的责任,深入一线、靠前指挥,吃透政策原则,抓好工作落实。

(五)切实加强长效机制建设

制度管根本管长远。这次教育实践活动,既要立足当前,努力解决群众反映强烈的突出问题;又要着眼长远,建立健全促进党员干部坚持为民务实清廉的长效机制。要把省委要求和实际需要、新鲜经验有机结合起来,修订完善已有的制度,加快制定体现本单位实际、受群众欢迎、务实管用、好操作的制度规定,坚持以制度管人管事管权。要强化制度执行力,真正使制度成为党员干部联系服务群众的硬约束,贯彻群众路线成为党员干部的自觉行动。

二 以求真务实的作风确保教育实践活动取得实效

这次教育实践活动时间紧、任务重、要求高。中央和省委反复强调，要用好的作风组织开展教育实践活动。我们要精心组织、周密安排、严格要求，以求真务实的作风抓好各个环节的工作，确保活动"不虚"、"不空"、"不偏"，取得实实在在的成效。

（一）要充分发挥党员干部的积极性

教育实践活动的成效如何，取决于各级党组织的共同努力，取决于每个党员干部的积极参与。各级党组织和广大党员干部特别是领导干部，一定要彻底消除疑虑心态、观望心理、应付思想、畏难情绪，切实增强思想自觉和行动自觉，积极参与到活动中来。要结合各级党组织特点、结合党员干部实际，充分发挥各级党组织的主体作用，增强每个党员干部的主人翁意识，立足于自己教育自己、自己解决问题，以实际行动密切党群干群关系，以改进作风的实际成效取信于民。

（二）要切实采取扎实有效的工作举措

坚持活动原则要求，严格按照方法步骤，把规定动作抓到位；同时结合实际，积极探索创新，把自选动作抓扎实。要着力在查找问题上下功夫，深入开展"三解三促"活动，组织党员干部走进基层、走进群众，广泛听取意见，找准找实突出问题。要着力在开好高质量民主生活会上下工夫，贯彻整风精神，抓好谈心谈话，认真开展批评和自我批评，把滋生问题的深层次原因分析透彻。要着力在解决突出问题上下工夫，坚持边学边查边改，能及早解决的就尽快解决，能自身解决的就不上交，一时难以解决的要抓紧创造条件积极解决，真正让人民群众看到活动带来的新变化新气象。

（三）要始终坚持"开门搞活动"

干部作风好不好，活动成效怎么样，群众看得最清楚，最有发言权。要把群众参与贯穿活动全过程，每个环节都组织群众有序参与，查找问题听取群众意见,分析检查组织群众评议,解决问题汲取群众智慧,整改落实接受群众监督,活动成效交给群众评判,切忌自说自话、自弹自唱,不搞闭门修炼、体内循环,努力使活动成为群众支持、群众检验、群众满意的民心工程。要加强舆论宣传和正面引导,防止恶意炒作,积聚推动教育实践活动的正能量。

(四)要努力做到统筹兼顾

要把开展活动同深入实施"八项工程"、推进"两个率先"紧密结合起来,同完成本地区、本部门、本单位各项任务紧密结合起来,统筹兼顾、合理安排,真正做到两手抓、两不误、两促进。要在推进中心工作中深化活动,借活动之力破解工作难题,把党员干部在活动中激发出来的工作热情和进取精神,转化为履职尽责、做好工作的动力,用推动经济社会发展的实际成效检验活动成效。

三　扎实做好督导工作推动活动各项任务落到实处

省委教育实践活动领导小组明确了督导组 7 项工作职责,主要包括及时传达中央和省委关于教育实践活动的有关要求,对所督导单位开展活动情况进行全面督促指导,考察领导班子和领导干部,了解领导班子和领导干部作风方面存在的突出问题,听取党员干部和群众意见建议,总结推广教育实践活动中的好经验好做法等。督导工作责任重大、使命光荣。我们督导组将严格按照要求,履职尽责,积极作为,扎实做好督导工作。

(一)紧紧依靠党委(党组)开展督导工作

省委强调,各级党委(党组)是抓好本地区、本部门、本单位教育实践活动的责任主体,督导组紧紧依靠党委(党组)开展工作。我们将找准自身定位,明确工作职能,既主动开展督促指导,又不过多干预具体工作。对活动中了解到的情况、发现的问题,及时与党委(党组)沟通,帮助出主意、想办法,督促研究解决,做到尽职不越位,督导不包办。

(二)突出重点开展督导工作

省委要求,督导组要找准工作重心,抓住工作重点,全程督导所负责地区部门单位的教育实践活动。我们将重点督促学习教育,抓好意见征集,了解领导班子和党员领导干部"四风"方面的突出问题;督促查摆问题,认真开展批评,推动开好高质量民主生活会;督促整改落实,帮助建章立制,推动形成一批机制化、长效化的制度成果。

(三)坚持以良好作风开展督导工作

教育实践活动聚焦作风建设,督导组首先要有好的作风。督导过程,也是我们督导组同志受教育、得提高的过程。我们一定加强学习,深刻领会中央和省委精神,牢牢把握督导规则和工作要求,虚心向商务厅的领导和同志们学习,不断提高督导工作能力;一定加强团结,相互配合,专心致志做好职责范围内的每一项工作;一定严格要求,模范遵守中央八项规定和省委十项规定,严守政治纪律、工作纪律和廉政纪律,树立省委督导组的良好形象。

(2013 年 7 月 9 日)

马明龙厅长在省商务厅（贸促会）党的群众路线教育实践活动动员大会上的讲话

党的十八大提出在全党深入开展以为民务实清廉为主要内容的党的群众路线教育实践活动。根据省委部署，今天我们召开动员大会，正式启动省商务厅党的群众路线教育实践活动，这是当前我们最重要、最紧迫的政治任务。在省委督导组的指导下，我们成立了教育实践活动领导小组和工作机构，并已经开展工作。在调查研究的基础上，我们结合省商务厅实际制定了教育实践活动实施方案，为开展教育实践活动作了充分准备。

下面，我根据商务厅党组讨论的精神，就学习贯彻中央和省委精神、深入开展教育实践活动讲四点意见。

一、认真学习贯彻中央和省委精神，深刻领会开展教育实践活动的重大意义

开展群众路线教育实践活动，中央高度重视，习近平总书记多次作出重要指示。5月9日，中央下发了《关于在全党深入开展党的群众路线教育实践活动的意见》。6月18日，中央召开教育实践活动工作会议，习近平总书记发表了重要讲话，深刻地论述了坚持群众路线、开展教育实践

118

活动的重大意义,精辟阐述了开展教育实践活动的指导思想、目标要求和重点任务。

在7月1日省委召开的动员大会上,罗志军书记作了动员部署,中央督导组张柏林组长提出了明确要求。结合商务厅实际,我们必须要从以下三个方面提高认识,切实增强开展教育实践活动的政治责任感和政治使命感。

(一)进一步提高对开展教育实践活动全局性、战略性意义的认识

党的十八大确定了"两个百年"的奋斗目标,习近平总书记提出实现中华民族伟大复兴的中国梦。推进"两个率先",是实现中国梦江苏篇章的最大实践。对外开放是江苏发展的最大特色,当年江苏发展开放型经济的一个重要经验就是充分发挥人民群众的首创精神,敢为人先、勇于创新,在全国创出了许多个第一,比如全国第一个自费开发的昆山开发区、第一个中新合作园区——苏州工业园区等。这许多个"第一"离不开群众的创造,离不开群众的支持,离不开群众的努力。开展群众路线教育实践活动,就是要教育引导党员干部牢记并恪守全心全意为人民服务的根本宗旨,继续以优良作风凝聚党心民心,进一步发挥群众的创造性和积极性,加快推进转型升级,不断提升商务事业发展水平,为实现十八大确定的目标任务、谱写好中国梦江苏新篇章作出新的贡献。

(二)进一步提高对开展教育实践活动必要性、紧迫性的认识

商务事业是中国特色社会主义的重要组成部分,商务事业发展事关全省"两个率先"的大局,关系千家万户、国计民生。当前内外部环境正在发生重大而深刻的变化,国际市场和国内资源要素约束趋紧,商务发展的任务繁重而艰巨,必须以优良作风提供根本保证。从我们实际情况看,党员干部贯彻执行群众路线的主流是好的,党群干群关系总体上是健康的,应当肯定。但从初步查摆情况看,仍然不同程度地存在着"四风"问题,需要进一步创新服务方式、拓宽服务领域、强化服务功能,为基层和群众更好地排忧解难。开展群众路线教育实践活动,就是要引导广大党员干部时刻把人民群众放在心中最高位置,把为民务实清廉的价值追求融入血脉、化为行动,切实解决人民群众反映强烈的突出问题。

(三) 进一步增强投身教育实践活动的自觉性、主动性

习近平总书记强调全党同志要以实际行动密切党群干群关系。近年来,我们在省委省政府的领导下,开展了"三讲教育"、"先进性教育"、"学习实践科学发展观活动"、"创先争优"等一系列教育活动,前一阶段还进行了深入的"三解三促"。有少部分党员干部认为活动多了,只是走走形式,甚至产生了懈怠情绪和应付思想。对这种错误认识,我们要高度重视,及时加以纠正。大家一定要从思想深处挖问题,要坚决消除"走过场"心态、坚决消除"空对空"心态、坚决消除"搞形式"的心态,要以高昂的精神状态和强烈的责任意识主动投身到教育实践活动中来,坚决把中央和省委各项部署要求落到实处。

二 准确把握目标要求,不折不扣贯彻各项工作部署

中央和省委对教育实践活动的指导思想、目标要求、基本原则、方法步骤作了明确规定。概括起来说,中央的要求主要体现在五个方面:一是贯彻"照镜子、正衣冠、洗洗澡、治治病"的总要求;二是聚焦作风建设,坚决反对"四风":形式主义、官僚主义、享乐主义和奢靡之风;三是以整风精神开展批评和自我批评;四是坚持领导带头;五是注重建立长效机制。

商务厅要不折不扣贯彻落实中央和省委部署要求,同时要针对我们存在的"四风"问题,突出抓好"四查四治":

(一) 查宗旨意识牢不牢,治脱离实际、脱离群众之病,进一步密切党同人民群众的血肉联系

我们常说,国民经济的三驾马车——消费、投资、出口,有两驾半与我们商务部门紧密相关。商务发展既关系"两个率先"的大局,又与百姓民生息息相关。因此,我们一直以来都高度重视为民服务的工作宗旨,总体是好的,但是也存在着个别干部脱离基层、脱离群众的现象。有的不问群众意愿、不顾群众诉求,坐在办公室里想问题,拍脑袋作决策,所想所为非群众所愿所盼,抓工作不怕群众不满意、就怕领导不注意。有的不深入基层,一些调研走马观花、蜻蜓点水,浮光掠影的多,解剖麻雀的少;开座谈会的多,深入企业的少;反映情

况的多,拿出有效措施的少。有的接待群众办事,总拿"按规定"、"走程序"做挡箭牌,推三阻四、拖拖拉拉,把"本分"的事当作"情分"来送。这次教育实践活动,每个党员干部都要认真反思一下,在践行群众路线、坚持群众观点、站稳群众立场方面有没有偏差。

(二)查工作作风实不实,治急功近利、不负责任之病,大兴求真务实之风

我们商务工作服务的对象是基层、是企业、是百姓,近年来在服务基层、服务企业、服务百姓方面做了大量的扎实工作。但也有个别党员干部存在心浮气躁、好大喜功的问题。有的不爱"做事"却爱"作秀";有的工作起来不注重实际成效,更注重"造势一时";有的不敢作为、不会作为,遇到矛盾喜欢绕着走,对出现的问题治表多、治本少;有的不会针对不同地区、不同情况进行分类指导,遇到问题喜欢"一刀切";有的满足于现有的知识和见解,创新能力不足,不愿意开拓新领域、解决新问题,对前瞻性的问题研究不够。通过教育实践活动,就是要推动每个党员干部始终牢记"空谈误国、实干兴邦",做到重实干、敢作为、勇担当,真正把心思用在推动商务事业发展上来,把功夫下到为企业和基层服务上来,让群众真正享受到发展的红利。

(三)查精神状态振不振,治慵懒涣散、贪图享乐之病,大力弘扬"三创三先"新时期江苏精神

作为全省开放型经济的先头兵,一直以来,在省委省政府的领导下,我们始终强调要有敢闯敢创的"精气神",要有干劲、有激情、有闯劲、有创新。但是随着我们商务事业的发展,个别同志自满懈怠情绪有所滋长,缺乏继续创新创优的追求和激情。我们江苏商务发展的多项指标走在全国前列,有些同志就开始自我感觉良好了,甚至自满自大了,观念也开始停滞不前了。有的对科学发展中的"个性问题"找理由解脱,"共性问题"找借口安慰;有的对自己的问题看不见,对别人的成绩看不上,总觉得发展比过去快、比其他地方强。大家想没想过,上海正在搞自由贸易园区试点、浙江有了金融改革等四大国家级先行先试政策、广东有前海和横琴两个试验区,中西部的重庆和郑州也有离岸外汇结算的特殊金融政策。我们江苏原来引以为豪的政策创新优势正在弱化。通

过教育实践活动,要推动我们的干部锐意进取、昂扬向上,继续以勇争一流的精神风貌,瞄准新标杆,坚持高标准,在新时期推动江苏商务事业取得新的发展。

(四)查廉洁自律严不严,治挥霍奢靡、铺张浪费之病,发扬艰苦奋斗优良传统

坚决贯彻落实中央八项规定和省委十项规定,省商务厅专门制定了十项规定,认真落实党风廉政建设责任制,总体上大家都很重视。厅领导对基层没有必要参加的活动尽可能做到不参加,公费管理更加严格。但个别同志还存在艰苦奋斗精神不足的问题。以前有的展会、论坛布置过于讲究,浪费严重。有的下基层工作仍然放不下架子、接待来客放不下面子,大手大脚和浪费的现象还时有出现。有的把"排场"当"热情",把奢华当"风光"。出国、出差还有超标准接待现象,工作日程安排相对宽松。我们要以开展教育实践活动为契机,通过强化教育、完善制度、严肃查处等手段进行坚决整治,引导每个党员坚守节约光荣、浪费可耻的思想观念,做到清廉自守、克己奉公,始终保持为民务实清廉的政治本色。

这些问题还只是初步查摆,随着教育活动的深入开展,可能还会发现更多问题。这些问题如果不能认真解决,听之任之,将严重影响商务事业的健康发展。我们开展教育实践活动,绝不能轻描淡写,更不能是表面文章,要成为一次大排查、大检修、大扫除,要肃风整纪、解决问题、取信于民,为全省商务事业的发展提供坚强作风保证。

三 严格按照方法步骤,扎实推进教育实践活动各项工作

根据省委部署,省商务厅为第一批开展教育实践的部门,教育时间从 7 月上旬开始到 10 月底。这次活动不分阶段、不搞转段,在方法步骤上明确了三个重要环节:一是学习教育、听取意见,包括抓好思想发动,组织专题学习,深入开展调查研究、广泛征求意见等;二是查摆问题、开展批评,包括开展谈心活动,撰写对照检查材料,召开专题民主生活会和组织生活会,通报民主生活会

情况等;三是整改落实,建章立制,包括制定整改方案,抓好整改落实、强化正风肃纪,加强制度建设、推进作风建设常态化,总结评议、巩固提高等。

这三个环节是规定动作,要统筹谋划、精心实施,在解决突出问题上下工夫,一项一项抓好推进,一件一件落到实处,确保教育实践活动不走过场、取得实效。同时,要结合商务厅实际,在三个环节中创新自选动作。

(一)关于学习教育,听取意见环节

学习教育的实质是思想理论武装,树立群众观念。这个环节要把加强理论武装摆在第一位。只有真正把新形势下做好群众工作的重要性理解透了、领会好了,才能把工作做到群众心坎上。要深入学习习近平总书记一系列重要讲话精神,以及中央、省委关于做好实践教育活动的一系列决策部署,自觉把行动统一到中央和省委的部署上来。学习采取集中学习与分散学习相结合、读书观片与讨论交流相结合、"走出去"与"请进来"相结合等形式。要结合我们本职工作,重点组织好"为了谁、依靠谁、我是谁"大讨论,为推动全省经济社会率先优质发展提供理论支持。作为自选动作,我们将组织开展"铭记宗旨、修身正己"专题学习活动。

听取意见是找准问题的前提,关键是要突出群众参与,坚持开门搞教育。一开始就扎下去,广泛征求系统内外干部群众的意见建议,注重听取工作对象、基层群众的要求,切实把问题找准,把原因分析透,把改进措施找准。

(二)关于查摆问题,开展批评环节

这个环节要贯彻整风精神,采取发动群众帮助"查"、运用"四位一体"帮助"评"、召开全省商务系统政风行风监督员座谈会帮助"找"等形式和方法,认真检查在宗旨意识、工作作风、精神状态、廉洁自律等方面存在的问题。联系执行中央八项规定、省委十项规定精神的情况,以敢于揭短亮丑的勇气和态度,"对准焦距、找准穴位、抓住要害",把问题找准找实。切实拿起批评和自我批评这个有力武器,真正触及问题实质、挖到思想深处,达到"洗澡"、"治病"的效果。要结合商务工作实际,认真查摆我们在贴近基层还不够紧密、为基层服务还不够到位、创新意识还不够强、机关运转还不够高效等方面的问题。要重点组织开好一次高质量的专题民主生活会。作为自选动作,我们将开展一次"正风肃纪啄木鸟"的专题行动。

（三）关于整改落实，建章立制环节

贯彻群众路线关键要落实正风肃纪的各项措施和制度规定，整改落实要争取主动，边学边改，即查即改，从活动一开始就注意整改。把工作做在前头，把问题改在前头，在解决问题的过程中改进作风和完善制度。要建立完善调查研究、联系点、舆情汇集分析、基层诉求反映等方面的制度，及时了解和掌握基层和企业实情。坚决按照"六项承诺"的要求，扎实开展"诚信履诺"行动，凡是已经承诺的事项，必须做到样样兑现，件件落实，真正做到为基层和企业排忧解难。建立优质高效的服务机制，把更多资源投向基层，把更多的服务延伸到基层，建立以群众满意为最高标准的考核评价机制。要坚持废改立并重，清理已有的制度，建立缺失的制度，完善有疏漏的薄弱环节的制度。作为自选动作，我们将组织开展"破难题、办实事、优服务、树形象"系列主题活动。

四 强化组织领导，确保教育实践活动扎实深入取得实效

这次教育实践活动时间紧、任务重、要求高。中央和省委反复强调，要用好的作风组织开展教育实践活动。整个教育实践活动要确保计划方案实、学习质量高、查摆问题准、制定措施细、形成机制快。

（一）明确责任主体，健全组织保障

要建立有力的组织领导机制，使整个活动有序推进。成立省商务厅教育实践活动领导小组，由我任组长，笪家祥、姜昕同志任副组长，办公室、综合处、财务处、人教处、机关党委、监察室主要负责人为成员。活动领导小组办公室设在机关党委，形成党组统一领导、有关职能处室具体负责、党支部书记认真抓落实的工作机制。各处室和直属事业单位主要负责人为所在处室（单位）开展教育实践活动的第一责任人，要切实承担起抓好教育实践活动的责任，教育实践活动领导小组将加强督促、检查和指导。

（二）加强统筹协调，推动中心工作

只有紧密结合商务工作实际，教育实践活动才能取得实效。当前全省扩内需、稳外需面临巨大挑战，要把开展教育活动同实施"六大推进计划"紧密结合起来，引导商务厅党员干部团结奋进、开拓创新、狠抓落实。要紧密结合工作职能，针对存在的突出问题，从业务工作机制上找缺陷，从具体工作措施上找不足，从各项工作细节上找突破口，把教育活动融于日常工作的方方面面，在活动中促进形成抓作风建设的长效机制，把活动成果转化为发展的内在动力。要统筹安排好活动时间和精力，使活动每个环节每项措施都为中心工作服务，用全省商务工作的大发展检验活动成效，真正做到两手抓、两不误、两促进。

（三）加强宣传交流，增强群众信心

要通过召开党组会议、支部会议、处务会议等形式，将教育活动宣传到位，让所有的党员干部都了解并熟知教育活动，促进大家迅速把思想和行动统一到中央和省委的安排部署上来。活动开展之后，要注意收集整理在开展活动中的好的经验和做法，及时上报省活动领导小组。坚持典型引路，善于发现商务系统作风建设的先进典型，加大宣传报道力度，使党员干部学有标杆、赶有榜样，"正衣冠"有参照，"照镜子"有比较。在宣传正面典型和先进事迹的同时，也要及时通报存在的突出问题，及时回应群众关切。

（四）强化督促检查，实现全程督导

要按照省委督导组的要求开展工作，自觉接受督导，主动向督导组汇报情况和反映问题。认真落实中央和省委的部署要求，突出教育实践活动的成效。既做到坚持教育实践活动的基本环节不减少、不变通、不走样，坚持把"规定动作"完成好做到位，又结合商务厅实际，积极探索创新，使"自选动作"有特色出亮点。

同志们，深入开展党的群众路线教育实践活动，意义重大、任务繁重。中央有明确的要求，省委有具体的部署，我们一定要以这次教育实践活动为契机，以更加高昂的政治热情、更加扎实的工作举措，圆满完成好教育实践活动各项任务，为全省"两个率先"和谱写中国梦的江苏篇章作出更大贡献。

（2013 年 7 月 9 日）

江苏省商务厅党的群众路线教育实践活动学习教育、听取意见环节实施办法

一　做好准备工作

（一）贯彻会议精神

7月2日，厅党组集中传达学习全省教育实践动员大会精神，党员领导干部带头学习贯彻中央和省关于党的群众路线教育实践活动工作会议、特别是习近平总书记、省委罗志军书记的重要讲话精神，准确理解把握中央和省委的决策部署，为开展教育实践活动做好思想准备。7月5日，厅党组召开专题会议，根据《中共江苏省委关于深入开展党的群众路线教育实践活动的意见》，研究制订全厅教育实践活动的实施意见。

（二）建立健全组织

成立厅教育实践活动领导小组，由马明龙同志任组长，笪家祥、姜昕同志任副组长，厅办公室、综合处、财务处、人教处、机关党委、监察室主要负责人为成员。活动领导小组办公室设在机关党委，形成党组统一领导、有关职能处室具

体负责、党支部书记认真抓落实的工作机制。各处室和直属事业单位主要负责人为所在处室（单位）开展教育实践活动的第一责任人。

（三）开展调查研究

通过多种形式，广泛征求党内外广大干部群众、基层企业的意见，听取他们对加强厅机关（单位）作风建设，贯彻落实中央八项规定和省委十项规定，反对形式主义、官僚主义、享乐主义和奢靡之风，深入开展教育实践活动，进一步做好"三服务"工作的意见建议。初步梳理分析厅领导班子和领导干部在作风方面存在的突出问题，认真分析存在问题的突出原因，为制订具体工作方案和动员大会做必要准备。

（四）制订工作方案

根据《江苏省第一批开展党的群众路线教育实践活动实施方案》，厅教育实践活动领导小组结合实际，研究制订《江苏省商务厅关于深入开展党的群众路线教育实践活动的实施方案》，经厅党组研究审定，报省委教育实践活动领导小组办公室审批后组织实施。

二　开好动员大会

（一）召开动员大会

7月9日，召开全厅机关干部大会，厅机关及省贸促会机关全体干部、直属单位（企业）主要负责人、5年内退休的班子成员参加。厅党组书记、厅长、厅教育实践活动领导小组组长马明龙同志主持并作动员讲话，传达中央和省委关于深入开展教育实践活动的精神，对活动作出部署。省督导组组长周毅之同志讲话，提出工作要求。傅自应副省长讲话，对扎实开展好活动提出明确要求。

（二）开展民主评议

动员大会结束后，在参会人员中开展民主评议，主要内容为：对厅领导班子和党员领导干部作风方面的情况进行总体评价；领导班子和党员领导干部"四风"方面存在的突出问题；对搞好教育实践活动的意见和建议。

（三）进行个别谈话

7月中旬，厅领导小组办公室配合督导组进行面上个别谈话。人员范围：① 领导班子成员；② 其他省管干部；③ 近5年退出班子的老同志；④ 厅机关各处室和各直属事业单位的主要负责人。

三 组织学习教育

（一）组织专题学习

深入开展"铭记宗旨、修身正己"专题学习活动，制定切实可行的学习计划，采取读书、观片、听课讨论和交流等形式，做到人员、时间、内容、效果"四落实"。学习计划经厅党组研究后报督导组审阅。

紧紧围绕树立宗旨意识、群众观念，分专题组织党员领导干部学习。通过集中学和自学相结合的方式，重点学习党的十八大报告和习近平总书记一系列重要讲话，学习省委关于教育实践活动的部署要求以及马明龙厅长在动员大会上的讲话精神，学习《论群众路线—重要论述摘编》、《党的群众路线教育实践活动学习文件选编》和《厉行节约、反对浪费—重要论述选编》3本书。7月下旬，召开党组中心组学习会。组织机关党员干部开展党的光辉历史、党的优良传统以及社会主义法制、优秀廉政文化教育和中国特色社会主义、中国梦的宣传教育，组织观看电影《吴仁宝》，邀请有关专家进行党的群众路线专题学习辅导。7月下旬，厅机关（单位）党支部分别召开专题学习会，紧密联系思想实际进行深入学习，进一步统一思想，提高认识。8月上旬，召开学习交流会，安排党员领导干部、党支部书记和普通党员干部登台交流学习体会，以不断强化商务为民的宗旨意识，深化教育实践活动。

在学习过程中，坚持立学立行、边查边改。在转变学风文风会风方面，于7月底前，制定出务实管用的具体规定，经督导组审阅后报省委教育实践活动领导小组办公室备案。

（二）开展"四项讨论"

联系学习吴仁宝等重大典型，结合党员干部队伍的思想实际，重点开展以下讨论：① 围绕坚持为民务实清廉，谱写中国梦的江苏新篇章开展讨论，进一步提振精气神，凝聚"两个率先"、"商务为民"的强大动力；② 围绕"'四查四治'、建设'三宽四有'高素质党员干部队伍"开展讨论，对照省委列出的"八种不良表现"，分析梳理全厅"四风"问题的具体表现；③ 围绕"我是谁、为了谁、依靠谁"开展讨论，牢固树立人民至上的价值观、人民是真正英雄的唯物史观、立党为公执政为民的执政观，进一步深化党员干部特别是处以上领导干部对马克思群众观点和党的群众路线的认识；④ 围绕保持党的先进性和纯洁性开展讨论，进一步增强加强党性修养的重要性认识，不断提高修身正己的自觉性。

（三）组织"商务精神"大讨论和"勤政思廉，修善为民"的箴言征集活动

在前期开展的"新时期厅机关核心价值观大讨论"的基础上，自7月下旬开始，组织"商务精神"的大讨论，并结合开展读书活动，征集"勤政思廉，修善为民"的箴言。

（四）加强宣传工作

办好教育实践活动专题宣传橱窗，及时发布机关重大活动及进展情况的图片文字信息。7月10日前，在内网开辟"教育实践活动专栏"。做好活动信息报送工作，及时反映学习动态，介绍好的做法和经验，努力在机关内部形成开展教育实践活动的良好氛围。

四 广泛征求意见

结合深化"三解三促"，根据"四查四治"要求，集中开展"四听四问"活动：听普通干部群众的意见，听服务对象的意见，听老同志的意见，听党外人士的意见；问效，了解对自身作风情况的看法和评价；问怨，了解对干部作风的怨言和怨气；问症，了解干部作风方面的问题和症结；问策，了解改进作风的对策和

措施。

（一）召开座谈会征求意见

7月底前,厅党组主要负责同志至少召开2次座谈会,其他每位班子成员至少主持召开1次座谈会,面对面听取意见。建立联系点的处以上领导干部结合指导联系点工作,听取基层、企业、群众的意见,帮助解决实际困难。

（二）通过"三解三促"征求意见

8月中旬前,还未到基层"三解三促"的处以上领导干部,全部完成下基层开展"走基层、听民声、求良策"工作。要认真梳理近三年来"三解三促"活动中基层、企业、群众提出来的意见建议。

（三）采取其他多种形式征求意见

通过信函方式,向省级机关有关部门、13个省辖市及部分县级商务主管部门、省级外贸集团、大型内贸企业征求意见。设置活动意见箱以及厅长信箱、监督热线,结合实际工作进行走访等形式,广泛征求方方面面的意见。

（四）梳理汇总意见

7月底前,对征求到的意见进行原汁原味地汇总,以书面形式报厅领导小组办公室,经整理后报督导组。

五 做好工作小结

在督导组的督导下,各党支部要对学习教育、征求意见环节的工作进行小结,形成文字材料报厅领导小组办公室宣传材料组。领导小组对这一环节的工作进行分析评估,形成专门报告,经督导组审阅后,报省委教育实践活动领导小组办公室。

（2013 年 7 月 15 日）

江苏省商务厅党的群众路线教育实践活动专题学习计划

一　指导思想

坚持以马克思列宁主义、毛泽东思想、邓小平理论、"三个代表"重要思想、科学发展观为指导,认真学习贯彻党的十八大和习近平总书记一系列重要讲话精神,紧紧围绕保持和发展党的先进性和纯洁性,以为民务实清廉为主要内容,以党员领导干部为重点,开展"铭记宗旨、修身正己"专题学习活动,切实加强全体党员马克思主义群众观点和党的群众路线教育,大力弘扬"三创三先"新时期江苏精神,努力践行新时期江苏省商务厅核心价值观,为与时俱进地推进"两个率先"、实现江苏商务事业的新跨越提供坚强保证。

二　时间安排

7月上旬至8月中旬

三 | 具体内容及方法

紧紧围绕树立宗旨意识和群众观念,分为 4 个专题组织党员干部学习。

(一)坚持牢记党的根本宗旨

7月上旬开始,通过集中学和自学相结合的方式,重点学习党的十八大报告和习近平总书记一系列重要讲话,学习省委关于教育实践活动的部署要求以及傅自应副省长、周毅之组长和马明龙厅长在动员大会上的讲话精神;学习《论群众路线—重要论述摘编》《党的群众路线教育实践活动学习文件选编》和《厉行节约、反对浪费—重要论述选编》3 本书;围绕坚持为民务实清廉,谱写中国梦的江苏新篇章开展讨论,引导党员干部真正把服务群众、造福百姓作为自己最大的责任,进一步提振精气神,凝聚"两个率先"、"商务为民"的强大动力。

(二)坚持群众至上、执政为民

7月下旬,厅党组召开中心组学习会,厅机关各处室(单位)党支部分别召开专题学习会。紧密联系思想实际,开展党的光辉历史、党的优良传统以及社会主义法制、优秀廉政文化教育和中国特色社会主义、中国梦的宣传教育。围绕"我是谁、为了谁、依靠谁"开展讨论交流,牢固树立人民至上的价值观、人民是真正英雄的唯物史观、立党为公执政为民的执政观,进一步深化党员干部特别是处以上领导干部对马克思群众观点和党的群众路线的认识。

(三)坚持求真务实、真抓实干

7月下旬,组织观看电影《吴仁宝》,并邀请有关专家进行党的群众路线专题学习辅导。

从 7 月下旬开始,在前期开展的"新时期厅机关核心价值观大讨论"的基础上,组织"商务精神"的大讨论。围绕"'四查四治'、建设'三宽四有'高素质党员干部队伍"开展讨论,对照省委列出的"八种不良表现",分析梳理全厅"四风"问题的具体表现。

(四）坚持转变作风、清正廉洁

8月上旬,召开厅机关学习交流会,安排党员领导干部、党支部书记和普通党员干部登台交流学习体会,围绕保持党的先进性和纯洁性开展讨论;8月上旬开始,结合开展读书活动,征集"勤政思廉,修善为民"的主题箴言,进一步增强加强党性修养的重要性认识,树立正确的权力观、价值观和政绩观,不断提高修身正己的自觉性,不断强化商务为民的宗旨意识,坚决反对一切特权行为和消极腐败现象,真正做到干部清正、机关清廉、政治清明。

四 几点要求

（一）严格落实责任制

厅党组主要负责同志切实担负起第一责任人的责任,并做到一级抓好一级,一级带动一级。处级以上党员领导干部在这一环节中,要充分发挥示范表率作用,带头参加学习讨论活动。各处室（单位）党支部书记必须认真履行好职责,确保每个党员积极参加学习讨论活动,积极撰写学习体会上网交流,做到人员、时间、内容、效果"四落实"。

（二）理论联系实际

采取集中学习与分散学习相结合、读书观片与讨论交流相结合、"走出去"与"请进来"相结合等方式,把"铭记宗旨、修身正己"的主题要求贯穿丁学习教育环节的始终。提倡紧密结合思想和工作实际,积极创造新的学习形式和方法,在提高学习质量上下功夫。在转变学风文风会风方面,于7月底前制定出务实管用的具体规定。并注重把开展教育实践活动与推动当前工作紧密结合起来,做到两手抓、两不误、两促进。

（三）加强宣传工作

办好教育实践活动专题宣传橱窗,及时发布机关重大活动及进展情况的图片文字信息。7月上旬,在内网开辟"教育实践活动专栏",及时反映学习动态,介绍好的做法和经验,努力在机关内部形成开展教育实践活动的良好氛围,争当省级机关开展教育实践活动、深化机关作风建设的排头兵。

(四) 搞好检查督促

厅教育实践活动领导小组切实加强对活动的督促检查。领导小组办公室适时检查各支部的专用学习记录,及时发现和解决问题。发现组织不力的,及时明确指出责令纠正;有走过场的要严肃批评,督促整改。自觉接受省委督导组的指导和检查,在学习的全过程坚持立学立行、边查边改。

各支部专题学习教育情况及时报厅领导小组办公室宣传材料组。

(2013 年 7 月 15 日)

省商务厅关于党的群众路线教育实践活动学习教育、听取意见环节总结报告

党的群众路线教育实践活动开展以来,省商务厅、省贸促会党组高度重视,认真贯彻落实中央和省委一系列部署要求,厅(会)党组一班人以身作则,率先垂范,迅速部署,积极行动,各项工作有序展开,取得积极成效。现将活动开展情况报告如下:

一 精心谋划组织,教育实践活动有序推进

厅党组认真贯彻落实中央和省委部署,把开展党的群众路线教育实践活动作为当前最重要的政治任务,以打造全省教育实践活动示范点为目标,突出"五个坚持",切实加强领导,精心组织实施。坚持领导带头作表率,引导党员干部积极参与。傅自应副省长多次深入商务厅指导活动深入开展,周毅之组长亲自为商务厅作专题辅导。马明龙厅长先后四次主持召开专题会议,研究部署工作、上好党课等;坚持开门搞活动,全方位听取意见建议。厅领导班子成员和各处室主要负责人深入到基层一线,以多种方式听取意见建议;坚持突出部门特点,在活动内容形式上拓展创新,

确保"规定动作"做到位,"自选动作"有特色,已组织开展了"铭记宗旨、修身正己"专题学习等活动,下一步还将开展"正风肃纪啄木鸟"等专题行动;坚持统分结合,省贸促会与厅机关共同参加 2 次大的集中活动,其他活动针对各自特点有序展开。省贸促会活动开展情况总结另做专题汇报;坚持统筹兼顾,做到教育实践活动和商务工作两手抓、两不误、两促进。学习教育、听取意见环节的各项工作的顺利推进,推动了全厅党员干部坚定理想信念和坚持商务为民的思想境界进一步提升,密切联系群众、勇于开拓创新的工作作风进一步转变,高效优质服务、多办惠民利民实事的服务理念进一步确立。

(一)突出"三提前",精心谋划部署

6 月 17 日,省委召开教育实践活动第一次领导小组会议后,全厅立即着手研究,提前进入工作状态,确保活动开好头、起好步。

(1)提前准备。在全省动员大会召开前,厅党组组织召开专题会议,传达学习中央、省委精神,确保在第一时间把中央和省委精神传达到位,第一时间把领导班子及成员的思想统一到位。研究成立了厅教育实践活动领导小组,抽调骨干力量组建领导小组办公室,着手做好动员大会筹备,为全面开展教育实践活动做好充分的思想和组织准备。

(2)提前谋划。为结合商务工作实际,更有针对性地制定好厅教育实践活动方案,6 月下旬起,厅领导先期召开 5 场座谈会,先行听取各处室负责同志和干部群众代表对开展教育实践活动的意见建议,厅党组认真研究教育实践活动方案,反复推敲,不断完善,明确结合部门特点和商务工作实际,力求做到"三个突出":突出搞好"规定动作"与创新"自选动作"相结合。提出了上主题党课、开展党风廉政警示教育、"勤政思廉,修善为民"箴言征集、"省商务厅机关文化价值观"大讨论及表述语征集等一批创新举措;突出教育实践活动与"三解三促"等活动相结合。厅领导班子成员和处室主要负责人至少联系 2 家基层企业,开展"三解三促"和调研活动,分别写出调研报告,研究提出服务企业和惠民便民举措,结合"四位一体"政风行风评议活动,进一步加强政风行风建设,树立商务部门良好形象;突出教育实践活动与推进商务工作相结合。引导广大党员干部把活动中激发出来的进取精神和工作热情转化为做好工作的动力,更好地促进党员干部履职尽责。全力推动年度重点目标任务落实,以工

作成绩来检验活动的成效。

（3）提前部署。省委动员大会召开后，及时向傅自应副省长、省委第十一督导组汇报请示，积极做好动员大会各项筹备工作。7月9日，根据傅自应副省长的指示，召开全厅教育实践活动动员大会。动员大会的召开，使全厅党员干部思想认识进一步提高，投身教育实践活动的热情进一步高涨，方法步骤要求进一步明确，实现了全厅教育实践活动的快速启动、平稳起步。

（二）注重"四落实"，精心组织学习教育

学习教育环节是开展好教育实践活动的基础。厅党组研究制定下发了第一环节实施方案和教育实践活动学习计划。全厅24个党支部认真进行细化深化，周密组织实施，真正做到学习人员、时间、内容和效果"四落实"，促使学习教育活动不断深化。

（1）学习人员落实。做到全厅200多名在岗党员应学尽学、一个不漏，同时欢迎党外人士参加学习教育活动，邀请参加重要集体学习活动，列席党支部专题学习交流会，活动中注意听取他们的意见建议。商务厅还要求12个厅驻海外代表处按照教育实践部署，认真开展教育实践活动，把相关学习教育材料通过厅办公系统平台发给全体海外代表学习。按要求组织3个离退休干部党支部开展教育活动。

（2）学习时间落实。全厅集中学习时间确保不少于3天，各党支部集中学习时间不少于4天。参加集中学习时间不足的，采取安排补课方式及时补足。坚持领导带头学习，活动开展以来，厅党组中心组先后组织5次集中学习，厅班子成员参加了所联系党支部的集中学习。各支部集中学习时间均已达到或超过规定要求。

（3）学习内容落实。通过厅党组中心组集中学习与支部组织学习相结合、集中学习和个人自学相结合、专家辅导和讨论交流相结合的形式，领导班子成员带头搞好学习。除重点学习省委规定的3本必读书目外，还认真学习了统一编辑上网的习近平总书记等中央、省领导关于教育实践活动的一系列重要讲话精神，中央媒体社论评论和专家学者理论文章等学习资料，进一步加强思想理论武装。参加"云计算和大数据"专题讲座，邀请周毅之组长做党的群众路线教育专题讲座，马明龙厅长上"牢记历史使命，忠诚履行职责"的党

课。组织观看电影《吴仁宝》,用党的光荣传统和身边的典型激励广大党员干部。扎实开展"勤政思廉,修善为民"箴言征集、"省商务厅机关文化价值观"大讨论及表述语征集、网上观看警示教育片《失德之害》等活动,进一步增强党性党纪观念,努力提高辨别能力、政治定力和实践能力。

(4) 学习效果落实。厅领导带头、全厅党员干部认真撰写读书笔记和学习心得体会,在厅办公网和厅门户网站上开辟学习教育活动专栏。围绕"我是谁、为了谁、依靠谁","坚持为民务实清廉、谱写中国梦的江苏新篇章"等专题组织开展讨论共计 80 多场次,交流学习体会,初步查摆自身不足,做到边学边思、立学立行。7 月 24 日和 8 月 19 日,厅党组中心组和厅机关分别组织专题学习交流会,厅领导带头谈认识、谈体会,现场选点 5 位党支部书记登台交流学习体会。通过学习教育,加深了对党的群众路线教育实践活动重要性、紧迫性的认识,进一步坚定了理想信念,增强了宗旨意识,强化了群众观点,进一步明确了根基所在、职责使命和力量源泉,找准商务部门在实现"中国梦"江苏新篇章大局中的职责定位,更加自觉地查找自身不足、明确努力方向,积极整改不足。

(三) 搞好"四个问",广泛听取意见建议

坚持开门搞活动,从厅领导班子做起,真正深入基层走进群众,面对面听取意见建议,多问效、问怨、问症、问策。

(1) 领导沉到一线深入"问"。傅自应副省长亲自率领全厅深入基层、企业一线,分专题主持召开了厅机关处以下干部群众座谈会、商务系统老干部代表座谈会、部分民营外贸企业座谈会、部分重点"走出去"企业座谈会、各市分管副市长座谈会、各重点商贸企业座谈会、基层消费者、基层商务工作者和来自基层的商贸系统市级以上"两代表一委员"座谈会,认真听取了各方面的意见建议,为全厅作了表率。马明龙厅长先后深入 20 个基层单位和企业,亲自主持召开和参加了 26 个座谈会(包括参加省领导 8 个)。

(2) 内外上下联动广泛"问"。活动开展以来,全厅处以上干部先后召开不同层次、不同范围座谈会近 90 场次,其中厅领导分赴 8 个市(县、区)商务局、2 个事业单位、10 个开发区、34 个企业、12 个农贸(批发、家纺、服装)市场、2 个超市、1 个物流中心开展"三解三促"和调研活动,走访了 108 个基层单位,

组织召开座谈会46场次、征求意见建议117条。共发出征求意见函171份,广泛征求意见建议,实现了对厅在职和离退休人员,干部和群众,厅内党外人员,各省辖市政府分管领导,各市县商务局(投促委)主要负责人,部分全国、省、市"两代表一委员",基层窗口单位和服务对象等不同层次对象的"广覆盖"。

(3)切实畅通渠道全面"问"。除发放征求意见函、在厅机关办公楼设置征求意见箱、开通12312服务热线等3条征求意见专线电话、在厅内网和厅门户网站设置征求意见电子信箱等方式外,还围绕"四查四治"深入开展"四问"活动,重点采取召开座谈会等方式及时征集原汁原味的意见建议。马明龙厅长带头走进省电视台和广播电台《政风热线》节目,第一时间听取群众的咨询投诉、征求相关意见建议。马明龙厅长还出席省政府召开的当前经济形势新闻发布会,回答媒体记者的提问,听取新闻媒体对商务厅的意见和建议。

(4)系统梳理意见建议综合"问"。活动开展期间,做到边听取、边梳理,除全面梳理教育实践活动征集的意见建议外,还对近两年来"三解三促"活动、民主评议政风行风、信访反映突出问题等渠道征集的意见建议进行全面梳理,做到四者有机结合,不断拓宽征求意见广度和深度。

(四)坚持"三结合",做到边学边查边改

坚持把查摆问题、解决问题、建章立制紧密结合,主动深入基层、联系群众,以边学边改、边查边改、即知即改的实际成效,不断深化对群众路线的理解,争取群众更加广泛的参与。

(1)把学习教育与查摆问题相结合。活动开始之初,厅党组即部署落实中央八项规定、省委十项规定和厅党组实施意见情况自查,着重检查厉行节约、改进调查研究、精简会议、减少文件简报、优化窗口服务、密切联系群众、廉洁自律等方面执行情况,并通过多种方式查摆问题。

(2)把学习教育与解决问题相结合。厅领导带头到联系点和群众中去,制定了厅机关处以上领导干部"三解三促"活动和企业国际化重点联系企业工作方案,厅领导班子成员和各处室主要负责人带领30个调研组,陆续分赴86个基层商务局和一线企业,扎实开展"三解三促"和调研活动。厅领导分赴

各自的联系点,重点围绕企业生产经营、推进国际化发展、加快转型升级、市场供应、便民服务等方面加强调查研究,帮助企业解决实际问题。机关各处室围绕厅"六大推进计划",综合自己的工作职责,提出帮助企业解决实际问题的工作内容。制定下发了《省商务厅改进作风服务群众六项公开承诺》,在厅机关大厅和门户网站上公示。相关处室积极着手解决查摆出来的问题,如针对群众反映的农产品"买难"、"卖难"问题,全厅积极推广近年江苏农副产品流通综合试点的成功经验,开展农副产品"社区直供店、直销点",以逐步实现市场化、可持续的农副产品平价供应。

(3)把学习教育与建章立制相结合。全面梳理厅作风建设相关制度,对照"四查四治"要求,对已出台的制度办法进行清理、修改和完善。近期,商务厅制定了《省商务厅进一步转变学风文风会风的相关规定》,进一步端正学风、改进文风、转变会风。制定了《关于进一步贯彻落实厅十项规定加强三公经费和会议费财务管理的意见》,进一步明确因公出国(境)经费、公务接待费、公务用车费以及会议费的财务管理,积极开展反浪费反奢侈专项整治,切实解决遏制"四风"的制度缺项问题。

二 落实边查边改即知即改要求,认真查找和解决问题

群众对教育实践活动最大的期待是真正转变作风、真正解决问题。只有把问题找准,才能有效整改落实。全厅对征求的意见建议进行全面梳理,细化责任,制定整改落实方案。

(一)认真梳理意见建议

梳理已收集到的意见建议,全厅力求做到原汁原味、一个不漏、逐条分类整理。截至目前,全厅在教育实践活动中共征集意见建议 267 条。通过对重复的意见建议进行整理合并,初步整理出 4 方面共 104 条意见和建议,并将 13 个市和 3 个试点县(市)反映的 87 条意见建议原汁原味地进行了梳理,并上报省委教育实践活动领导小组。

（二）深入查找"四风"方面问题

在梳理意见建议过程中,始终突出"四风"这个重点,绝不避重就轻,不以工作问题替代作风问题。8月18日,召开厅党组会,进一步认真查摆和梳理了初步查摆的"四风"方面存在的理论学习不够系统深入和联系实际不够紧密、调查研究不深入不具体不扎实、转变政府职能不够到位、为基层企业服务方式单一和分类指导不够有力、落实制度不够严格、内外贸融合机制尚需进一步健全完善、论坛展会审批把关不严、勤俭节约要求还不够严格等8个突出问题,对这些问题,厅党组还要进一步深入剖析根源,从深入调查研究、密切联系群众、更好服务基层、突破体制机制问题等方面查找不足,进一步改进作风,推动业务领域问题的解决。省委教育实践活动第29期简报刊登了商务厅《着力整改初步排查的"四风"方面突出问题》一文,傅自应副省长对此作批示,充分肯定商务厅做法,并对下一步整改工作提出了明确要求。

（三）全面细化落实整改责任

对初步查摆的4个方面104条意见建议和8条"四风"方面突出问题,全厅已将整改任务初步分解到分管厅领导和相关处室进行整改,厅党组进行专题研究,深入分析存在问题,明确整改时限、措施和责任。目前已有建立对外劳务纠纷部门协作机制、提升贸易便利化水平、加大对南北共建园区的扶持力度、加大对中小企业开拓市场和企业"走出去"的扶持力度、积极推进行政审批制度改革和简政放权、规范全省成品油经营管理等6项得到有效整改。比如:对基层商务局反映的"要建立处理对外劳务纠纷的部门协作机制,形成齐抓共管合力"问题,7月30日,省人民政府决定成立省对外劳务合作管理工作协调小组,协调小组由傅自应副省长担任组长,省有关部门参加,协调小组办公室设在省商务厅;对基层反映的"进一步规范全省成品油经营管理"问题,商务厅分别召开主管部门和石油企业座谈会,收集来自基层的意见和建议160多条,对意见和建议进行分门别类,即将研究出台《关于进一步规范江苏省成品油经营行政许可工作的有关意见》;对基层和企业反映的"积极推进行政审批制度改革,进一步简政放权"问题,截至2013年6月底,全厅现有行政许可类行政权力9项,比上年减少3项。对近期商务厅参加《政风热线》接到的13个咨询投诉,均在一周内答复办结,当事人满意率达100％,下一步全厅还将继续跟踪落实,以实实在在的成效真正让群众满意。新华日报、江苏广电总台江广新闻、中国江苏网、江苏经济报、人民网江苏视窗等新闻媒体均多次报道了商务厅立学立行即知即改情况。

三 下一步的工作打算

学习教育、听取意见是扎实开展好教育实践活动的基础,查摆问题、开展批评又是开展好教育实践活动的关键。全厅将继续按照傅自应副省长指示要求,在省委第十一督导组的有力指导下,继续坚持高标准、严要求,致力于调动领导干部和广大群众两个积极性,打牢学习教育和查摆问题两个基础,抓住整改落实和建章立制两个关键,全力抓好教育实践活动各个环节,确保活动达到预期目标。

(一)不断提高认识,切实增强主动性和自觉性

继续深入学习领会习近平同志河北调研时的重要讲话和张德江同志在江苏调研指导讲话精神,坚持把学习教育贯穿教育实践活动始终,引导广大党员干部自觉加强学习、深入思考,力求使全厅党员干部对活动必要性、紧迫性的认识再提高、再深化,对活动要求和重点再领会、再明确,进一步增强主动性和自觉性,全力投身到教育实践活动中来,坚决把中央和省委的部署要求落实到实处。

(二)深入查摆问题,积极开展批评和自我批评

在前一阶段广泛征求意见建议的基础上,早谋划、早准备第二环节"查摆问题、开展批评"具体工作,进一步把作风问题及原因查准查实。重点将组织厅领导班子和处以上干部开展对照检查,厅领导班子及党员领导干部带头检查落实中央八项规定和省委十项规定情况,对照为民务实清廉要求,找出存在的突出问题,剖析深层次原因,按要求认真撰写对照检查材料;按照"四个必谈"的要求,深入开展谈心谈话活动,做到该提醒的提醒,该批评的批评,有则改之,无则加勉;组织召开厅领导班子民主生活会和各支部专题组织生活会,做到领导带头,

以整风精神开展批评和自我批评，真正触及问题实质、深挖思想根源。

（三）切实强化措施，狠抓突出问题的整改落实

坚持突出重点抓好整改，从"四风"方面的问题改起，从群众反映最强烈的问题抓起，特别是从直接服务群众的窗口单位抓起，推动解决问题、转变作风有起色、见实效。坚持细化措施抓整改，对列入整改的事项，进一步细化整改方案，对具体整改措施再细化、再分解，推动层层抓好落实。坚持强化监督抓整改，突出整改过程的群众参与，主动接受社会和服务对象的监督，加强整改工作落实情况的督促检查，强化跟踪问效，做到一抓到底、务求实效。

（四）健全完善制度，形成作风建设的长效机制

要更大力度抓好中央八项规定、省委十项规定和厅党组实施意见的落实，严格执行厅公务接待实施办法、会议管理办法、出国（境）经费管理办法、国内经贸活动经费管理办法、机关车队和车辆管理办法等制度办法，做到令行禁止。深入调查研究，加快制定《关于坚决反对"四风"加强作风建设的意见》等制度，确保教育实践活动结束时出台实施。

（2013 年 9 月 6 日）

江苏省商务厅党的群众路线教育实践活动查摆问题、开展批评环节实施办法

一 目标任务

本环节主要任务是:按照《实施方案》具体要求,在深化学习教育基础上,紧密联系厅机关、领导干部思想和工作实际,开展"正风肃纪啄木鸟"专题行动,继续多角度、多渠道、多层次认真查找"四风"方面存在的问题。重点开好专题民主生活会和专题组织生活会,对存在问题进行归纳总结,深入剖析根源,严肃开展批评与自我批评,制定好整改措施,狠抓整改落实。

二 工作内容和方法步骤

(一)深化学习教育

坚持把学习教育贯穿于教育实践活动全过程。继续采取灵活多样的形式,抓好理论学习,进一步提高党员干部的思想认识。8月下旬,召开一次党组中心组学习会,重点传达学习习近平总书记一系列重要讲话精神,学习省委罗志

军书记在《人民日报》发表的题为《树立问题意识 真查真省真改》的署名文章，学习傅自应副省长在听取全厅教育实践活动情况汇报后的讲话精神，学习《省委作风建设即知即改具体举措十项制度规定》。9月上旬，组织全体党员干部观看电影《周恩来的四个昼夜》，加强正面典型的宣传教育，使广大干部学有榜样，赶有典型。各支部充分利用"机关文化核心价值观"大讨论、"勤政思廉，修善为民"箴言征集活动成果，深化专题学习讨论活动，引导党员干部职工深刻领会"江苏商务精神"，自觉践行社会主义核心价值观。

（二）深入查找问题

深入开展"三个正确对待"教育，引导党员领导干部自觉做到正确对待组织、正确对待他人、正确对待自己，客观看待组织反馈的、干部群众提出的问题，正视本人在"四风"方面存在的突出问题。继续组织党员领导干部下基层"三解三促"，在转变作风中听取群众的意见和建议。拓宽征求意见渠道，结合分管工作，到矛盾多、困难多的地方听，到群众意见大、反应多的服务窗口听，到百姓生活、街头巷尾中听，到舆论活跃的网络媒体上听。在已广泛征求意见建议的基础上，继续采取发动群众帮助"查"、运用"四位一体"帮助"评"、召开座谈会帮助"找"等形式，开展一次"正风肃纪啄木鸟"的专题行动。9月上中旬，召开全省商务系统政风行风监督员座谈会，进一步听取对厅机关改进作风和解决"四风"问题的意见建议。通过自己主动找、互相帮助找、上级提醒找、对照典型找、突出重点找等方式，切实"对准焦距、找准穴位、抓住要害"，以敢于揭短亮丑的勇气和态度，把"四风"方面存在的问题一一梳理出来。

（三）开展谈心交心

把深入谈心交心作为查摆问题、开展批评环节的重要内容，坚持做到厅党组主要负责人与班子每名成员之间必谈，班子成员相互之间必谈，班子成员与分管处室（单位）主要负责人必谈，单位中层正职与副职必谈。在谈心交心中，既主动谈自己存在的"四风"问题，也诚恳地指出对方存在的"四风"问题，提出改进作风的具体建议，坚持"三谈三不谈"，即谈真心实意的话、具体实在的话、提醒帮助的话，不谈不着边际的话、模棱两可的话、恭维赞美的话。通过同志式的善意提醒、推心置腹的交流谈心,真正把问题谈开谈透、找准找实。谈心交心工作于 9 月 10 日前完成。党组书记与班子成员、班子成员之间的谈心谈话情况形成简要专项材料报督导组审阅。

(四) 撰写对照检查材料

厅领导班子和处级以上党员干部,要进一步学习对照党章、《中共中央关于在全党深入开展党的群众路线教育实践活动的意见》和习近平总书记一系列重要讲话精神,认真总结检查落实中央八项规定和省委十项规定的情况,对照"为民务实清廉"的要求,认真进行反思,找准"四风"方面存在问题及其根源,撰写好对照检查材料。对照检查材料要联系实际、紧扣主题、突出重点、触及灵魂,讲真话、讲实话,正面回应干部群众所提意见。对照检查材料的内容主要包括五个部分:遵守党的政治纪律情况、个人作风基本情况、存在的主要问题、原因分析、努力方向和改进措施,重点是后三个部分。个人的对照检查材料由本人撰写,厅领导班子的对照检查材料由厅党组主要负责同志主持起草。按照省委教育实践活动领导小组的要求,班子成员要自己动手撰写对照检查材料。

厅领导班子和班子成员的对照检查材料于 9 月 15 日前完成,并在厅机关处室、部分省辖市商务主管部门中征求意见。经厅党组主要负责同志审阅、省委督导组审阅后,报省委教育实践活动办公室。其他处级以上党员干部的对照检查材料于 9 月 20 日前完成并报厅活动办。

(五) 召开专题民主生活会

以为民务实清廉为主题,以"反对'四风'、服务群众"为重点,厅党组主要负责同志主持研究制定专题民主生活会方案,并报督导组审阅。9 月下旬,召开厅领导班子专题民主生活会。厅党组主要负责同志带头查摆问题,班子成员认真进行对照检查,以整风精神开展批评和自我批评,既解决实际问题,又解决思想问题。专题民主生活会上,自我批评主要看:是否明确摆出"四风"问题;对群众意见和上级点明的问题是否逐一检查并作出实事求是的回应;是否从世界观、人生观、价值观深刻检查剖析问题根源;是否提出改进的具体措施。相互批评主要看:班子成员之间是否相互提出批评意见;批评是否触及被批评者的主要问题;是否达到帮助同志、增进团结、促进工作的目的。会上,认真听取督导组反馈的意见和建议,尤其是督导组对厅领导班子开展批评和自我批评情况的评价和提醒意见,及时改进工作,落实整改措施。会后,党组就民主生活会形成专项报告,报省委教育实践活动领导小组办公室,同时按程序报省纪委和省委组织部。

(六)召开专题组织生活会

9月下旬,各党支部以为民务实清廉为主题,以"反对'四风'、服务群众"为重点,召开专题组织生活会。处以上党员干部在专题组织生活会上汇报个人对照检查情况,严肃认真开展批评和自我批评,并针对存在问题,提出改进措施和办法。厅领导干部以普通党员身份参加所在党支部的组织生活会,厅领导参加分管处室(单位)的组织生活会。各党支部专题组织生活会情况于会后一周内报厅教育实践活动办公室。

(七)召开情况通报会

民主生活会后,按上级要求召开通报会,通报民主生活会情况。厅领导班子和班子成员的对照检查材料作进一步修改完善,经督导组和厅党组主要负责同志同意后,在通报会前发放给与会人员,会后回收。

三 工作要求

(一)领导带头履职

党组书记切实履行第一责任人的职责,统筹谋划,主持研究制定专题民主生活会工作方案,督促班子成员认真撰写对照检查材料并逐一审阅。带头开展谈心活动,带头开展自我批评,带头对班子成员提出批评意见。按照中央和省委的要求,组织开好专题民主生活会。各处室(单位)党员负责人要带头进行党性分析和自我剖析、带头查摆问题、带头开展批评和自我批评。

（二）坚持开门搞活动

坚持走群众路线，紧紧依靠群众，组织群众有序参与，请群众监督和评价。专题民主生活会可视情邀请干部职工代表列席，使活动成为群众支持、群众检验、群众满意的民心工程。

（三）做到即知即改

针对群众反映的问题和专题民主生活会上查摆出来的问题，无论是班子的还是个人的，都要制定整改任务书、时间表，实行一把手负责制，扎实整改落实，并在一定范围内进行公示。对群众反映强烈的突出问题，要做到集中治理整改。

（四）推进实际工作

要把教育实践活动与推动当前工作有机结合起来，做到两手抓、两促进。通过教育实践活动，进一步提振精神、锤炼作风、干好工作，进一步推动机关全面建设和全省商务事业科学发展。

（2013 年 9 月 5 日）

马明龙厅长在厅领导班子教育实践活动专题民主生活会情况通报会上的讲话

党的群众路线教育实践活动开展以来，厅领导班子认真贯彻中央和省委部署，深入学习习近平总书记一系列重要讲话精神，切实落实省委罗志军书记的重要指示，按照傅自应副省长和省委第十一督导组的要求，扎实推进教育实践活动，着力在聚焦"四风"查摆问题、整改落实上下功夫，确保活动不走过场、取得实实在在成效。按照教育实践活动部署要求，下面我向大家通报一下厅领导班子专题民主生活会情况。

一 会议基本情况

根据中央要求和省委部署，10 月 14 日全天，厅领导班子召开了党的群众路线教育实践活动专题民主生活会。这次民主生活会的主题是，认真学习贯彻习近平总书记一系列重要讲话精神，紧紧围绕保持党的先进性和纯洁性，按照"照镜子、正衣冠、洗洗澡、治治病"的总要求，以为民务实清廉为主题，突出"四查四治"，坚持严肃认真、实事求是、民主团结，以整风精神开展批评和自我批评，认真解决"四风"问题，推动厅领导班子及其成员牢固树立宗旨意识和马克思主义群众观点,切实改进工作作风,提高做好群众工作的本领。

这次专题民主生活会是厅领导班子开展教育实践活动的重要内容,共开了1天,会议开得很成功、很顺利。会上,我先代表厅领导班子作了对照检查,然后从我开始,除马海宁、仇小萍同志外,厅领导班子每位成员逐一对照检查,并开展了严肃认真的批评和自我批评。傅自应副省长出席会议并作了重要讲话。省委第十一督导组组长周毅之同志参加了会议并代表督导组对专题民主生活会作了评价。傅自应同志评价认为,这是一次高质量的民主生活会,厅领导班子及各位成员同志针对"四风"问题,认真对照检查,深刻剖析原因,开展自我批评,特别是严肃开展批评,不回避矛盾和问题,开门见山提出批评建议。大家能够这样直言不讳地提出批评,很难能可贵,这种风气要提倡。省委第十一督导组组长周毅之同志也认为,专题民主生活会经过认真准备,达到了预期效果,总体感觉态度严肃、批评诚恳。大家发言都能开门见山、不绕弯子,能够聚焦"四风"、聚集突出问题,能够认真做好批评与自我批评,排查问题具体实在,相互批评直截了当,能够在整改措施上准确回应问题,给全厅各支部和党员干部带了好头、做了示范,为扩大教育实践活动成果,进一步改进作风创造了条件,也为在新形势下开展健康的党内政治生活积累了经验。这次民主生活会有以下几个特点:

(一)会前准备精心周密

商务厅是傅自应同志教育实践活动的联系点。傅自应副省长对这次专题民主生活会的召开十分重视,会前亲自审定会议工作方案,审阅厅领导班子和班子成员个人的对照检查材料,听取了省委督导组周毅之组长和我关于民主生活会准备情况的汇报。同我进行了谈心谈话。厅领导班子各位成员同志在深入学习教育、广泛征求意见的基础上,围绕"四风"认真查摆问题,自己动手撰写对照检查材料,反复修改完善。省委教育实践活动办和省委第十一督导组对领导班子和个人对照检查材料以及专题民主生活会工作方案认真审核把关,多次提出指导和修改意见。各位领导班子成员之间深入开展了谈心谈话,开诚布公地交流思想、交换意见,相互把脉、指出问题,做到谈通谈透、消除隔阂、形成共识,确保民主生活会能触及问题实质,触动思想灵魂,达到"团结一批评一团结"的目的。

（二）查摆问题扎实认真

厅领导班子和党组每位同志密切联系思想和工作实际,紧密聚焦"四风",有什么问题就摆什么问题,什么问题突出就重点讲什么问题,真正把自己摆了进去,体现了从严要求。比如,有的同志谈到深入基层少、接触普通群众少、决策忽视听取群众意见等问题,认识到了坚持群众路线、密切联系群众的重要性;有的同志谈到工作中还存在片面追求增长高速度、过于看重数量和规模、层层分解招商引资和外贸等指标的倾向,认识到了只有脚踏实地推进开放型经济转型升级,把发展的立足点转到提高质量和效益上来,才能不断提升江苏商务发展层次和水平。有的同志谈到,反对奢靡之风不够坚决,厉行节约勤俭办事原则不够坚持,执行公务接待规定不够严格,进一步深化了对享乐主义和奢靡之风危害的认识,等等。

（三）剖析"四风"根源深入透彻

厅领导班子和班子每位同志紧密联系工作实际特别是思想实际,从理想信念、世界观改造、宗旨意识、群众观念、党性修养、艰苦奋斗精神等方面,认真剖析产生"四风"问题的根源,认清问题实质,触及思想深处,达到了"洗洗澡"、"治治病"的目的。比如,有的同志通过查找理想信念上的朝气锐气不足,找出了主观世界改造有所淡化、吃苦进取精神有所弱化、群众观念所有淡化、自律标准有所降低的根源;有的同志通过回顾自己的成长经历,查找了"官气"增长了、"公仆"的身份却淡化了的思想根源。

（四）会议氛围民主团结

傅自应副省长、省委督导组全体同志全程参与、进行指导。傅自应副省长对厅领导班子及个人对照检查认真点评,插话共达13次,点评既涉及工作、又触及思想,既谈理想境界、又谈方式方法,深入浅出、入情入理,具有很强的指导性和针对性。省委督导组周毅之组长对民主生活会专门作了评价。我带头发言、开展批评和自我批评并接受同志们的批评,领导班子各位成员敞开心扉、坦诚相见、讲真话、讲实话、讲心里话,真正做到了知无不言、言无不尽,有则改之、无则加勉。

(五) 批评和自我批评严肃认真

对照检查中,各位领导班子成员自我批评态度端正、深刻到位,既深刻剖析和检查自己,又开展诚恳的相互批评,针对性很强。相互批评时,提出意见的同志敞开思想、推心置腹,指出存在的主要问题,帮助分析产生问题的根源,体现了政治上的相互关心和爱护;听取意见的同志态度端正、虚心接受,进一步认识到了自己需要改进的地方,真正做到了知无不言、言无不尽,有则改之、无则加勉。体现出很强党性修养和宽阔的胸襟。

(六) 整改方向明确具体

党组每位同志按照"确保不走过场、取得实效"的要求,针对"四风"方面存在的突出问题,着重从强化宗旨意识、深化理论学习、带头开拓创新、坚持求真务实、大兴调查研究之风、加强廉政建设等方面对自己提出了整改要求,努力方向十分明确,改进措施切实可行,为下一步整改提高打好了基础。

总之,这次民主生活会取得了预期的效果。大家在严肃和谐的氛围中,以整风精神开展批评和自我批评,吐露了真情,碰撞了思想、分析了原因,达到了统一思想、深化认识、改进提高的目的,对于增强厅领导班子的凝聚力、创造力、战斗力必将起到很大的促进作用。

二 厅领导班子对照检查情况

中央八项规定、省委十项规定和厅十项规定出台后,厅领导班子认真对照、带头执行,并切实抓好全厅落实规定工作。在教育实践活动中,厅领导班子坚持边学边改、边查边改,研究确定了一批重点整改事项,在减少文件、精简会议、简政放权、公务接待、公务用车、展会审批等方面出台了"1+12"系列制度规定,并认真开展停止新建楼堂馆所、清理达标创建等"三项清理"和清退会员卡工作,有效遏制了文山会海、迎来送往、铺张浪费等不良现象,促进了政风行风转变。厅领导班子同志一致认为,对作风建设取得的初步成果应该充分肯定,但不能就此停步,必须根据中央和省委要求,聚焦反对"四风",对作风之弊、行为之垢来一次大排查大检修大扫除。厅领导班子查找出以下突出问题:

（一）在形式主义方面

主要是理论学习不够系统深入,对理论的理解把握还不够深刻透彻,对新时期商务发展规律研究不透彻;抓工作落实力度不够,对工作落实情况督促检查少,缺少踏石留印、抓铁留痕的狠劲和经常抓、持续抓的韧劲;会议多文件多的问题还较为突出;调查研究不够深入扎实有效,把调研成果转化为实用管用的推进商务工作"稳增长、调结构、促转型"的政策措施不多;对展会等活动的审批把关不够严格,对各类展会在审批操作中存在失之于宽的现象;对有些地方片面追求发展速度的问题纠正不到位;执行规章制度有时不够严格,存在执行落实不严格、随意性大的现象。

（二）在官僚主义方面

主要是转变政府职能和简政放权还不到位,下放行政审批权限的范围、幅度与基层、企业的期盼还有一定差距;依法行政仍有薄弱环节,运用法律手段解决问题的意识不够强、方法不够多;机关行政效能有待进一步提高,门难进、脸难看、事难办的现象还在一定程度上存在;政务公开工作还有待进一步加强,事关企业和群众切身利益的重大事项、重大决策信息公开不多,有的行政权力在网上长期处于挂起状态;与群众直接接触少、交流交心不够;问政于民、问计于民做得不够好,在商务发展重大决策前以听证等方式直接听取基层商务部门、企业和群众的意见少;对基层和企业的分类指导不够,根据不同地区、不同行业、不同企业进行分类指导还不够。

（三）在享乐主义方面

主要是对深化改革有一定畏难情绪,在重大开放平台和载体建设的研究及争取方面需要创新突破;有时习惯于用老经验、老办法推动工作;成绩面前产生了一些自满情绪,对商务发展上的差距和问题正视不够,对别人的创新政策和经验学习借鉴不够充分;与老百姓同甘共苦的意识还不强,平时到艰苦地区与老百姓同吃同住同劳动还不够多;落实厉行勤俭节约、反对铺张浪费有关规定有时不够好。

（四）在奢靡之风方面

主要是商务系统组织经贸活动存在奢侈浪费现象。对有些地方商务部门和机关在境内外招商活动中存在的大手大脚、铺张浪费现象制止纠正不够有力；对因公临时出国（境）团组把关还不够严格，在外事活动中，有时还有高规格宴请外宾现象；配备公务用车和办公用房方面执行有关规定还不够严格；廉政建设与中央规定和省委要求仍有差距，少数地方商务部门对商务发展资金使用管理不够严格，监管还不够到位。

在厅领导班子查摆问题的基础上，领导班子成员个人也聚焦"四风"，深入查找了自身存在的问题。概括起来主要有以下几个方面：

（1）理论学习主动性、系统性不强。不少党组成员谈到，理论学习不够，加强理论学习的精神有些懈怠，钻研劲头还不够足，学习的计划性系统性不强。往往以工作忙、任务重、出差多、时间紧为自己找借口、寻理由，满足于组织部规定的"876"课程学习和专题学习安排，较少有自己安排的主动学习。对一些商务领域的新知识、新理论、新政策学习研究还不够。对商务发展的前瞻性研究不够，决策参谋助手作用发挥得不够好。

（2）调查研究不够深入，存在流于形式、欠缺实效的现象。厅领导班子成员都谈到，在调研工作中，注重总结经验多，解决矛盾困难少。到欠发达和贫困地区开展商务工作调研、解决实际问题相对较少。开展"三解三促"吃住在农户家里、实地了解百姓困难和疾苦不够。调研中听汇报多，实地调查研究少。大部分调研都是由地方提前安排好线路，不打招呼、不规定线路、不听汇报的调研少。调研"实效性"不够，把调研成果转化为实用管用的推进商务工作"稳增长、调结构、促转型"的政策措施不多。

（3）抓落实依靠会议文件比较多，"文山会海"现象没有根本改变。不少同志谈到，在工作中过多依赖会议、文件的问题还解决得不够好。由于重视程度不够，把关不严，厅机关会议和文件较多的问题还比较突出。有的会期偏长，开短会、讲短话的要求落实得不够好。有的只需用电话、便函就能办好的事，却以厅名义制发文件下发。以会议贯彻会议、以文件落实文件的现象仍然存在，耗费了大量人力、财力和时间，降低了行政效能。

（4）深入群众"察实情"不够，有与基层群众关系疏远的倾向。不少同志谈到,由于忙于日常事务,与机关干部群众以及基层直接接触还比较少、交流交心不够,存在着主观思考多、换位思考少的现象,与机关同志推心置腹的谈心谈话还做得不够好。还有的同志谈到,往往与分管处室联系比较密切,对分管处室的干部较为关心,与其他处室的同志联系少,面对面的谈心交心的时间不多。有时听不到真话、实话,无法完全掌握真实情况。对群众做深入细致的思想工作和说服教育工作少,简单布置指示多。

(5)抓工作落实的力度还不够。很多同志谈到,在工作中往往把更多的精力花在工作的部署环节,工作部署后抓督查、抓协调、抓落实的力度还不够,缺乏切实有效的跟进措施,缺少经常抓、持续抓的韧劲。贯彻省委省政府领导的指示、批示,还存在贯彻不及时、后续不跟踪、落实不到位、以批示代研究的现象。商务为民思想树得还不够牢固,从政策层面解决基层和群众反映强烈的突出民生问题做得不到位。

(6)开拓进取的劲头有所减退。有的同志谈到,有时习惯于用老经验、老办法推动工作。在有些工作中认为还是传统的办法比较顺手、管用,习惯依靠行政力量推动工作,对市场机制的力量认识不足,对更好地运用市场手段进行管理和调节研究得不够,在解决问题、推动发展中还没有充分发挥好市场配置资源的基础性作用,没有充分发挥好社会中介组织等多方面的积极性、创造性。面对改革中的攻坚任务、复杂矛盾有等待观望、畏难怕苦情绪。相对于抓发展来说,抓改革投入的精力不多、劲头不足。抓改革的力度有所减弱,工作有所放缓,在重大开放平台和载体建设的研究及争取方面需要创新突破。平时到艰苦地区与基层同吃同住同劳动还不多,切身体会群众疾苦和安危冷暖还不够,没有做到与老百姓一起苦、一块干,存在拈轻怕重、贪图安逸思想。

(7)艰苦奋斗、勤俭节约、精打细算、过紧日子的思想坚持得还不够,存在一些铺张浪费现象。

(8)廉洁自律上还不够从严从紧,有放松要求、降低标准的倾向。厅领导班子成员逐一检查了在用车、住房、办公用房、管理亲属和秘书配备等方面的情况,目前没有发现突出问题,但大家认为,各种诱惑危险时刻存在,反腐倡廉这根弦始终不能放松。

厅领导班子及其成员针对查找出的问题,深刻剖析其产生的根源。大家一致认为,"四风"方面存在的突出问题,究其根源还是对自己的要求不够严格,自觉改造主观世界、加强党性修养有所放松,世界观、人生观、价值观这个"总开关"问题没有真正地不断解决好,为民务实清廉的价值追求没有牢牢植根于思想深处和行动之中。① 加强改造主观世界的自觉性有所淡化。对加强主观世界改造和党性修养锤炼有所放松,没有时刻把崇高理想信念真正转化为攻坚克难、奋发进取的激情和动力,落实到脚踏实地做好本职工作上。理论学习不够系统深入,结合工作学、带着问题学、深入思考学有时做得还不够,在理论联系实际、运用科学理论分析解决问题上还有差距,没有真正做到学用结合、学以致用,影响了把握商务发展大势、驾驭复杂局面能力水平的提升。② 坚持党的思想路线的主动性有所淡化。当前面临的国内外形势更加复杂多变,新情况、新问题、新矛盾层出不穷,对我们坚持和更好地贯彻实事求是的思想路线提出了新的要求。我们对江苏商务发展阶段认识不够全面深刻,对问题困难有时估计不足,对商务发展的内在规律研究不透彻,在想问题、作决策、办事情时,没有完全做到从江苏商务工作实际出发,使各项工作更加切合实际、符合群众愿望。有时满足于会议上讲了、文件发了,程序上过了,缺乏落实工作一抓到底、常抓不懈的狠劲和韧劲,致使一些工作没有落到实处。③ 坚持宗旨意识和群众观念有所淡化。商务发展事关"两个率先"大局,又与百姓民生息息相关。党组成员都在领导岗位工作多年,头脑中还存在一些"官本位"的思想残余,自觉不自觉地与基层干部群众的空间距离和心理感情有所疏远,下基层与普通干部群众面对面、心贴心交流少,难以真正掌握群众所思所盼。主动到群众中去、向群众学习、拜群众为师的意识不强,到基层一线进行深入细致的调查研究不多,特别是针对基层、企业实际情况拿出有效措施的少。④ 坚持艰苦奋斗、勤俭节约的意识有所淡化。主要是思想上对享乐主义和奢靡之风的危害性认识不深刻。勤俭节约意识还是有所减退,艰苦奋斗精神没有过去那么强。严格要求、从严自律观念有所淡化,自我净化、自我完善、自我提高的意识需要进一步增强。⑤ 勇于改革创新、攻坚克难的意识有所淡化。对商务工作中的难题有时主动破解不够,结合实际深入研究、开拓创新不足,在进一步深化改革、扩大开放、构建内外贸高度一体化的经济体系等方面还没有真正找到新的突破口。

三 厅领导班子改进作风、加强自身建设主要举措

根据群众意见和民主生活会上查摆出的问题,厅领导班子从着力进一步加强理论学习、牢固树立群众观点、坚持领导带头开拓创新、着力提高工作效能、大兴调查研究之风、大力弘扬求真务实精神、切实加强廉政建设、不断强化队伍建设等方面明确了改进措施。大家认为,解决"四风"问题,既要立足当前,集中精力加以专项整治;又要着眼长远,加强长效机制建设,以务实管用的制度固化作风建设成果、规范作风行为。厅党组确定,按照中央决策部署和省委统一要求,紧密结合商务工作实际,突出"四个围绕",抓好"四个落实",即紧紧围绕习近平总书记对江苏工作的三项要求,切实抓好各项工作落实,以商务发展成果检验活动成效;紧紧围绕基层和群众反映强烈的突出问题,研究落实一批重点整改事项,提高基层和群众对教育实践活动的认可度;紧紧围绕商务系统反对"四风",全面履行职责,制定落实一批细化深化、可操作性强的规章制度,让基层、企业和群众切实感受到商务系统作风建设的新变化;紧紧围绕事关全省商务发展的关键问题,落实一批重点调研课题,进一步明确工作思路、部署和举措,促进全省商务工作平稳健康发展。

厅领导班子成员一致认为,这次教育实践活动,省有关部门和基层、企业和群众,以及部分省市人大代表、政协委员等对厅党组提出的意见建议共137条,充分体现了对厅党组及班子成员的信任、关心、爱护和厚望。这些意见建议有的是针对厅领导班子本身的,有的虽然表现在基层,但根子还在领导班子,必须根据基层和群众的意见建议深刻反思自己,坚持从自身做起、以身作则、率先垂范。大家一致表示,要带头做到"五个坚持"。

(一)坚持理想信念,努力为建设中国特色社会主义而奋斗

"四风"问题的产生,最重要的根源就是理想信念上存在差距。我们要进一步加强党性锤炼,牢固树立马克思主义世界观、人生观、价值观,始终保持共产党人的政治本色。严守党的政治纪律,切实做到政治方向不偏、政治立场不变。理想信念的坚定来自于思想理论上的清醒。要把深入学习贯彻习近平总书记一系列重要讲话精神与学习贯彻党的十八大精神和中国特色社会主义理

论体系结合起来,进一步提高理论政策水平,坚定道路自信、理论自信、制度自信,切实做到在风云变幻面前旗帜鲜明、在大是大非面前头脑清醒、在原则问题面前立场坚定。

(二)坚持党的根本宗旨,始终做到立党为公、执政为民

作风建设的核心是保持党同人民群众的血肉联系。大家表示,要进一步增强贯彻党的群众路线的自觉性、坚定性,时刻把人民群众放在心中的最高位置,切实把立党为公、执政为民的要求具体深入地落实到各项商务工作中去。始终把实现好、维护好、发展好群众的根本利益作为商务工作的根本出发点和落脚点。更多深入基层、深入一线、深入矛盾问题突出的地方,听实话、察实情、办实事。坚持问需于民、问政于民、问计于民,使各项工作更加符合民心民愿。更加重视改善民生,更大力度推进与群众生产生活密切相关的事项建设,及时解决基层和群众反映强烈的突出问题和困难。重点推进和实施全省农副产品直供社区示范工程等一批为民惠民实事,建立线上线下社区直供直销体系,切实解决群众反映强烈的农副产品"卖难、买贵"问题。完善商务业务咨询电话服务接听机制,建立处理对外劳务纠纷部门协作机制。

(三)坚持开拓创新,创造一流的工作业绩

当前世界经济形势发生深刻变化,全省商务工作面临新的机遇和新的挑战。我们要大力弘扬"三创三先"新时期江苏精神,始终保持奋发有为的进取意识,保持昂扬向上的精神状态,迎难而上、攻坚克难,下大力气解决商务发展中的深层次矛盾和问题。着力推动职能转变,加大简政放权力度,将该放的权力坚决放开、放到位,该管的事管住、管好,并切实加强对基层的培训指导。正确处理政府与市场的关系,更好地发挥市场配置资源的基础性作用。领导干部带头爱岗敬业,兢兢业业工作,努力创造无愧于时代、无愧于历史、无愧于人民的一流工作业绩。

(四)坚持求真务实,切实转变工作作风

牢固树立正确政绩观,强化科学发展导向,切实把发展的立足点放到提高质量和效益上来。坚持一切从实际出发,重实干、办实事、求实效。把作风务

实作为求真务实的第一要点,扑下身子,解决问题,切实把作风务实落实在实际具体工作中。把精力真正放到深入工作,加快商务发展上,及时发现矛盾,解决问题,以自己的实干精神和优良作风,更好地发挥作用。下大力气改进会风文风,进一步精简各类会议、文件、简报,集中更多时间和精力抓落实。力争厅机关召开的会议在原年度计划数量基础上再压缩5%,视频会议占比达到15%以上,尽可能采取电视电话会议形式直接开到省辖市商务部门。创新抓落实的方法和途径,对确定的任务、部署的工作,以"钉钉子"的精神狠抓落实,持之以恒、一抓到底,一步一个脚印地向前推进。着力完善抓落实的长效机制,从制度上保证各项工作不折不扣地落到实处、取得实效。近期,重点抓好厅机关"1+12"制度的贯彻落实工作。

(五)坚持廉洁自律,永葆共产党人的政治本色

厅领导班子同志都深刻认识到,为政清廉才能取信于民,秉公用权才能赢得人心。大家表示,要珍惜为党为人民干事的机会,干干净净干事、清清白白做人,既在勤政上让党和群众满意,又在廉政上让党和群众放心。要牢固树立正确的权力观、地位观、利益观,正确行使好党和人民赋予的权力,要求别人做到的自己首先做到,要求别人不做的自己绝对不做。严格执行廉政准则,始终做到自重、自省、自警、自励,管好家里人、身边人,不以权谋私,不搞特殊化。大力弘扬艰苦奋斗精神,坚持勤俭办一切事情,把有限资源和财力用到发展商务事业、改善民生上,始终保持为民务实清廉的良好形象。

四　努力把教育实践活动成果转化为推动全省商务发展的强大动力

我们开展这次教育实践活动,目的是为了进一步加强作风建设,更好地推动全厅各项工作,推进全省商务事业健康稳定发展。在厅领导班子民主生活会上,无论是班子还是个人,查摆"四风"方面的问题,都紧密结合了自身工作实践和商务事业发展实际,并从行为上的表现入手剖析了思想上的根源,进而从认识论和方法论的层面审视了各方面工作。对问题的查摆梳理、对根源的深入剖析,都有利于我们更好地把握商务发展大局、把握商务工作前进方向,在新的起点上不断开创各项工作新局面。从这个角度讲，重点要把握好以下五个方面。

（一）着力推进商务工作科学发展

当前，世界经济缓慢复苏，国际市场争夺日趋激烈，经济发展形势严峻复杂。我们必须加大力气对新时期国际经济发展环境进行及时准确地研判，提高商务系统应对复杂局面的工作能力。要准确认识和把握商务发展所处的新阶段、面临的新挑战，主动遵循商务发展规律，对各地商务发展的积极性既要保护好更要引导好，理性看待增长速度，坚持以提高质量和效益为中心，切实把大家的注意力和积极性引导到"稳增长、调结构、促转型、惠民生"上来，坚持纠正躁之过急、急于求成、盲目攀比和过于追求速度的倾向，严肃查处弄虚作假行为，真正把商务发展引导到科学发展惠及民生的轨道上来。

（二）着力加快推进转型升级工程

江苏商务发展正处于转型升级的攻坚期。通过这次查摆问题、开展批评，我们进一步看到，全省商务发展中不平衡、不协调、不可持续问题还比较突出，消费增长的势头有所减弱，居民能消费、敢消费、愿消费的长效机制尚未建立，外商投资意愿下降、能力削弱和竞争激烈，参与国际分工的方式仍较单一，并处于产业链和价值链的低端，资源环境约束进一步加剧，推动商务工作转型升级、保持商务发展良好势头任务艰巨。越是在这样的情况下，越是要加强对转型升级工作的指导，更加理性地看待经济增长速度，该"换挡"就及时"换挡"，注重突出主题主线，坚持以提高商务运行质量和效益为中心，在保持商务工作稳增长的同时，大力推动结构调整，把各方面的注意力和积极性更多地引导到抓创新、调结构、促转型上来，努力实现商务工作更有质量、更有效益、更可持续的发展，促进江苏商务大省向商务强省转变。

（三）着力扩大对外开放

实施更加积极主动的开放战略，提高区域引领开放的能力，认真研究和借鉴上海自贸区扩大开放的先进经验，主动接受辐射带动。加快推进苏南现代化示范区、昆山两岸产业示范区、中国·新加坡南京生态科技岛、苏通科技产业园等一些区域开发开放,积极探索和争取在江苏设立自贸区试点,使得更多的区域拥有引领开放的能力。推进更多的领域对外合作,大力发展对外文化贸易,推动更多优秀文化企业和产品进入国际市场。选择某些领域,实施更加自主性开放,研究运用以开放换开放的策略与举措,推动与经贸伙伴在货物贸易、服务贸易与投资等领域的互相开放,营造有利于相互发展的良好外部环境。积极打造新一轮开放高地,积极争取先行先试,打造新的发展优势。深入实施企业国际化战略,推动本土企业国际化、促进外资企业本土化,鼓励有条件的企业抱团"走出去",借助国际资本、销售网络、物流系统,兼并收购境外企业、知名品牌,在全球范围内配置资源,重点支持具有核心竞争力的龙头企业,从多方面提高经营国际化水平。

(四)着力实现商务为民

开展群众路线教育实践活动,出发点和落脚点就是要真正解决好"为了谁、依靠谁、我是谁"这个根本问题,切实做到一切为了群众、一切依靠群众。这些年来,我们坚持商务为民,始终把为群众办实事、解难事作为商务工作的出发点和落脚点,在工作机制上便民,工作目标上惠民,工作方法上利民。但在这次教育实践活动中,通过广泛征求意见,我们更加清醒地认识到,我们商务工作还有很多惠民工程要做。针对这些问题,我们要进一步站稳群众立场,强化群众观点,立足当前办好实事、着眼根本构建完善市场体系和商务服务体系,多谋民生之利,多解基层群众之忧。尤其是要把关注的目光更多地投向欠发达的苏北地区,进一步加大商务工作推进力度,让老百姓切身体会到商务系统教育实践活动带来的新变化。

(五)着力加强机关自身建设

近年来,我们坚持把建设学习型、服务型、创新型机关作为机关建设的指导思想和奋斗目标,切实加强机关自身建设,取得了明显成效。但在这次教育实践活动里,一些基层和群众反映,机关职能转变还不到位,服务水平还有待继续提高,廉政建设力度还需要进一步加大。我们要本着对群众认真负责的精神,高度重视这些问题,采取更加有力的措施,加强机关自身建设。要大力推进服务型机关建设,加快转变职能,推动简政放权,提高行政效能,增强服务发展、服务基层、服务群众的能力。大力推进依法行政,严格依照法定权限行使权力,推行重大商务行政决策公开,使各项工作在法治的轨道上规范运行。大力推进廉洁政府建设,努力实现行政权力网上公开透明运行,严格遵守中央和省委关于廉洁自律的各项规定,认真落实党风廉政建设责任制,努力保持为民务实清廉的良好形象。

厅领导班子成员一致表示,一定更加紧密团结在以习近平同志为总书记的党中央周围,坚持以邓小平理论、"三个代表"重要思想、科学发展观为指导,始终在思想上、政治上、行动上同党中央保持高度一致,不折不扣贯彻好中央和省委的决策部署,切实做到恪尽职守、勤勉工作,求真务实、开拓进取,以优良的作风推动江苏商务事业持续健康发展,为谱写好中国梦的江苏篇章作出新的贡献。

(2013 年 10 月 15 日)

省商务厅党的群众路线教育实践活动查摆问题、开展批评环节总结报告

查摆问题、开展批评,是党的群众路线教育实践活动承上启下的关键环节。厅党组高度重视搞好这一环节的工作,坚持把找准查实"四风"方面突出问题、深刻剖析问题根源、以整风精神开展批评和自我批评,作为确保教育实践活动不走过场、取得实效的关键来抓。厅党组多次召开会议,认真研究制定了《江苏省商务厅关于深入开展党的群众路线教育实践活动的实施方案》,并结合省委教育实践活动领导小组和省委第 11 督导组新要求,在深化学习教育基础上,紧密联系厅机关、领导干部思想和工作实际,开展"正风肃纪啄木鸟"专题行动,继续多角度、多渠道、多层次认真查摆"四风"方面突出问题。认真开好专题民主生活会和专题组织生活会,对存在问题进行归纳总结,深入剖析根源,严肃开展批评与自我批评,制定整改措施,狠抓整改落实。

一 主要做法及特点

(一)进一步深化学习教育

坚持把学习教育贯穿于教育实践活动全过程。继续采

163

取灵活多样的形式,抓好理论学习,进一步提高党员干部的思想认识。活动进入第二环节以来,厅党组书记、厅长马明龙同志先后 3 次主持召开厅党组中心组学习会,重点传达学习习近平总书记一系列重要讲话精神,学习省委罗志军书记在《人民日报》发表的题为《树立问题意识 真查真省真改》的署名文章,学习傅自应副省长在听取商务厅教育实践活动情况汇报后的讲话精神,学习《省委作风建设即知即改具体举措十项制度规定》。认真组织全体党员干部观看电影《周恩来的四个昼夜》,加强正面典型的宣传教育,使广大干部学有榜样,赶有典型。各支部还充分利用"机关文化核心价值观"大讨论、"勤政思廉,修善为民"箴言征集活动成果,深化专题学习讨论活动,引导党员干部职工深刻领会"江苏商务精神",自觉践行社会主义核心价值观。经厅党组研究决定把"开放融通、兴商惠民"作为厅机关文化价值观。

(二) 深入开展查摆"四风"突出问题

认真开展"四查四治",找准找实"四风"突出问题。坚持问题导向,组织厅领导班子、贸促会领导班子和各党支部把面对面和背靠背结合起来,深入查摆"四风"问题。

(1) 围绕"四查四治"查摆问题。根据中央列举的"四风"问题 22 种具体表现,商务厅和贸促会领导班子和各处室党支部深入开展排查,切实增强查找解决"四风"问题的针对性。

(2) 深入群众查摆问题。商务厅领导班子成员分赴基层一线,开展"三解三促"和调研活动,广泛听取普通干部群众、服务对象、老同志和党外人士的意见建议。活动期间,商务厅党员干部下基层 120 多人次,走访 108 个基层单位,召开座谈会近 90 个,集中开展"四听四问"。商务厅领导班子共查摆了 28 个"四风"问题,征求了基层群众反映的 137 条意见建议,准确把握存在问题和薄弱环节。

(3) 组织帮助查摆问题。傅自应副省长把下基层和"三解三促"中群众反映的涉及商务工作方面的 33 条意见建议反馈给商务厅,商务厅及时进行了认真整改落实。省委督导组通过发放民主测评表、个别谈话、调研走访等形式,认真收集对商务厅和贸促会领导班子和党员干部的意见建议,并向商务厅和贸促会及时作了反馈。

（三）广泛开展谈心谈话活动

商务厅党组把深入谈心交心作为查摆问题、开展批评环节的重要内容,按照"四个必谈"要求,厅领导班子和各党支部深入开展相互谈心活动,征求意见、互相"把脉",沟通思想、提前"亮底",确保谈通谈透。坚持做到厅党组主要负责人与班子每名成员之间必谈,班子成员相互之间必谈,班子成员与分管处室(单位)主要负责人必谈,单位中层正职与副职必谈。在谈心交心中,既主动谈自己存在的"四风"问题,也诚恳地指出对方存在的"四风"问题,提出改进作风的具体建议,坚持"三谈三不谈",即谈真心实意的话、具体实在的话、提醒帮助的话,不谈不着边际的话、模棱两可的话、恭维赞美的话。厅"一把手"带头开展谈心谈话50多人次,党员干部共谈心谈话320多人次。

（四）认真开好专题民主生活会

坚持高标准严要求,强化领导责任,深化工作措施,努力取得省委满意、干部信服、群众认可的效果。

（1）深刻进行对照检查。商务厅领导班子和处级以上党员干部,认真检查落实中央八项规定和省委十项规定的情况,对照"为民务实清廉"的要求,认真进行反思,找准"四风"方面存在问题及其根源,撰写对照检查材料。厅党组书记、厅长马明龙同志主持起草领导班子对照检查材料,带领领导班子成员认真撰写个人对照检查材料,起到示范带动作用。对照检查材料坚持做到联系实际、紧扣主题、突出重点、触及灵魂,讲真话、讲实话,正面回应干部群众所提意见。

（2）以整风精神严肃开展批评和自我批评。10月份,商务厅领导班子用一整天时间召开了专题民主生活会,坚持严肃认真、实事求是、民主团结,班子所有成员以整风精神开展了批评和自我批评。丁大纲副巡视员专程从德国回国参加民主生活会。大家敞开心扉、坦诚相见、畅所欲言,讲真话、讲实话、讲心里话,会议自始至终充满民主团结、严肃而和谐的气氛。商务厅领导班子在民主生活会上查找了23条"四风"方面的问题,班子成员个人认真查摆了8个方面的问题,并深刻剖析"四风"根源,认清问题实质,触及思想深处,达到了"洗洗澡"、"治治病"的目的。副省长傅自应同志和督导组全体成员全程参加了专题民主生活会,傅自应同志先后作出 15 次点评,在会议结束时作了重要讲话,指出这是一次高质量的民主生活会。省委督导组认为,专题民主生活会达到了预期效果。

(3) 及时通报专题民主生活会情况。领导班子专题民主生活会后,商务厅及时向全厅处以上干部及服务对象代表和部分老领导老同志通报了有关情况,为全厅 24 个党支部放出样子、树好标杆。商务厅和贸促会领导班子所有成员均以普通党员的身份参加所在支部的专题组织生活会,全程参加并指导分管处室党支部开好专题组织生活会。各党支部突出从严从实,对照检查严肃认真,批评和自我批评深刻,真正达到了"洗澡"、"治病"的效果,确保了组织生活会的高质量。

二 厅领导班子查摆的突出问题及原因剖析

中央八项规定、省委十项规定和厅十项规定出台后,厅领导班子认真对照、带头执行,并切实抓好全厅落实规定工作。在教育实践活动中,厅领导班子坚持边学边改、边查边改,研究确定了一批重点整改事项,在减少文件、精简会议、简政放权、公务接待、公务用车、展会审批等方面出台了"1+12"系列制度规定,并认真开展清理节庆论坛展会、清理达标创建等"三项清理"和清退会员卡工作,有效遏制了文山会海、迎来送往、铺张浪费等不良现象,促进了政风行风转变。厅领导班子查找出以下突出问题:

(一) 在形式主义方面

主要是理论联系实际的学风还不够端正、针对性不强,对前瞻性、全局性问题研究还有差距,胸怀大局、着眼大事的能力需要提高;抓工作落实力度不够,对工作落实情况督促检查少,缺少踏石留印、抓铁留痕的狠劲和经常抓、持续抓的韧劲;会议多文件多的问题还较为突出;调查研究不够深入扎实有效,把调研成果转化为实用管用的推进商务工作"稳增长、调结构、促转型"的政策措施不多;对展会等活动的审批把关不够严格,对各类展会在审批操作中存在失之于宽的现象;对有些地方片面追求发展速度的问题纠正不到位;执行规章制度有时不够严格,存在执行落实不严格、随意性大的现象。

（二）在官僚主义方面

主要是转变政府职能和简政放权还不到位；运用法律手段解决问题的意识不够强、方法不够多；机关行政效能有待进一步提高，门难进、脸难看、事难办的现象还在一定程度上存在；政务公开工作还有待进一步加强，事关企业和群众切身利益的重大事项、重大决策信息公开不多，有的行政权力在网上长期处于挂起状态；与群众直接接触少、交流交心不够；问政于民、问计于民做得不够好，在商务发展重大决策出台前以听证等方式直接听取基层商务部门、企业和群众意见少；对基层和企业的分类指导不够，根据不同地区、不同行业、不同企业进行分类指导还不够；行政权力下放后，培训指导和督查问效没有及时跟上。

（三）在享乐主义方面

主要是对深化改革有一定畏难情绪，在重大开放平台和载体建设的研究及争取方面需要创新突破；有时习惯于用老经验、老办法推动工作；成绩面前产生了一些自满情绪，对商务发展上的差距和问题正视不够，对别人的创新政策和经验学习借鉴不够充分；与老百姓同甘共苦的意识还不强，平时到艰苦地区与老百姓同吃同住同劳动还不够多；落实厉行勤俭节约、反对铺张浪费有关规定有时做得不够好。

（四）在奢靡之风方面

主要是商务系统组织经贸活动存在奢侈浪费现象。对有些地方商务部门和机关在境内外招商活动中存在的大手大脚、铺张浪费现象制止纠正不够有力；对因公临时出国（境）团组把关还不够严格，在外事活动中，有时还有高规格宴请外宾现象；配备公务用车和办公用房方面执行有关规定还不够严格；廉政建设与中央规定和省委要求仍有差距，少数地方商务部门对商务发展资金使用管理不够严格，监管还不够到位。

厅领导班子及其成员针对查找出的问题，深刻剖析其产生的根源。大家一致认为，"四风"方面存在的突出问题，究其根源还是对自己的要求不够严格，自觉改造主观世界、加强党性修养有所放松，世界观、人生观、价值观这个

"总开关"问题没有真正地不断解决好,为民务实清廉的价值追求没有牢牢植根于思想深处和行动之中。

(1)加强改造主观世界的自觉性有所淡化。对加强主观世界改造和党性修养锤炼有所放松,没有时刻把崇高理想信念真正转化为攻坚克难、奋发进取的激情和动力,落实到脚踏实地做好本职工作上。

(2)坚持党的思想路线的主动性有所淡化。对江苏商务发展阶段认识不够全面深刻,对问题困难有时估计不足,对商务发展的内在规律研究不透彻,在想问题、作决策、办事情时,没有完全做到从江苏商务工作实际出发,使各项工作更加切合实际、符合群众愿望。

(3)坚持宗旨意识和群众观念有所淡化。商务发展事关"两个率先"大局,又与百姓民生息息相关。党组成员下基层与普通干部群众面对面、心贴心交流少,难以真正掌握群众所思所盼。主动到群众中去、向群众学习、拜群众为师的意识不强,到基层一线进行深入细致的调查研究不多,特别是针对基层、企业实际情况拿出有效措施的少。

(4)坚持艰苦奋斗、勤俭节约的意识有所淡化。主要是思想上对享乐主义和奢靡之风的危害性认识不深刻。勤俭节约意识还是有所减退,艰苦奋斗精神没有过去那么强。

(5)勇于改革创新、攻坚克难的意识有所淡化。对商务工作中的难题有时主动破解不够,结合实际深入研究、开拓创新不足,在进一步深化改革、扩大开放、构建内外贸高度一体化的经济体系等方面还没有真正找到新的突破口。

三 下一步工作打算

根据前段时间查摆出的"四风"方面问题,我们将按照傅自应副省长和督导组提出了新要求,认真贯彻落实,切实抓好下一步的整改落实工作。

(一)进一步深化思想认识

坚持把深刻领会和贯彻落实习总书记一系列重要讲话精神作为重大政治任务,认真组织厅党组中心组和各支部开展专题学习,进一步统一认识、深化理解。认真落实省委、省政府领导指示要求,迅速把思想和行动统一到省委决策部署和要求上来。坚持突出问题意识、改革导向,把整改落实、建章立制作为重中之重,区分即知即改和长效整改不同情况,抓好具体针对性措施的落实。认真落实好傅自应副省长在商务厅领导班子专题民主生活会上所作的重要讲话精神,进一步端正理论联系实际的马克思主义学风,进一步深入开展调查研究。按照傅自应副省长提出的"要坚持两手抓、两不误、两促进,以教育实践活动转变作风成效,扎实推进完成年度商务工作目标任务"的指示,全力推进全省商务发展"六大推进计划"。尤其是外贸稳增长调结构促转型方面,积极采取措施,紧盯重点地区、重点产业、重点企业不放,力争保持全年外贸进出口增长"浮在水面"。

(二)认真制定整改方案

厅党组和各支部将对活动开展以来查摆剖析出来的问题以及方方面面提出的意见和建议进行再梳理、再归类,不回避,不掩饰,列出问题清单,有针对性地制订了党组、支部和个人整改方案或整改措施,对整改落实和制度建设作出具体安排,明确牵头厅领导、责任处室和整改时限。整改落实工作将突出改革导向、突出问题导向、回应群众关切,落实傅自应副省长对全厅教育实践活动的指示要求,确保将中央和省委的要求不折不扣落到实处。厅党组的整改方案针对重点检查剖析和专题民主生活会查摆出来的28个突出问题,提出了具体整改措施,由主要负责同志牵头负责,班子成员分工认领,逐一明确整改落实的任务书、时间表、路线图和责任人。

(三)突出开展专项整治

把专项整治重点问题作为整改落实的重点,以逐项整改的实际成效,推动作风建设整体好转。坚持从突出问题抓起,从具体问题改起,做到即知即改与集中治理相结合、面上整治与分领域整改相结合、专项整治与正风肃纪相结合,重拳出击整治作风顽疾。将按照省委出台的规范公务商务接待、外事工作管理等10项即知即改制度措施,在全厅部署开展清理办公用房、清理规范创建达标、清理节庆论坛展会"三项清理"活动。重新制定出台《省商务厅会议管理规定》,严格会议和文件管理,从严控制会议数量、会期、规模和会议经费。

严格控制因公临时出国(境)规模,严格控制"三公"经费支出,从严控制公务接待标准,严格公车管理。针对厅机关存在的"门难进、脸难看、事难办"等现象,加强对全体机关干部的教育引导,严格执行首问负责、限时办结、服务承诺等制度,扩大预约服务、主动服务、协办代办服务范围。积极开展对公务接待、车辆使用、出国出境进行整治规范。

(四)着力做好建章立制工作

认真落实傅自应副省长关于"要把建章立制摆在更加重要的位置"的指示和要求,努力扎紧扎密制度的"笼子",既要立足当前又要着眼长远,既重制度制定更重制度执行,以制度机制创新倒逼干部作风转变,推动作风建设制度化、常态化、长效化。进一步修订完善工作规则,与时俱进地对领导班子工作内容、工作规程和工作纪律等作出新的规定,进一步规范内部工作程序,通过行政效能的全面提升推动职能职责履行到位。加强简政放权后实施操作层面的配套制度建设,修订完善具体管理办法和办事流程,配套出台有关管理办法等制度,形成具体可操作的后续保障措施,切实做到把该放的权力真正放开到位、把该管的事项管住管好。修订完善机关财务管理规定,从严从紧管控财务支出;完善机关公务用车管理,重点规范特殊情况用车和节假日用车,杜绝"公车私用"等现象;修订完善公务接待管理办法,制定出台因公临时出国人员管理实施办法等,完善行前公示、全程管控、事后专报、跟踪问效等从严从紧管理措施。根据全国和江苏省组织工作会议精神,结合部门实际,将进一步研究制定树立正确导向健全干部选拔任用科学机制实施办法、干部挂职锻炼工作实施办法、厅党组谈心谈话制度等制度办法,形成全厅上下自我完善、自我提高的激励引导和约束倒逼机制,全面打造服务高效、富有活力的机关形象。

(2013 年 10 月 18 日)

江苏省商务厅党的群众路线教育实践活动整改落实、建章立制环节实施办法

整改落实、建章立制,是教育实践活动取得实效的关键所在,对于深入贯彻落实中央八项规定和省委十项规定,解决"四风"方面的突出问题,形成践行党的群众路线的长效机制,确保教育实践活动善始善终、取信于民至关重要。根据《江苏省第一批党的群众路线教育实践活动整改落实、建章立制实施办法》(苏群组发〔2013〕20 号)、《江苏省商务厅关于深入开展党的群众路线教育实践活动的实施方案》(苏商群组〔2013〕1 号),结合学习贯彻党的十八届三中全会精神,现就做好整改落实、建章立制环节工作,提出如下实施办法。

一 目标任务

本环节主要任务是:认真学习贯彻党的十八届三中全会精神和《党政机关厉行节约反对浪费条例》,围绕为民务实清廉要求,紧密结合厅机关实际,抓住厅领导班子、厅机关和处以上领导干部"四风"方面存在的突出问题,对准焦距、找准穴位,下大气力抓好整改。深入分析产生"四风"问题的深层次原因,建立健全反对"四风"、改进作风的各项规章制度,进一步强化正风肃纪。不断加强学习型、创新型、

服务型机关建设,为与时俱进推进"两个率先"、实现江苏商务事业的新跨越提供坚强保证。

二 工作内容和方法步骤

(一)组织"回头看"

深入贯彻落实习近平总书记关于"回头看"的重要指示精神,认真对照中央和省委部署要求,对前段工作逐项进行"回头看"。一看学习教育是否扎实。主要看是否认真学习了中央规定的学习材料,反对"四风"的思想自觉和行动自觉是否增强,是否做到了学用结合、知行合一。二看查摆问题是否聚焦。主要看征求意见是否深入,是否紧密联系实际,真正把自己摆进去,找准了问题。三看自我剖析是否深刻。主要看对照检查材料衡量尺子严不严、查摆问题准不准、原因分析透不透、整改措施实不实。特别是对群众反映强烈的"车轮上的铺张"、"人情消费"、职务消费、"三公"经费开支过大、违规配备秘书、违规占用住房和办公用房等问题是否进行了深入查摆。四看谈心交心是否充分。主要看厅党组主要负责同志与班子每名成员之间,班子成员相互之间,班子成员与分管部门负责同志之间,特别是平时有隔阂、有误解的同志之间,是否进行了谈心交心。五看开展批评是否认真。主要看专题民主生活会和专题组织生活会是否贯彻了整风精神、开展了积极向上的思想斗争,自我批评是否揭短亮丑,相互批评是否动真碰硬,对待批评意见是否态度诚恳、虚心接受,是否回应了群众反映的问题。六看边查边改是否见效。主要看厅机关、厅领导班子、处以上领导干部对存在的问题是否提出了实质性的整改举措,做到了边学边改、边查边改、真转真改。是否抓紧建章立制、堵塞漏洞,是否有规必依、令行禁止,是否强化正风肃纪,对违规违纪行为进行了严肃查处。通过"回头看",真正看出问题、找准差距,并将此项工作贯穿于整个第三环节中。不足的要"补课",不够的要"加把火",走了过场的要坚决返工重来。

(二)深化学习教育

深入开展党的十八届三中全会精神专题学习,采取读书、观片、听课、交流等形式,重点学习全会文件,认真学习习近平总书记的系列重要讲话,准确把握新思想、新观点、新思路、新举措,力求内容全面领会,实质准确把握,精神融会贯通。11月下旬,召开一次党组中心组专题学习会;12月上旬,组织一次专题报告会,深刻领会十八届三中全会的精神实质,切实把广大党员干部职工的思想和行动统一到中央的决策部署上来。

(三)制定整改方案

坚持用十八届三中全会确定的改革理念、改革方针、改革举措,指导和推进各项整改工作。按照整改有目标、推进有措施、落实有责任、完成有时限的"四有"要求,厅领导班子制定整改方案,厅领导制定个人整改措施,明确整改落实的路线图、任务书和时间表,做到目标明确、措施具体、责任明晰。处级干部也要对个人整改措施作进一步完善,切实解决自身存在的突出问题。针对"四风"问题制定专项整治方案,落实推进措施、牵头部门和具体责任人,制定检查评估、监督问责的具体办法。实行厅党组"一把手"负责制,健全和落实整改项目督查推进制和整改情况报告反馈制。11月下旬,厅领导班子整改方案、厅领导个人整改措施、专项整治方案和制度建设计划经省委第十一督导组审阅后,按要求报省委教育实践活动领导小组办公室备案。

(四)抓好整改落实

紧密结合厅机关实际,抓住厅领导班子、处以上干部"四风"方面存在的突出问题,对准焦距、找准穴位,责任到人,下大力气抓好整改。

(1)聚焦"四风"抓整改。对查摆出来的问题,特别是专题民主生活会和专题组织生活会查找出来的问题,领导干部下基层"三解三促"和群众评议省级机关部门作风中反映的问题,进行再梳理、再归类,进一步聚焦"四风"问题,区分班子和个人,思想、工作和制度,当前和长远,逐项列出问题清单,提出有针对性的整改措施。对边学边改、边查边改中已经初步解决的问题,要巩固提高,防止反弹;尚未解决的问题要纳入整改方案,加大跟踪力度,抓好整改落实;新发现的问题要及时列入整改事项,迅速跟进解决,确保即知即改。

(2)集中力量开展专项整治。针对群众反映突出的"四风"问题,按照省委教育实践活动领导小组提出的七个方面要求,全面开展专项整治行动。一是整治文山会海、检查评比泛滥。严控会议数量、会期和规模,严禁以培训名义召开会议;简化会议程序,减少出席会议领导人数;严控会议经费,严禁套取会议资金。严控各类文件简报和内部刊物,防止以信笺头、"白头"件等变通做法代替"红头"文件。从严清理和规范评比达标表彰活动,严厉整治授牌晋级泛滥现象。切实纠正"一票否决"过多过滥问题。二是整治"门难进、脸难看、事难办"。坚决纠正工作人员对待来访群众态度生硬、推诿扯皮现象;坚决杜绝利用便民服务谋取不正当利益现象;坚决查处"吃拿卡要"行为和项目审批、专项转移支付资金分配等工作中搞暗箱操作、权力寻租等行为;坚决整治执法监管中的作风粗暴、滥用职权行为。切实整治"慵懒散",严肃处理无故旷工、迟到早退、擅离职守等行为。集中清理"吃空饷"、在编不在岗、编外大量聘用人员等问题。执法监管部门和窗口单位要结合前段群众评议省级机关部门作风情况,开展行风整治,进一步强化服务意识、提高服务效能。三是整治公款送礼、公款吃喝、奢侈浪费。认真贯彻执行《党政机关厉行节约反对浪费条例》,严禁在公务活动中赠送或接受礼品、礼金和各种有价证券、支付凭证,严禁节日期间用公款送礼,严肃查处索取、接受或以借为名占用管理和服务对象以及其他与行使职权有关的单位或个人的财物。严禁公款购买印制寄送贺年卡等物品。严禁用公款大吃大喝或安排与公务无关的宴请,坚决查处利用"农家乐"、私人会所等场所公款吃喝行为。坚决纠正境外商务活动入住豪华酒店、举办奢侈宴请、赠送高档礼品等问题,坚决纠正用公款参与高消费等行为。四是整治超标配备公车、多占办公用房、滥建楼堂馆所。查处超编超标配车、违规换车和借车、摊派款项购车、豪华装饰公务用车以及公车私用等行为,严禁领导干部亲属和身边工作人员使用配给领导干部的公务用车。全面清理领导干部超面积占有、使用办公用房以及多处占用办公用房,豪华装修办公用房、配置高档办公家具及办公用品等问题,领导干部配备使用的办公用房,在退休或者调离时应当及时腾退并交原单位处理,严肃查处领导干部违规多占住房。五是整治"三公"经费开支过大。严禁厅机关及其工作人员违规进行不必要的公务活动。严格执行预算,严禁超预算安排"三公"支出,不得报销超范围、超标准以及与相关公务无关的费用。严格公务接待标准,不接待无公函的公务活动,不得以举办会议、培训等名义列支、转移、隐匿接待费开支,严禁私客公待,严禁以招商引资等名义变相安排公务接待。严控公务用车经费开支。

严控因公临时出国(境)团组数量和规模,不得安排照顾性、无实质内容的一般性出访,不得安排考察性出访,不得由企事业单位出资或补助,不得摊派、转嫁出国(境)费用。六是整治"形象工程"和"政绩工程"。坚决查处制造假情况、假数字、假典型、虚报工作业绩的问题。七是整治侵害群众利益行为。严肃查处滥用行政权力干预职称评定等学术资源配置的问题。

(3)强化正风肃纪。坚持"严的标准、严的措施、严的纪律",加大监管查处力度。省委第十一督导组对厅领导班子和厅领导集中开展一次分析研判。进一步强化正风肃纪,对领导班子存在的突出问题,认真整改并进行组织整顿;对存在一般性作风问题的干部,加强教育、促其改进;对群众意见大、没有明显改进的干部进行组织调整;对活动中发现的重大违纪违法问题,特别是顶风违纪者,及时移交有关方面依法依纪严肃查处。建立健全处置不合格党员工作机制,对长期不起作用甚至起副作用的党员,进行严肃教育或组织处理。

(五) 加强制度建设

按照体现群众意愿、体现改进作风、体现提高效率、体现工作规律的要求,通过深入调研,深入实践,以辩证唯物主义态度和改革创新精神建制度、立规矩。在反对形式主义方面,重点建立健全科学民主决策机制和工作落实机制,健全干部选拔任用和考核评价体系,完善规范各类会议、文件、简报、评比表彰和达标活动、调查研究等方面的制度规定,制定规范学会、协会管理规定。在反对官僚主义方面,重点建立健全厅机关、厅领导以及执法监管部门和窗口单位履职尽责的相关制度规定,完善党员直接联系群众制度和畅通群众诉求反映渠道制度。在反对享乐主义方面,重点规范领导干部住房、用车、办公用房、秘书配备等方面的工作生活待遇;完善公务接待制度,细化接待标准,严格审批管理,强化监督执行;完善因公出国(境)管理制度,严格任务审批,严肃外事纪律。在反对奢靡之风方面,坚决贯彻落实《党政机关厉行节约反对浪费条例》,健全厅机关厉行节约反对浪费的制度规定;完善"三公"经费预算管理和公开制度,控制预算总量,严格审批程序,增强刚性约束;建立健全节庆、论坛、展会和招商引资活动等方面管理规定。在前两个环节的工作基础上,对照省委出台的密切联系群众、改进工作作风各项制度,理清改进工作作风、密切联系群众的思路举措,进一步细化配套措施和制定实施细则,完善已有制度,制定新的制度,废止不适用的制度。把建立健全工作制度、管理制度、考核制度和督促检查制度作为重要内容,专题组织各项规章制度学习培训活动,不断健全完善长效机制。把贯彻党的群众路线制度执行情况纳入干部年度考核和党风廉政建设责任制考核的重要内容,作为干部选拔任用、奖励惩处的重要依据,使贯彻党的群众路线成为厅机关党员干部长期自觉的行动。

(六)开展专题活动

12月上旬开始,开展以"破难题、办实事、优服务、树形象"为主题的系列活动。坚持按照"商务为民"的要求,积极开展立足岗位强素质优服务活动,不断提升机关工作人员履职的能力,进一步提高服务质量;深入开展调研活动,走进基层,倾听民声,认真分析和全力解决制约商务事业科学发展的"瓶颈"问题和基层、企业发展所遇到的困难。按照《江苏省商务厅公开承诺》的要求,扎实开展"诚信履诺"行动,凡是已经承诺的事项,必须做到样样兑现,件件落实,真正做到解企业所需、圆群众所盼。

(七)评议政风行风

按照省商务厅《关于开展"四位一体"评议政风行风的实施方案》的总体部署和要求,积极配合政风行风监督员、热线媒体记者开展明查暗访,组织好民主评议工作。主动向服务对象、人大代表、政协委员、党风联络员、特邀监督员报告整风行风建设工作,对热线平台群众诉求和纠风工作信访件,认真做好处理和答复。对明察暗访和民主评议反映出的突出问题,做好整改和情况反馈。对违反规定和纪律的人和事,严格落实责任追究措施,以良好的政风行风接受社会和群众的评议。注意总结推广机关党组织建设的新鲜经验,注重发挥厅系统党组织联系服务群众的优势,进一步健全党员立足岗位创先争优长效机制,推进全省商务系统的政风和行风建设。

(八)召开总结大会

经与省委第十一督导组沟通后,报省委教育实践活动领导小组同意,适时召开教育实践活动总结大会。厅机关及省贸促会机关全体干部、直属单位(企业)主要负责人及部分职工代表、5年内退休的班子成员参加。会议由厅党组

书记、厅长、厅教育实践活动领导小组组长马明龙同志主持并讲话,省委第十一督导组组长周毅之同志讲话,拟请傅自应副省长作指示,对厅教育实践活动进行评价并提出要求。会议结束时,省委第十一督导组将对厅领导班子及厅领导开展教育实践活动的情况进行民主评议,重点评议解决问题、改进作风情况。评议表会前发放,会后由省委第十一督导组收回并汇总评议情况,适时向厅党组主要负责同志反馈评议结果。

三 工作要求

(一)领导亲自负责

由厅党组主要负责同志主持制定整改工作方案、专项整治方案和制度建设计划,牵头协调解决整改中的难点问题,着力抓好重点制度的建立健全。厅领导班子成员以身作则,敢抓敢管,狠抓工作落实,既抓好领导班子的整改,又搞好个人和分管领域的整改,不断提高领导班子发现和解决自身问题的能力。各处室(单位)主要负责人要带头整治,做到直面问题,真整真改,树立标杆,带头做到自身清、家属清、亲属清、身边清。

(二)落实工作责任

按照《省商务厅深入开展党的群众路线教育实践活动实施方案》的工作要求和责任分工,抓好各项工作的落实。教育实践活动办公室各工作小组认真履行职责,特别是整改落实组和厅办公室要牵头组织好各项整改工作,协同有关处室加强对制度建设的统筹,防止建章立制敷衍应付、交叉打架,坚决防止在制度建设中搞形式主义。综合协调组和宣传材料组要进一步做好组织协调及宣传材料等项工作,确保整改落实、建章立制工作取得实效。对于涉及全省商务系统的突出问题,厅机关各有关处室要协同配合,共同攻坚,推动解决。对于涉及多个部门、单位的问题,要加强沟通,整合资源,合力解决。

(三)坚持开门整改

整改工作要敞开大门,全过程置于群众监督之下。制定整改方案、出台有关制度都要请群众参与,特别是对涉及群众切身利益的问题要经过群众充分讨论。通过一定方式向群众公开整改的内容、目标、时限、责任和进展情况,改什么、怎么改,都要让群众看清楚,给党员干部以压力。坚持群众标准,通过民主评议、随意调查等方式,建立健全对群众反映意见进行核查、处理、反馈的机制,让群众评判整改的效果。

(四) 推动实际工作

认真总结和交流整改落实、建章立制的好经验好做法,注重发掘教育实践活动中涌现出来的先进典型,使广大党员、干部学有榜样,行有示范。加强案例教育,充分发挥反面典型的警示警醒作用。要把教育实践活动与推动当前工作有机结合起来,进一步提振精神、锤炼作风、干好工作,为进一步推动全省商务事业科学发展贡献力量。

(2013 年 11 月 26 日)

省商务厅党的群众路线教育实践活动领导小组关于厅领导班子整改方案的报告

根据《江苏省第一批党的群众路线教育实践活动整改落实、建章立制环节实施办法》的要求,在傅自应副省长和省委第十一督导组的指导下,省商务厅针对作风方面存在问题,明确解决对策,具体制定厅领导班子整改方案如下。

一 总体思路和整改目标

(一)总体思路

按照中央和省委关于开展群众路线教育实践活动的总体要求,认真贯彻落实党的十八大和十八届三中全会精神,以习近平总书记系列重要讲话精神为指导,以改革的办法巩固和扩大整治"四风"的成果,发扬钉钉子精神,把各项整改措施落到实处。牢固树立关键在落实的思想,聚焦"四风"抓整改、弘扬改革精神、实行开门整改、强化正风肃纪、严格督察把关,加强厅党组班子自身建设,切实提高解决自身问题的能力,提高群众工作的本领,以作风建设推动商务发展。

（二）整改目标

政治定力进一步增强。严格遵守党的政治纪律，坚定中国特色社会主义的道路自信、理论自信和制度自信，同党中央保持高度一致。

科学发展更加自觉。坚决落实科学发展观，牢固树立正确政绩观，不断加强学习型创新型服务型机关建设，为与时俱进推进"两个率先"、实现江苏商务事业的新跨越提供坚强保证。

狠刹"四风"坚决有效。严格贯彻落实中央八项规定、厉行节约反对浪费条例和省委十项规定精神，对当前突出问题开展专项整治，对带有普遍性的问题抓紧建章立制，使厅机关党员干部作风明显转变。

联系群众更加紧密。践行商务为民，厅领导班子成员宗旨意识和群众观点牢固树立，群众工作能力得到增强，密切联系群众制度健全完善。

党内生活进一步严格规范。民主集中制全面贯彻，学习制度有效落实，批评与自我批评经常开展，组织生活进一步健全规范，班子更加团结有力。

二 整改措施和责任要求

根据总体思路和整改目标，重点做好以下 17 项工作：

（一）深入学习习近平总书记系列重要讲话和十八届三中全会精神

切实把深入学习领会、认真贯彻落实习近平总书记系列重要讲话和十八届三中全会精神作为重要的政治任务，厅领导班子成员带头深入学习十八大以来习近平总书记关于治党治国治军、内政国防外交系列新思想、新观点、新论断，认真学习研究十八届三中全会关于全面深化改革若干重大问题的决定，以参加集中培训、中心组学习为主要形式，分专题学习研讨，提高政策理论水平，增强政治定力，推动教育实践活动有力有序开展、促进各项工作取得新成效。（牵头领导：马明龙，责任处室：机关党委、人教处，整改时限：2013 年 11 月开始）

（二）进一步端正理论联系实际的学风

把理论学习与推动江苏商务工作发展紧密结合起来,不断提高领导和推动科学发展的能力。严格执行《关于加强和改进厅领导学习的规定》,严格落实党组中心组每年集中学习12次的规定要求。深入学习商务工作所需要的新知识,虚心向基层群众学习实践中总结出的新经验、新方法。结合实际学、结合商务特点学、结合工作"补软补短补缺"学,切实当好省委、省政府决策参谋助手。(牵头领导:马明龙,责任处室:机关党委、综合处,整改时限:2013年12月底前见成效)

（三）加强对商务发展的全局性、战略性、前瞻性研究

根据党的十八届三中全会全面深化改革的部署,结合商务工作实际,确定一批由厅领导牵头的重大调研课题,认真分析和全力解决制约商务事业科学发展的"瓶颈"问题,超前谋划,提出有针对性的政策措施。(牵头领导:马明龙、朱益民,责任处室:办公室、综合处,整改时限:即知即改)

（四）进一步转变政府职能

进一步简政放权,减少审批项目,下放审批权限,提高为基层和企业的服务效率,不断优化商务工作的发展环境。计划下放机电产品进口自动许可证管理权、下放对外劳务资质审批权、下放省内举办对外经济技术展览会审批权限、进一步下放外资项目审批权限,实现全省县级外资工作单独列户管理全覆盖。根据省领导要求,进一步加强职能下放后对基层的培训、指导、督查、问效。同时,积极探索转变职能与市场机制挂钩,优化审批流程,不断提高行政效率和依法行政水平。(牵头领导:马明龙、仲锁林,责任处室:人教处、法规处,整改时限:即知即改)

（五）进一步树立正确政绩观

更大力度推进科学发展,切实将鼓励发展热情和坚持科学态度结合起来,调整完善商务系统有关统计监测指标体系,引导各地更加注重质量和效益的全面提升。(牵头领导:厅领导,责任处室:各处室,整改时限:即知即改)

（六）进一步深化改革创新

推动全省开放型经济体制机制创新,建立外经贸综合服务体系,增强本土企业国际竞争力,增创国际竞争合作新优势。积极推动苏南自主创新先导区建设,不断提升园区集聚集约发展水平。引导帮助企业加快"走出去"步伐,建立完善企业国际化服务体系。(牵头领导:厅领导,责任处室:各处室,整改时限:即知即改)

（七）认真落实促进消费的政策措施

积极培育网络消费、服务消费、信息消费、文化消费、品牌消费、信用消费等"六大"新型消费业态,鼓励发展连锁经营、物流配送等现代流通方式,推动消费结构升级。完善服务平台和消费环境,进一步增强消费对经济增长的拉动力。(牵头领导:马明龙、潘宪生,责任处室:运行处,整改时限:2013 年 12 月底前见成效)

（八）集中力量开展专项整治

针对群众反映突出的"四风"问题,按照省委教育实践活动领导小组关于集中力量在七个方面开展专项整治的总体要求,结合全厅实际,全面开展专项整治行动。主要整治文山会海、检查评比泛滥,整治"门难进、脸难看、事难办",整治公款送礼、公款吃喝、奢侈浪费,整治超标配备公车、多占办公用房、滥建楼堂馆所,整治"三公"经费开支过大,整治"形象工程"和"政绩工程",整治侵害群众利益行为等七个方面问题。(牵头领导:笪家祥、姜昕,责任处室:办公室、财务处、人教处、机关党委、监察室、服务中心,整改时限:2013 年 12 月底前见成效)

（九）进一步规范各类检查、培训、展会和评比表彰活动

严格各级各类评比达标审批管理,有效遏制评比达标过多过虚过滥现象,减轻基层负担,激发基层创造活力。严格按照《省商务厅机关展会管理办法》等制度规定,进一步规范全省展会管理工作和评比表彰活动,着力理顺关系,完善流程,不断提升展会质量和各类评比表彰活动实效。(牵头领导:笪家祥、

姜昕,责任处室:办公室、人教处、服贸处,整改时限:2013 年 12 月底前见成效)

(十) 进一步加强厅机关工作人员因公出国(境)管理

严格执行中央《党政机关厉行节约反对浪费条例》,按照《中共江苏省委办公厅、江苏省政府办公厅关于进一步规范国家工作人员因公临时出国管理的若干规定》要求,加强全厅因公临时出国(境)人员管理工作,提高出访效果,促进党风廉政建设,杜绝因公出国考察活动中的不正之风。强化因公临时出国团组总量控制、计划管理,进一步规范因公临时出国报批程序,务实节俭安排因公临时出国活动,进一步严格厅机关人员因公护照管理。(牵头领导:赵进,责任处室:外事处,整改时限:即知即改)

(十一) 坚持严格要求,选好用好干部

坚持正确的选人用人导向,以事见人,引导广大干部真抓实干。大力加强干部队伍建设,进一步完善干部选拔任用制度和加强基层组织建设制度,从严要求干部、管好干部。进一步完善领导干部考核评价体系,考核干部既重显绩,又重潜绩,用科学的政绩观推动作风转变。(牵头领导:笪家祥,责任处室:人教处,整改时限:即知即改)

(十二) 扎实推进"强素质、优服务"活动

厅领导班子成员牵头负责,组织实施好厅机关正风肃纪专项行动。集中整治门难进、脸难看、事难办等机关作风方面的突出问题,健全完善政务公开、首问责任、效能提升等方面的公开承诺制度。12 月上旬开始,开展以"破难题、办实事、优服务、树形象"为主题的系列活动。坚持按照"商务为民"的要求,积极开展立足岗位强素质优服务活动,不断提升厅领导班子和厅机关党员干部履职尽责能力,进一步提升服务质量。(牵头领导:陈晓梅、姜昕,责任处室:人教处、办公室、综合处、公平局、机关党委、监察室,整改时限:2013 年 12 月底前见成效)

（十三）扎实抓好建章立制、整改落实工作

对前段时间查摆的"四风"问题进行再梳理、再聚焦,逐条逐项进行研究。结合商务工作实际,在认真抓好厅机关新制定的"1+12"制度规定执行落实的同时,按照科学严谨、务实管用的要求,根据中央《党政机关厉行节约反对浪费条例》,与时俱进地修改和完善厅机关各项规章制度,健全厅机关作风建设长效机制。坚持严字当头、领导带头,严格遵守省委作风建设即知即改十项制度规定。（牵头领导:笪家祥、姜昕,责任处室:机关党委、人教处、办公室、综合处、监察室,整改时限:2013 年年底前）

（十四）进一步加强党风廉政建设

发扬艰苦奋斗、克己奉公的光荣传统,严格执行中央和省委关于领导干部廉洁从政的各项规定,时刻警惕各种诱惑,坚决做到不以权谋私、以职谋利,树立为民、务实、清廉的形象。带头认真执行领导干部个人重大事项报告制度和接受群众评议制度,自觉接受群众和基层监督。严守纪律规定,严格规范工作生活待遇。（牵头领导:马明龙、姜昕,责任处室:机关党委、监察室、人教处,整改时限:即知即改）

（十五）组织好政风行风评议

积极配合政风行风监督员、热线媒体记者开展明查暗访,组织好民主评议厅机关工作。11 月下旬开始,厅机关（单位）主动向服务对象、人大代表、政协委员、党风联络员、特邀监督员征求意见,及时了解商务热点问题,对热线平台群众诉求和纠风工作信访件,认真做好处理和答复。对明察暗访和民主评议反映出的突出问题,做好整改和情况反馈。对违反规定和纪律的人和事,严格落实责任追究措施,以良好的政风行风接受社会和群众的评议,推进全省商务系统的政风和行风建设。（牵头领导:笪家祥、姜昕,责任处室:办公室、机关党委、监察室,整改时限:2013 年 12 月底前）

（十六）进一步密切联系群众

深入开展"三解三促"活动,更多到基层一线、问题和矛盾突出的地方,加

强调查研究,全力为群众谋利益,努力为群众办实事。进一步拓宽直接联系群众的渠道,多到基层"解剖麻雀",更加关注与群众生产生活密切相关的事项建设,做到问政于民、问需于民、问计于民。针对群众反映强烈的具体问题和厅机关存在的突出问题,深化专项治理,切实做到不解决问题不罢手、不达目标不收兵、群众不满意不"销号"。(牵头领导:厅领导,责任处室:办公室、机关党委,整改时限:即知即改)

(十七)进一步加强班子建设

加强厅领导班子学习教育,始终同党中央保持高度一致,在重大原则问题上做到头脑清醒、立场坚定、旗帜鲜明。坚持党要管党、从严治党,进一步提高领导班子发现和解决自身问题的能力。坚持从自身做起,以身作则,大力推进领导班子自身建设,切实增强班子的创造力、凝聚力、战斗力。进一步加强民主团结,严格执行民主集中制,"一把手"带头发扬党内民主,完善厅党组谈心谈话制度,营造良好氛围,班子每位成员按分工切实履行职责,心往一处想、劲往一处使、大事讲原则、小事讲风格,形成干事创业的强大合力。(牵头领导:马明龙,责任处室:机关党委、人教处,整改时限:即知即改)

三 加强组织领导

要按照习近平总书记强调的"教育实践活动越往后,越要坚持标准"的要求,落实整改工作责任制,坚持一抓到底,拧紧"螺丝扣",加大推动力,高标准、高质量地推进整改落实、建章立制环节工作,确保取得实效。

(一)厅党组领导同志亲自抓整改

厅党组书记、厅长马明龙同志对整改工作负总责,每项整改工作都由1名或多名厅领导负责。

(二)责任处室切实负责抓落实

厅领导班子整改中的各项制度建设及专项整治任务,各责任处室要负起责任,一件一件抓好落实。

（三）抓好整改方案督办落实

厅教育实践活动领导小组办公室要加强督促检查,建立整改台账,完成一项销号一项,确保整改任务件件落实。教育实践活动第三环节结束前,及时向省教育实践活动领导小组和省委第十一督导组汇报厅领导班子整改工作。

（四）整改工作全程接受监督

把整改方案作为厅领导班子对人民群众以及全厅机关党员干部的庄严承诺,坚持群众标准,开门整改,整改内容要及时公布,整改过程接受群众监督,整改进展情况和成果要及时通过厅网站等新闻媒体进行通报公开,并采取适当方式听取群众对整改工作的评价和建议。

附件:1. 省商务厅教育实践活动专项整治方案
　　　2. 省商务厅教育实践活动制度建设计划

（2013 年 12 月 6 日）

附件 1

省商务厅教育实践活动专项整治工作方案

按照群众路线教育实践活动整改落实、建章立制阶段的要求,结合学习贯彻党的十八届三中全会精神,针对群众反映的"四风"问题,联系省商务厅实际,提出如下整改方案:

一、整治文山会海、检查评比泛滥

（一）从严控制会议数量、会期和规模

加强会议计划管理,制定 2014 年会议计划,对全厅会议管理实行总量控制、规模控制,可开可不开的会议坚决不开,可合并的会议合并召开,确保2014 年厅机关会议数量继续下降。按照会议类别明确会期,原则上,业务条线会议会期不超过一天,专题性会议会期不超过半天。严禁以培训名义召开各类会议。

继续推广视频会议,对没有确需当面沟通对接内容的会议,一律以视频会议形式召开。2014年全厅视频会议比重不低于15%,力争达20%。(牵头领导:笪家祥,责任处室:办公室、人教处,12月底前见效)

(二)简化会议程序,减少出席领导人数

在OA系统建立会议管理模块,优化会议管理程序,规范会议申报手续,健全台账管理。注重会议实效,简化会议流程,以省商务厅名义召开的会议,未经省领导批准,不要求市县党政分管领导参加会议,以减少参会领导人数。厅机关各处室不得以处室名义邀请厅外部人员参加内部会议。(牵头领导:笪家祥,责任处室:办公室,12月底前见效)

(三)严格会议经费管理,严禁套取会议资金

会议实行预算控制,会议费开支在综合定额内据实支付。按照会议类别严格审核程序,会议预算、会议通知、签到名单、会议决算、会议酒店电子结算清单等凭据、手续完备的,才能报销会议费用,一会一结,严防套取会议资金。对于审核手续不全的超预算或超标准的会议费,不予报销。(牵头领导:朱益民,责任处室:财务处,12月底前见效)

(四)从严控制各类简报和内部刊物

(1)减少发文数量。除办公室外,其他处室不得对外发文。一般性工作联系商洽、询问答复问题、征求意见等,一般以函等形式办理。召开会议、开展检查、调查等事务性、知悉性工作的通知一般以明传电报形式办理。

(2)规范发文管理。处室负责人、办公室秘书和主任均对发文实行严格把关,不需要发文的,发文规格过高的,要及时纠正。办公室严格规定公章使用要求,未经主任审签,一律不得用印,切实防止信笺头、"白头"件等形式的变通做法。

(3)开展简报清理活动。省商务厅编发工作简报,须先向省委办公厅、省政府办公厅报备核准。经批准后,由办公室扎口办理、筛选把关,各处室不得直接对上报送简报、资料。厅机关原则上不印发各类纸质简报。(牵头领导:笪家祥,责任处室:办公室,12月底前见效)

(五)从严清理和规范评比达标表彰活动,严厉整治授牌晋级泛滥现象

对全厅现有6项创建达标活动进行梳理分析,保留商务部或省委、省政府

明确要求商务厅组织开展的,或是省委、省政府重点扶持推进的项目,拟撤销1项创建达标活动。

在严格执行省里相关规定的基础上,结合商务工作实际,研究拟定《省商务厅关于进一步规范检查评比达标表彰创建活动的规定》,进一步细化商务部门组织开展检查评比达标表彰创建活动的实施程序,严格确定各类活动开展的条件和手续,为商务部门开展检查评比达标表彰创建活动提供政策依据。(牵头领导:笪家祥,责任处室:人教处,12月底前见效)

二、整治"门难进、脸难看、事难办"

(六)坚决纠正工作人员对待群众来访态度生硬、推诿扯皮现象

明确要求厅机关工作人员对来访人员要态度热忱、语气谦和。在各主要业务处室、监管处室配备了业务咨询、投诉电话,安排专人接听,确保联系群众、服务群众的渠道畅通。严格按照首问负责制要求,不得推诿扯皮。各相关处室要采取具体措施,切实解决来访群众的问题。(牵头领导:姜昕,责任处室:机关党委、监察室,12月底前见效)

(七)坚决杜绝利用便民服务谋取不正当利益现象

厅机关工作人员须恪尽职守,不得利用便民服务谋取私利。确保举报投诉渠道畅通,主动接受社会和广大群众的监督。对于群众举报具有谋取不正当利益行为的工作人员,一经查实,按照有关法律法规处罚。(牵头领导:姜昕,责任处室:监察室,12月底前见效)

(八)坚决查处"吃拿卡要"行为

厅机关工作人员严禁在办事过程中"吃拿卡要"。重视人民来信来访,建立明察暗访等监督机制,防止"吃拿卡要"行为发生。有"吃拿卡要"行为,一经查实,对相关人员按照有关纪律法规处罚。(牵头领导:姜昕,责任处室:监察室、办公室,12月底前见效)

(九)坚决整治执法监管中的作风粗暴、滥用职权行为

厅机关工作人员在执法监管过程中,要坚持依法办事,尊重执法对象,规范操作,文明执法。自觉接受群众监督,对群众举报的作风粗暴、滥用职权行为,一经查实,按照有关法律法规处罚。(牵头领导:朱益民,责任处室:秩序处,12月底前见效)

(十)坚决查处搞暗箱操作、权力寻租等行为

各项行政许可及审批事项实行网上公开运行,并在规定的期限办结。坚决查处在项目审批、专项转移支付资金分配等工作中搞暗箱操作、权力寻租等行为。加强各类商务资金的绩效管理,实时进行绩效跟踪监控。项目审批、资金分配工作接受社会、企业、群众的监督,对于举报具有暗箱操作、权力寻租行为的工作人员,一经查实,按有关法律法规处罚。(牵头领导:姜昕,责任处室:监察室,12月底前见效)

(十一)坚决打击新闻敲诈行为

新闻外宣工作由办公室归口管理。负责统一对外联系新闻媒体,受理安排采访事宜。未经厅领导批准,各处室、个人不得以职务名义擅自接受媒体采访,不得以省商务厅名义发表讲话或文章。坚持依法新闻公开,坚决打击新闻敲诈行为。(牵头领导:笪家祥,责任处室:办公室,12月底前见效)

(十二)切实整治"慵懒散"等行为

严肃厅机关工作纪律,从严执行考勤制度,严格执行请销假制度。厅领导、处室负责人实行外出报备制度。对无故旷工、迟到早退、擅离职守等行为,经调查属实的,按公务员法惩处。(牵头领导:笪家祥,责任处室:人教处、办公室,12月底前见效)

(十三)集中清理"吃空饷"等问题

集中对厅机关及直属事业单位"吃空饷"、在编不在岗、编外聘用等情况进行统计清理。目前,厅机关不存在上述情况。各事业单位共有编外人员13人,通过梳理分析,重点检查编外人员用工形式及合同形式,就规范编外人员日常管理,着力把好编外用人"入口关"。(牵头领导:笪家祥,责任处室:人教处,12月底前见效)

(十四)进一步强化服务意识、提高服务效能

直接联系服务群众的执法监管部门、窗口单位和服务行业,要结合前段群众评议情况,继续开展行风整治。

机关工作人员必须恪尽职守,严禁不作为、慢作为和乱作为,要加强工作规范,提高办事效率,树立群众观念,实行服务承诺制、首问负责制、限时办结制,所有岗位必须 AB 角,建设服务型机关。所有服务窗口部门,要进一步强化服务意识,提高服务效能。(牵头领导:姜昕,责任处室:机关党委、监察室,12月底前见效)

三、整治公款送礼、公款吃喝、奢侈浪费

(十五)推进厉行节约反对浪费,建设节约型机关

出台省商务厅关于厉行节约反对浪费的有关规定,对厅机关财务经费、出差出国、用房用车、会议接待、资源节约、宣传教育、监察问责等方面都做出规范要求和管理规定。厅厉行节约领导小组负责统筹领导全厅监督检查工作,向省政府汇报。每半年在厅机关内部就厉行节约、反对浪费的相关内容组织专项检查,检查结果在厅机关范围内进行公示。

主动接受有关部门、社会各界对厅机关厉行节约制止浪费方面的督促检查。加强厉行节约制止浪费工作责任追究。对违反规定造成浪费的,依法依纪追究直接责任人的责任。(牵头领导:笪家祥、朱益民,责任处室:财务处、办公室、监察室、服务中心,12月底前见效)

(十六)严禁公务中收受礼品,严禁占用职权相关的财物

严禁在各种公务活动中及各种场合利用职务便利和工作便利接受或赠送相关人员礼品、礼金和各种有价证券(卡)、支付凭证等,严格执行中纪委出台的规定、禁令等,严禁在节日期间用公款互拜和互送礼品,严肃查处索取、接受或以借为名占用管理和服务对象以及其他与行使职权有关的单位或个人财物。对顶风作案者,一旦发现,按有关法律法规从严查处。(牵头领导:姜昕,责任处室:监察室,12月底前见效)

(十七)严禁公款购买印制寄送贺年卡等物品

办公室对各类印刷品进行统一管理,厅机关不再购买、印制、寄送贺年卡、明信片等物品。(牵头领导:笪家祥,责任处室:办公室,12月底前见效)

(十八)严禁公款大吃大喝或安排与公务活动无关的宴请

明确公务接待范围。日常接待,原则上不安排宴请,确因工作需要,可以安排1次工作餐,并严格控制陪餐人数。严禁用公款大吃大喝和安排与公务无关的宴请,严禁利用"农家乐"、私人会所等场所公款吃喝。(牵头领导:笪家祥,责任处室:办公室、财务处、服务中心,12月底前见效)

(十九)坚决制止豪华铺张办晚会现象

厅机关不举办豪华晚会,杜绝使用财政性资金举办经营性文艺晚会。(牵头领导:朱益民,责任处室:财务处、办公室、机关党委,12月底前见效)

(二十)坚决纠正境外招商高消费等问题

坚决纠正境外招商入住豪华酒店、举办奢侈宴请、赠送高档礼品等问题，坚决纠正用公款参与高消费等行为。

出访团组实行团长负责制。团组出访前，要加强行前教育，明确相关要求。严格按规定安排交通工具和食宿，厅局级以下人员安排标准间。出访用餐应勤俭节约，不上高档菜肴和酒水。如违反相关规定，追究团长责任。情节严重的，将依法依纪追究有关人员的责任。团组出访结束后，要将执行情况在厅OA上公布，接受监督。（牵头领导：赵进，责任处室：外事处、财务处、监察室，12月底前见效）

四、整治超标配备公车、多占办公用房、滥建楼堂馆所

（二十一）清理公务用车和领导干部用车

严格按规定配备公务车辆，执行公务车辆编制，不超编、超标配备和豪华装饰公务车辆。机关公务车辆的使用、管理等由机关服务中心具体负责，实行集中管理，统一调度。严格执行机关派车制度，严禁在非公务活动时使用公车，禁止公车私用或将车辆借给他人或亲属使用。严禁领导干部亲属和身边工作人员使用配备给领导干部的公务用车。（牵头领导：朱益民，责任处室：服务中心，12月底前见效）

（二十二）全面清理办公用房和厅领导用房

根据相关规定和厅机关办公用房管理办法，对机关各级别人员的办公用房面积进行全面清理。厅机关个人超标准使用办公用房，多处占用办公用房的，由办公室牵头，结合各部门相关人员实际，实施整改。

全面清理厅领导干部超面积使用办公用房以及多处占用办公用房。在退休或者调离时应及时腾退，严肃查处领导干部违规多占住房。严禁领导干部长期租用宾馆、酒店房间作为办公用房。（牵头领导：朱益民，责任处室：办公室、服务中心，12月底前见效）

（二十三）违规建楼、豪华装修等问题

严格贯彻落实《关于党政机关停止新建楼堂和清理办公用房的通知》的要求，不以任何名义新建、改造、扩建所属宾馆、招待所或具有接待功能的设施或者场所，不搞豪华装修。（牵头领导：朱益民，责任处室：财务处、服务中心，12月底前见效）

五、整治"三公"经费开支过大

（二十四）严禁违规进行不必要的公务活动

厅领导原则上不参加市、县(市、区)、省级以上开发区组织的各类节会、庆典、论坛、展会等活动。厅机关工作人员不得擅自参加礼仪性、事务性商业活动；不得擅自参加各类社团组织、社会中介组织举办的营利性会议和活动。（牵头领导：笪家祥，责任处室：办公室，12月底前见效）

（二十五）控制"三公"消费

实行部门预算分解管理，厅预算管理委员会将接待费及会议费分解、核算到各处室，定期公示，加强各处室自我管控意识。修订、出台规章制度，严格限定"三公"经费开支范围和开支标准，严格执行报销审核制度，规范经费的预算使用管理。严格审核"三公"经费相关项目，手续不全的不批。（牵头领导：朱益民，责任处室：财务处、办公室、外事处、服务中心，12月底前见效）

（二十六）从严控制公务接待标准

公务接待工作由办公室统一扎口。办公室接来访单位的公函后，依据来访目的和工作事项，按业务职能确定对口接待处室，建立客情登记台账。

办公室严格公务接待标准，无公函的公务活动一律不得接待。财务处加强接待费用核销管理，凭据不全，费用使用失实或不当的不予核销。不得以举办会议、培训等名义列支、转移、隐匿接待费开支，严禁私客公待，严禁以招商引资等名义变相安排公务接待。（牵头领导：笪家祥，责任处室：办公室、财务处、服务中心，12月底前见效）

（二十七）从严控制公务用车经费开支

服务中心严格执行机关派车相关制度，严禁在非公务活动时使用公车。财务处严格执行公务用车经费管理规定，从严审核公务用车经费使用情况，切实降低公车使用经费。（牵头领导：朱益民，责任处室：服务中心、财务处，12月底前见效）

（二十八）严格控制因公临时出国(境)规模

严格根据工作需要，科学制订厅机关年度出访计划。不安排照顾性和无实质性内容的一般性出访，不安排考察性出访，严格控制出国培训团组的规模和时间，不安排无实际需要的国外培训。

严格按照省委外事工作领导小组批复的厅机关年度出访计划总量，原则上不批准计划外团组。确因工作需要的出访,需报厅主要领导同意后,在本处室年度计划总量内调整。财务部门加强审核,不得向企事业单位摊派、转嫁出国(境)费用。(牵头领导:赵进,责任处室:外事处,12月底前见效)

六、整治"形象工程"和"政绩工程"

(二十九)坚决纠正领导干部政绩观错位问题

严格按照标准要求选拔任用干部。配合省委组织部认真开展民主推荐干部工作;结合部分内设机构调整,安排处级干部岗位交流;通过民主推荐、组织考察、选拔领导小组研究、厅党组会议票决等程序,组织开展处级干部选拔工作。

根据新时期对干部考核评价的标准要求,进一步研究完善干部考核、选拔工作方式方法,增强干部选拔任用工作的全面性、科学性和针对性,防止唯票取人、唯分取人等问题。(牵头领导:笪家祥,责任处室:人教处,即知即改)

(三十)坚决叫停违背科学发展、盲目铺摊子上项目的行为

坚决杜绝和查处商务发展中的造假情况、假数字、假典型、虚报工作业绩的行为,着力解决领导干部政绩观错位问题。(牵头领导:朱益民,责任处室:综合处、财务处、流通处、监察室,即知即改)

七、整治侵害群众利益行为

(三十一)严肃查处滥用行政权力干预职称评定

坚持"公平、公正、准确、保密"的原则,认真组织专业技术资格评审、认定。程序上,按照个人申请、资格初审、专家审核、领导小组评定、网上公示的步骤,严密组织,严肃纪律,关键环节都邀请人社厅相关部门和厅监察室参与监督;标准上,要求评审人员一视同仁,公正评定,切实把业绩好、综合素质强的人才评选出来。修改完善《省级国际商务师评审认定办法》,严格程序,保证商务事业高素质人才队伍建设。(牵头领导:笪家祥,责任处室:人教处,12月底前见效)

(三十二)坚决纠正损害涉农利益行为

严肃查处和坚决打击截留、挤占、挪用、骗取农村流通市场体系建设、鲜茧收购和缫丝绢纺生产等方面惠农资金的行为。(牵头领导:潘宪生,责任处室:财务处、市建处、运行处、监察室,即知即改)

附件 2

省商务厅教育实践活动制度建设计划

根据中央和省委的统一要求,紧密结合全省商务工作实际,突出系统思维、改革办法、管用长效的原则,制定如下计划。

一、制度建设的整体安排

(一)反对形式主义方面

(1)建立健全体现群众意愿的科学民主决策机制和工作落实机制

第一,《关于加强和改进厅领导学习的规定》(苏商党组〔2013〕32号,已制定)

为深入贯彻落实中央八项规定、省委十项规定和省商务厅十项规定及其具体办法,根据群众路线教育实践活动中征求到的意见,按照即知即改要求,为加强和改进厅领导学习,制定本规定。主要是进一步规范党组中心组学习,强调抓好厅领导经常性自学,积极推行厅领导学习联系制度,统筹安排厅领导学习会,严格落实学习讲评制度,建立完善学习情况报告制度。

第二,《关于建立厅党组谈心谈话制度的规定》(苏商党组〔2013〕32号,已制定)

为深入了解干部,关心爱护干部,准确评价干部,切实加强对领导干部的教育、管理和监督,根据《中国共产党党内监督条例(试行)》等有关文件,结合贯彻落实中央八项规定、省委十项规定和省商务厅十项规定及其具体办法,制定本制度。主要明确了谈心谈话的对象、类型,规定了谈心谈话的形式,制定了谈心谈话要遵循的原则,对谈心谈话提出了具体要求。

第三,《关于厅领导与各市及直管县(市)商务部门挂钩联系工作制度》(苏商办〔2013〕1063号,已制定)

为进一步改进工作作风,加强对全省商务工作的调研、指导和督查,更好地服务发展、服务基层、服务群众,根据群众路线教育实践活动中征求到的意见,按照即知即改要求,结合厅"三解三促"活动实施方案,建立厅领导与各市及直管县(市)商务部门挂钩联系工作制度。主要明确了厅领导挂钩联系的工作分工,并对挂钩联系工作职责要求进行了强调。

第四，《关于党员领导干部直接联系服务群众的制度》(拟制定,机关党委,2014 年 2 月前完成)

为切实改进党员干部作风,扎实做好群众工作,密切党群干群关系,结合贯彻落实中央八项规定、省委十项规定和省商务厅十项规定及其具体办法,拟制定本制度。主要是明确党员领导干部直接联系群众的方式、时间和具体要求等。促进厅机关和党员领导干部坚持工作重心下移,真正"沉下心听民意、沉下身解民忧、沉下力破难题",增强工作针对性和实效性,扎扎实实做好党员干部直接联系和服务群众工作。

第五,《关于加强江苏省商务厅党组民主集中制建设的办法》(拟制定,机关党委、人教处,2014 年 2 月前完成)

为了全面落实党的组织建设的各项要求,进一步坚持和健全党的民主集中制,不断提高厅领导班子的决策水平和领导水平,形成健康的党内生活机制,充分发挥厅党组的核心领导作用,根据《中国共产党章程》和《中国共产党地方委员会工作条例(试行)》,提出加强厅党组民主集中制建设的意见。主要是进一步强调坚持党性原则,增强全局观念;严格落实集体领导和个人分工负责相结合的制度;坚持群众路线,实现决策的民主化和科学化;实行正确集中,充分发挥党组的核心领导作用;积极开展积极健康的思想斗争,努力增强厅领导班子的凝聚力、战斗力、创新力。

(2)健全干部选拔任用和考核评价体系

第六,《江苏省商务厅干部挂职锻炼工作实施办法》(苏商人〔2013〕1085号,已制定)

为进一步规范干部挂职锻炼工作,努力提升干部队伍能力素质,健全干部选拔任用和考核评价体系,根据《江苏省干部挂职锻炼工作暂行办法》、《江苏省商务厅加强年轻干部培养锻炼实施办法》和厅机关工作实际,制定本办法。主要是明确了挂职锻炼的对象和方式,进一步严格选派程序,加强挂职锻炼干部日常管理的措施,以及挂职锻炼干部的待遇和保障等。

第七,《关于树立正确导向,健全干部选拔任用科学机制的实施办法》(拟制定,机关党委、人教处,2014 年 6 月前完成)

为深化人事制度改革,建立系统完备、科学规范、有效管用、简便易行的干部选拔任用机制,根据中央和省委有关要求,拟制定本办法。主要是按照新修订的中央《党政领导干部选拔任用工作条例》等制度规定,根据新时期好干部的 20 字标准,着眼于坚持党管干部、从严治党的原则,不断健全干部选拔任用科学机制。

(3) 完善规范各类会议、文件、简报、评比表彰和达标活动、调查研究等方面的制度规定

第八,《关于进一步精简会议的规定》(苏商办〔2013〕1063 号,已制定)

为深入贯彻落实中央八项规定、《党政机关厉行节约反对浪费条例》和省委十项规定,结合厅机关效能建设要求,为了进一步转变厅机关工作作风,进一步精简会议,切实提高机关工作效率,打造效能型、服务型机关,制定本规定。主要是对控制会议规格进行了强调,对减少会议计划、压缩会议规模、提高视频会议比例、降低会议经费支出、加强会议监督管理提出了具体要求。

第九,《关于进一步精简文件简报规范办文程序的规定》(苏商办〔2013〕1063 号,已制定)

为解决厅机关印发文件和简报有时比较随意,办文质量和效率还不够高的问题,切实改进文风,严格办文程序,提高办文质量,结合贯彻落实中央八项规定、《党政机关厉行节约反对浪费条例》和省委十项规定,制定本规定。主要对减少发文数量、提升发文质量进行了强调,规范了办文程序,并对精简简报资料,积极推进电子政务提出了具体措施。

第十,《关于进一步规范创建达标检查评比表彰活动的规定》(苏商办〔2013〕1063 号,已制定)

为解决各类创建达标检查评比表彰活动使基层不堪重负,干部群众反映强烈的问题。根据中央八项规定、《党政机关厉行节约反对浪费条例》和省委十项规定,为严格控制和规范江苏商务系统的各种评比、达标、表彰活动,制定本规定。主要是强调要进一步从严控制创建达标检查评比表彰活动,立即展开创建达标活动全面清理规范工作,并对各类检查活动作进一步的规范管理,严格落实评比表彰管理规定,切实加强此项工作的组织领导。

第十一,《关于进一步改进调查研究广泛听取群众意见的办法》(苏商办〔2013〕1063 号,已制定)

针对以往调查研究在方式上贴近群众不够紧密、效果上实效性不够强的问题,切实改变以往容易出现的调查研究走过场、流于形式的倾向,根据中央

八项规定要求,结合推动"三解三促"活动常态化制度化,分别从保证调研时间、制定调研计划、改进调研方式、充分听取基层企业和群众意见、注重研究和解决问题、加强统筹协调、提高制度执行力等方面建章立制,特别突出了密切联系群众、不断创新群众工作方法的重要性。要求厅机关尤其是领导干部真正走出去、沉下去、融进去,到基层中学习探索、沟通交流,凝聚力量,研究全省开放型经济转型升级发展过程中的新情况、新规律,切实肩负起商务部门的使命职责。

第十二,《进一步完善开发区科学发展综合评价体系的实施办法》(拟制定,开发区处,2014年6月前完成)

依据2010年下发的《江苏省开发区科学发展综合评价办法》,根据当前全省开发区发展现状,进一步优化以经济实力、开放水平、自主创新、环境保护、集约水平、社会贡献和管理水平等7个方面情况的综合评价体系,进一步突出引导全省开发区加快转变经济发展方式,促进开发区科学发展、率先发展、和谐发展和可持续发展,使开发区科学发展综合评价体系更具科学性、指导性和实践性。

(二)反对官僚主义方面

(1)建立健全领导机关、领导干部以及执法监管部门和窗口单位、服务行业履职尽责的制度规定。

第十三,《江苏省商务厅服务承诺制 首问负责制 限时办结制》(苏商办〔2013〕1007号,已制定)

为进一步规范服务行为,切实改进工作作风,提高行政效能,强化工作人员的责任意识和服务意识,提升为基层、企业和群众服务的水平。根据中央八项规定、省委十项规定和省商务厅十项规定及其具体办法,结合省监察厅、省纠风办开展的"四位一体"评议政风行风创新行动,制定本规定。主要是按照建设服务型机关的要求,遵循公开、公平、公正、便民的原则,对基层、企业和个人实行承诺服务,在对外开展服务时实行首问负责制,厅机关各处室局、中心、所,对服务对象申请办理、咨询或投诉有关事项,必须在设立事项部门规定的时限内予以办结或答复。

第十四,《省商务厅关于进一步规范江苏省成品油经营行政许可工作有关事项的通知》(苏商运〔2013〕957号,已制定)

  针对当前全省成品油经营管理工作中存在的问题,结合基层反映的意见建议,根据《成品油市场管理办法》(商务部 2006 年第 23 号令)和《江苏省成品油市场管理办法实施细则》等有关规定,制定本办法。主要是进一步规范全省成品油经营(零售)行政许可工作,严格成品油经营审批,确保全省成品油经营(零售)行政许可工作规范有序,方便基层和群众。

  (2) 完善党员干部直接联系群众制度和畅通群众诉求反映渠道制度。

  第十五,《江苏省商务厅政务微博管理办法》(苏商办〔2013〕1084 号,已制定)

  第十六,《江苏省商务厅政务微博发布运营管理办法》(苏商办〔2013〕1084 号,已制定)

  为加强江苏省商务厅政务微博建设和管理,确保微博安全、有效、可靠运转,实现微博管理工作的制度化,突出服务民生、服务企业,加强与社会和公众间的沟通,进一步畅通群众诉求反映渠道制度,制定本办法。主要是规范微博平台信息传播和服务工作,明确了职责分工和要求,以及信息发布的工作程序等。

  (三)反对享乐主义方面

  (1) 完善公务接待制度,细化接待标准,严格审批管理,强化监督执行

  第十七,《关于规范和改进公务接待工作的规定(试行)》、《关于商务接待工作的规定(试行)》(苏商办〔2013〕1064 号,已制定)

  为贯彻落实中央八项规定、《党政机关厉行节约反对浪费条例》和省委十项规定,厉行勤俭节约,杜绝铺张浪费,进一步规范和加强公务、商务接待工作,制定本规定。主要对公务、商务接待活动明确了标准和尺度,加强公务、商务外出的计划管理,加强对公务、商务接待经费的预算管理,建立公务、商务接待公示制度等。

  (2) 完善因公出国(境)管理制度,严格任务审批,严肃外事纪律

  第十八,《关于进一步加强厅机关工作人员因公临时出国管理的规定》(苏商外〔2013〕1065 号,已制定)

  第十九,《关于进一步加强厅机关人员出国(境)证件管理的规定》(苏商外〔2013〕1065 号,已制定)

  为进一步加强全厅因公临时出国(境)人员管理工作,提高出访效果,促进

党风廉政建设,杜绝因公出国考察活动中的不正之风,严格执行《中共中央办公厅、国务院办公厅转发〈外交部、中央外办、中央组织部、财政部关于进一步规范省部级以下国家工作人员因公临时出国的意见〉的通知》(中办发〔2013〕16号)和《中共江苏省委办公厅、江苏省政府办公厅关于进一步规范国家工作人员因公临时出国管理的若干规定》(苏办发〔2013〕26号),结合全厅外事工作实际,制定本规定。规定强化因公临时出国团组总量控制、计划管理,进一步规范了因公临时出国报批程序,强调安排因公临时出国活动要务实节俭,进一步严格厅机关人员因公护照管理。

(四)反对奢靡之风方面

(1)建立健全党政机关厉行节约反对浪费条例的制度规定

第二十,《省商务厅厉行节约制止浪费的有关规定》(拟制定,办公室,2013年年底前完成)

为坚持和发扬艰苦奋斗、勤俭节约的优良传统和作风,树立艰苦奋斗、勤俭节约的良好风气,进一步制止奢侈浪费行为,加强同人民群众的血肉联系,促进厅机关的廉政建设,按照中央八项规定的要求,结合贯彻落实中央《党政机关厉行节约反对浪费条例》,拟制定本规定。

(2)完善"三公"经费预算管理和公开制度,控制预算总量,严格审批程序,增强刚性约束

第二十一,《关于进一步贯彻落实厅十项规定加强三公经费和会议费财务管理的意见》(苏商财〔2013〕824号,已制定)

为进一步贯彻中央和省委省政府关于党政机关厉行节约工作的要求,按照中央八项规定、《党政机关厉行节约反对浪费条例》和省委十项规定等文件精神,对商务厅机关因公出国(境)、公务用车、公务接待等"三公"经费支出管理作进一步规范,提高经费使用效益,切实加强"三公"经费预算管理。

(3)建立健全节庆、论坛、展会、体育运动会和招商引资活动等方面管理规定

第二十二,《关于严格管理展会和规范领导出席节庆论坛展会活动的规定》(苏商办〔2013〕1063号,已制定)

为规范厅机关主办的各类会展活动行为,统筹安排厅领导出席各类节庆、论坛、会展活动,根据中央关于改进工作作风密切联系群众八项规定、《党政机

关厉行节约反对浪费条例》和省委十项规定,结合工作实际,制定本规定。主要是强调厅机关要认真履行对全省展会的管理职责,压减政府部门举办的展会活动,加强对各类展会活动的管理,严格规范厅领导出席各类节庆、论坛、展会活动,并从严控制邀请部省领导出席展会活动。

第二十三,《省商务厅机关展会管理办法》(苏商服〔2013〕1214 号,已制定)

为规范省商务厅机关展会管理工作,理顺关系,完善流程,提升展会质量,根据中央八项规定、《党政机关厉行节约反对浪费条例》和省委十项规定,制定本办法。主要是明确了展会管理的范围、职责和内容,提出了展会管理的基本要求。

二、加大制度的执行力度

(一)进一步加大对制度的学习教育力度

充分认识执行好制度是制度建设的根本着眼点,把制度的学习教育作为打牢思想基础的重要措施。党组一班人带头认真学习制度,严格执行制度。通过组织全厅党员干部特别是党员领导干部深入学习制度,进一步提高了解制度、崇尚制度、遵守制度,增强制度意识,把制度转化为行为准则、自觉行动。充分调动广大党员干部和群众参与执行制度的积极性、主动性,营造以遵守制度为荣、以违反制度为耻的浓厚氛围。

(二)加大制度监督检查力度

通过自查、抽查、督查等方式,及时发现和解决制度执行中的问题,督促整改落实。以求真务实的作风狠抓制度的执行,敢于碰硬,勇于较真。坚决纠正把制度停留在纸上嘴上的形式主义,处处、时时、事事维护制度的权威性,做到有法有纪必依、执法执纪必严、违法违纪必究。对顶风违纪的,从严从快处理,绝不允许有令不行、有禁不止。毫不妥协地同一切违反制度的现象作斗争,发现一起,查处一起,决不迁就,绝不放过。加强制度的公开公示,自觉接受群众监督。适时将制定出台的制度在厅办公信息平台上公开公示,自觉接受全厅广大党员群众的监督。进一步畅通信访、新闻、网络、电话等监督渠道,让群众监督制度执行情况。

(三)加强对制度执行的领导

厅主要领导认真履行第一责任人职责,亲自抓好制度执行的组织领导,敢抓敢管,狠抓落实,强化执行制度情况的监督检查,健全执行制度成效的责任制和问责制,确保制度行得通、管得住、用得好。厅主要领导和领导班子成员发挥好表率带头作用,树立法律面前人人平等、制度面前没有特权、制度约束没有例外的意识,坚持高标准严要求,一级抓一级,一级带一级,务求各项制度落到实处、取得实效。厅机关各处室党支部积极发挥好制度执行的保障作用。坚持把制度执行情况纳入领导干部、处室年度考核和党风廉政建设责任制考核的重要内容,作为干部选拔任用、奖励惩处的重要依据。

省委第十一督导组组长周毅之在省商务厅（贸促会）党的群众路线教育实践活动总结大会上的讲话

根据省委统一部署，从 2013 年 7 月到 2014 年 1 月，省商务厅和贸促会参加了第一批群众路线教育实践活动。刚才，马明龙同志代表党组所作的总结，客观全面，实事求是，我完全赞同。下面，我代表省委督导组，讲几点意见。

一 认真开展教育实践活动，达到了不走过场、取得实效的目的

教育实践活动开展以来，省商务厅贸促会党组认真贯彻落实中央要求和省委部署，把教育实践活动作为一项重大政治任务牢牢抓在手上，紧密结合工作实际，精心组织、周密部署，坚持标准、统筹推进，扎扎实实做好每一环节工作，规定动作不走样，自选动作有特色，教育实践活动取得了明显成效，作风建设呈现出新的气象。总体上看，主要有四个方面特点。

（一）突出领导带头示范引领

领导干部以身作则、率先垂范是教育实践活动取得实

效的关键。活动中,明龙同志和班子其他成员坚持把自己摆进去,带头开展活动,放样子、作示范。不论学习教育、听取意见环节,还是查摆问题、开展批评环节,都能主动深入、先行一步,特别是专题民主生活会上,真正拿起了批评和自我批评的有力武器,敢于揭短亮丑、动真碰硬,深挖根源、触及灵魂,开出了高质量好效果。在整改落实、建章立制环节,明龙同志自觉履行第一责任人职责,班子成员归口认领、分工负责、牵头整改,形成了以上率下、上行下效的生动局面。这充分说明,商务厅党组及班子成员党性强、纪律严、要求高,以高度的思想自觉和行动自觉带头践行党的群众路线,带头转作风、树形象,为活动有力有序开展起到了重要的引领作用。

(二)聚焦"四风"体现问题导向

聚焦作风建设,坚决反对"四风",是这次教育实践活动的主要任务。活动开展以来,商务厅党组坚持聚焦问题不走神、不散光,紧紧围绕"四查四治",通过反思自查和调研走访、座谈交流、意见征集等多种方式,查摆出领导班子、领导干部"四风"突出问题240个,找准了靶心、切中了要害。同时,坚持即知即改、边查边改,提出了94项整改措施。特别是对专题民主生活会上梳理出来的主要问题,比如,理论联系实际学风不够端正;会议多文件多;调查研究不够深入扎实有效;展会活动审批把关不严;转变政府职能和简政放权不够到位;厉行节约反对铺张浪费有关规定落实不够好等问题,都按照整改有目标、推进有措施、落实有责任、完成有时限的要求制定了整改方案,并从严从紧抓好落实,切实兑现承诺、取信于民。

(三)坚持动真碰硬标本兼治

"四风"问题都是积弊顽症,具有顽固性和反复性,既要重拳出击解决突出问题,也要建章立制实现长效治理。活动开展以来,商务厅党组认真落实省委十项即知即改制度、"三项清理、三项规范、一项清退"以及十大专项整治等部署要求,同时结合单位实际,围绕群众反映强烈的突出问题,列出严格会议和文件管理、从严控制"三公"经费开支、从严整治机关病等30个重点整治项目,按照"准、狠、韧"的要求,逐项抓好落实,以重点突破带动了作风整体好转。坚持把制度建设摆在突出位置,以制度机制创新固化作风建设成果,配套细化省委关于改进调查研究、密切联系群众等制度文件,并对现有制度进行系统梳理,按照可执行、可监督、可检查、可问责的要求,制定完善提升履职能力、简政放权有效运作、规范内部管理、强化队伍建设等一批务实管用的具体制度,从体制机制上堵塞了滋生不正之风的漏洞。

(四) 注重群众参与开门搞活动

干部作风存在什么问题,应该怎么转、转得怎么样,群众最清楚,也最有发言权。活动中,商务厅党组坚持广开言路听取群众意见,采取面对面、背靠背和请进来、走出去的方式,组织党员干部走进基层群众、服务对象,深入矛盾集中、意见多的地方查找问题,共征集意见建议 137 条。整改落实直接吸收群众参与,采取召开情况通报会、厅机关办公网络平台公示等方式,及时公开整改事项和落实情况,使活动始终置于群众监督之下。活动成效直接交群众评判,组织群众民主评议领导班子和领导干部解决问题、改进作风情况。群众的广泛参与,体现了开门搞活动的要求,密切了党群干群关系,也提高了群众工作能力。

二 巩固教育实践活动成果,推动作风建设常态化长效化

教育实践活动有期限,但贯彻群众路线没有休止符。要把作风建设作为一项长期任务,思想不疲、劲头不松、措施不软,以思想觉悟的升华和相关制度措施的落实巩固教育实践活动成果,推动作风根本转变。

(一) 要继续抓好问题整改

整治"四风"问题,群众最担心的是反弹,最期盼的是坚持。活动中,商务厅以及贸促会在整改落实上抓得紧抓得实,取得了较好成效。但与中央和省委要求相比,与发展需要和群众期盼相比,还存在一定差距,有的问题还需要反复抓、长期抓。要以钉钉子精神认真抓好后续整改工作,对会后群众评议不满意的,限期整改,整改不到位的,放到第二批活动继续整改;对"四风"方面的变异现象,要保持高度警惕,加强分析研判,坚持露头就打,防止改头换面冒出

来。要按照"机构不撤、队伍不散、力度不减"的要求,既持续深化本单位整改工作,又建立对口指导和督促机制,一贯到底推动市、县行业系统活动深入开展;同时把第二批相关活动单位需要解决的问题,纳入整改落实后续工作,上下联动推动问题解决。

(二)要切实强化制度落实

制度的生命力在于执行。这次活动中,商务厅及贸促会制定了很多好的规章制度,但如果执行不到位,就会成为空摆设、"稻草人",活动就只能管住当前而不及长远,变成一阵风。活动结束后,要花更多精力、下更大功夫来保证制度的贯彻落实,把制度的刚性约束作用充分发挥出来。以严格督查促落实,进一步加大监督检查力度,通过自查、抽查、督查等方式,及时发现制度执行中的问题,督促整改落实。以加强考核促落实,把制度执行情况纳入领导干部年度考核和党风廉政建设责任制考核的重要内容,作为领导干部选拔任用的重要依据。以强化问责促落实,对违反制度踩"红线"、闯"雷区"的,坚决做到"零容忍",发现一起、查处一起,使规章制度真正起到防火墙、防波堤的作用。春节临近,要严格落实中央和省委相关规定,狠刹公款送礼、公款吃喝、奢侈浪费之风,确保过一个风清气正的节日。

(三)要着力加强班子建设

召开高质量的民主生活会,提高领导班子发现和解决自身问题的能力,是这次教育实践活动取得的重大成果。要以此为新的起点,大力推进领导班子自身建设,不断增强班子的创造力、凝聚力、战斗力。要坚持民主集中制,严格执行议事规则和决策程序,善于在充分发扬民主基础上进行正确集中,不断提高科学决策、民主决策水平。要坚持在党性原则基础上不断增进团结,推动班子成员心往一处想、劲往一处使,形成推动工作的强大合力。要健全和活跃党内生活,丰富党内生活内容,完善党内生活制度,切实增强党内生活的政治性、原则性、战斗性,推动班子成员在严格的党内生活锻炼中持续增强党性。要经常使用批评和自我批评这个有力武器,常态化开展积极健康的思想斗争,不断提高领导班子和领导干部自我净化、自我完善、自我革新、自我提高能力。

三　以优良作风凝心聚力，推动各项工作健康持续发展

好的作风出凝聚力、战斗力，是党心民心最好的"凝合剂"。要把活动中激发出的热情转化为干事创业的动力，把作风建设的成果转化为抓改革、促发展、惠民生的成效，努力开创各项工作新局面。

（一）以优良作风深化改革

深入学习贯彻党的十八届三中全会精神是当前最大的政治任务。省委十二届六次全会提出了全面深化改革的总体目标，明确了具体任务要求。要立足实际、奋发有为，找准本单位在全省改革大局中的定位，以更加务实的作风打好全面深化改革攻坚战。要勇于探索、开拓进取，不断提升抓改革的能力水平，把各项改革举措谋划好、推动好、落实好。要聚焦转变职能这个关键，着力克服和防止公共利益部门化、部门权力个人化，积极推进服务型机关建设。要协调有序推进，一步一个脚印、稳扎稳打向前走，积小胜为大胜，积跬步至千里，切实把全面深化改革各项任务落到实处。

（二）以优良作风促进发展

优良作风是推动发展的重要保证。要坚持把加强作风建设和推动发展有机结合，在实际工作中不断锤炼作风，在作风锤炼中不断推进工作，做到两手抓、两促进。要善于用群众观点思考问题，善于用创新思维谋划工作，下大力气"换脑筋"、转观念，提出符合中央精神、切合江苏实际、体现单位特点的工作思路和具体举措，使各项工作更好体现时代性、把握规律性、富于创造性。要以"功成不必在我"的胸襟抓推进抓落实，以作风建设的新成效促进各项工作新提升。

（三）以优良作风服务民生

只有解决好群众身边的小问题，才能体现出作风方面的大转变。要努力找准作风建设与改善民生的结合点，持续开展"三解三促"等活动，建立健全直

接联系服务群众机制,定期组织党员干部下基层、听民声、求良策,切实把服务的触角延伸到基层每一个"神经末梢",把惠民政策、公共服务送到老百姓家门口,真正让干部沉下去,把民心聚起来。要始终把群众满意作为商务工作的第一标准,积极回应群众诉求,真心实意为群众做实事、办好事、解难事。

活动开展以来,我们督导组的工作得到了商务厅党组和同志们的大力支持和帮助,从大家身上我们也感受到了很多好作风,学到了很多好经验、好方法,受益匪浅。在此,我代表督导组向商务厅、贸促会的领导和同志们表示衷心感谢!春节就要到了,在此我向大家拜个早年,祝大家新春愉快、身体健康、家庭幸福!

(2014 年 1 月 13 日)

省商务厅（贸促会）关于开展党的群众路线教育实践活动情况的报告

根据中央和省委的统一部署，从 2013 年 7 月份开始，省商务厅和省贸促会扎实开展了以为民务实清廉为主要内容的党的群众路线教育实践活动，到现在基本告一段落。省商务厅和省贸促会 33 个党支部，包括厅驻海外代表在内的 300 多名党员、13 名厅领导班子成员、110 名处级干部和全体机关干部参加了教育实践活动，覆盖率达 100%。省委确定商务厅为傅自应副省长的联系点。活动期间，傅自应副省长 4 次莅临商务厅调研指导，8 次专门听取商务厅的工作汇报，多次作出重要批示和指示，全程参加商务厅领导班子专题民主生活会。在傅自应副省长的有力指导下，在省委教育实践活动领导小组及办公室的具体指导和省委第十一督导组的严格督导下，商务厅和贸促会紧紧围绕为民务实清廉主题，牢牢把握"照镜子、正衣冠、洗洗澡、治治病"总要求，聚焦解决形式主义、官僚主义、享乐主义和奢靡之风"四风"问题，扎实做好教育实践活动各项工作，取得了实实在在的成效。

一 这次教育实践活动的主要做法和特点

教育实践活动开展以来,商务厅党组和贸促会党组高度重视,坚决贯彻中央和省委部署要求,第一时间把中央和省委精神传达到位,统一领导班子的思想,并立即成立了教育实践活动领导小组,为全面开展活动做好充分的思想和组织准备。商务厅党组和贸促会党组一班人以身作则,率先垂范,坚持把搞好教育实践活动作为重大政治任务,认真研究制订了教育实践活动方案,高起点筹划、高标准推进、高质量落实,认真开展批评与自我批评,突出抓好整改落实和建章立制工作,充分体现了"认真"二字,有力地推进了教育实践活动有力有序开展。这次教育实践活动主要有以下几个做法和特点:

(一)坚持把学习教育贯穿教育实践活动全程,不断增强坚持群众路线的思想自觉和行动自觉

商务厅和贸促会始终把加强学习教育、统一思想认识摆在首要位置,并贯穿于教育实践活动始终。

(1)全员认真学。做到商务厅和贸促会300多名在岗党员应学尽学、一个不漏。特别是要求12个厅驻海外经贸代表处按照教育实践部署,同步开展教育实践活动。商务厅和贸促会集中学习和各党支部集中学习时间全部达到或超过上级规定的要求。厅驻上海、深圳两个办事处的同志分别同步参加了省政府驻上海、深圳办事处的集中学习教育。

(2)带着问题学。对有的党员干部看不到问题、不想找问题、找不准问题、不找自身问题等模糊认识和错误观点,专门邀请省委督导组组长周毅之同志为商务厅和贸促会全体党员干部作"牢记党的群众路线,坚持为民务实清廉——学习理解习近平总书记重要讲话精神"专题辅导报告,商务厅党组主要领导为全厅党员干部上了"牢记历史使命,忠诚履行职责"的党课,马海宁常务副会长就"如何学习党章,践行群众路线"为贸促会党员干部进行专题辅导。通过学习教育,引导党员干部清醒认识到,不把自己摆进去就看不到自身问题、不解决思想问题就不能解决作风问题,切实增强了查找解决"四风"问题的自觉性。

（3）交流互动学。广泛开展"为了谁、依靠谁、我是谁"、"商务厅机关文化价值观"等大讨论,商务厅党组中心组召开 10 多次学习会,机关党支部分别召开 6 次以上专题学习会。贸促会党组中心组和各支部共组织了 8 次专题学习。商务厅党组和贸促会党组中心组和机关分别组织了学习成果交流会,党组主要领导带头作了发言和表态,其他同志纷纷发言,谈认识、谈体会,交流学习心得。

（4）对照典型学。商务厅和贸促会认真组织学习吴仁宝等先进事迹,开展党员干部警示教育活动,通报典型案例,引导党员对照正反两方面典型照镜子。

（5）贯穿全程学。特别是活动到了第三环节,商务厅和贸促会坚持把学习习近平总书记系列重要讲话精神和学习贯彻十八届三中全会精神紧密结合起来,仅这一环节商务厅就 4 次组织党组中心组学习会,认真学习领会三中全会精神。商务厅和贸促会分别召开了以深入贯彻十八届三中全会决定精神为主要内容的务虚会。商务厅 27 个处室主要负责人登台畅谈学习体会和思考认识,厅主要领导代表党组专题为大家作了建设学习型机关的讲话,带领大家认真学习习近平总书记《之江新语》中的有关经典语录,引导大家将全会精神与教育实践活动的开展紧密结合起来,以改革理念、创新举措和务实精神推进各项工作。

（二）认真开展"四查四治",找准找实"四风"突出问题

坚持问题导向,组织厅领导班子、贸促会领导班子和各党支部把面对面和背靠背结合起来,深入查摆"四风"问题。

（1）围绕"四查四治"查摆问题。根据中央列举的"四风"问题 22 种具体表现,商务厅和贸促会领导班子和各处室党支部深入开展排查,切实增强查找解决"四风"问题的针对性。

（2）深入群众查摆问题。商务厅领导班子和贸促会领导班子成员分赴基层一线,开展"二解二促"和调研活动,广泛听取普通干部群众、服务对象、老同志和党外人士的意见建议。活动期间,商务厅党员干部下基层 120 多人次,走访 108 个基层单位,召开座谈会近 90 个,集中开展"四听四问"。笪家祥、马海宁等贸促会领导班子成员分别到出证认证部、许可证事务中心服务窗口、各市

贸促分会等机构,认真听取基层和企业的意见建议。商务厅领导班子共查摆了 28 个"四风"问题,征求了基层群众反映的 137 条意见建议。贸促会党组查摆了 18 个问题,准确把握存在问题和薄弱环节。

(3)组织帮助查摆问题。傅自应副省长把下基层和"三解三促"中群众反映的涉及商务工作方面的 33 条意见建议反馈给商务厅,商务厅及时进行了认真整改落实。省委督导组通过发放民主测评表、个别谈话、调研走访等形式,认真收集对商务厅和贸促会领导班子和党员干部的意见建议,并向商务厅和贸促会及时作了反馈。

(三)认真开好专题民主生活会,以整风精神开展批评和自我批评

坚持高标准严要求,强化领导责任,深化工作措施,努力取得省委满意、干部信服、群众认可的效果。

(1)深入开展谈心谈话。按照"四个必谈"要求,厅领导班子、贸促会领导班子和各党支部深入开展相互谈心,征求意见、互相"把脉",沟通思想、提前"亮底",确保谈通谈透。

(2)深刻进行对照检查。商务厅党组主要领导和贸促会党组书记笪家祥同志分别主持起草领导班子对照检查材料,带领领导班子成员认真撰写个人对照检查材料,起到示范带动作用。

(3)严肃开展批评和自我批评。10 月份,商务厅领导班子用一整天时间召开了专题民主生活会,坚持严肃认真、实事求是、民主团结,班子所有成员以整风精神开展了批评和自我批评。丁大纲副巡视员专程从德国回国参加民主生活会。大家敞开心扉、坦诚相见、畅所欲言,讲真话、讲实话、讲心里话,会议自始至终充满民主团结、严肃而和谐的气氛。商务厅领导班子在民主生活会上查找了 23 条"四风"方面的问题,班子成员个人认真查摆了 8 个方面的问题,并深刻剖析"四风"根源,认清问题实质,触及思想深处,达到了"洗洗澡"、"治治病"的目的。副省长傅自应同志和督导组全体成员全程参加了专题民主生活会,傅自应同志先后作出 15 次点评,在会议结束时作了重要讲话,指出这是一次高质量的民主生活会。省委督导组认为,专题民主生活会达到了预期效果。笪家祥同志亲自主持召开了贸促会领导班子专题民主生活会,省委督导组的同志全程出席会议,并给予很高的评价。

（4）及时通报专题民主生活会情况。领导班子专题民主生活会后，商务厅及时向全厅处以上干部及服务对象代表和部分老领导老同志通报了有关情况，为全厅 24 个党支部放出样子、树好标杆。贸促会将专题民主生活会情况向会机关处以上干部和离退休老干部代表进行了通报。

（5）推动各党支部开好专题组织生活会。商务厅和贸促会领导班子所有成员均以普通党员的身份参加所在支部的专题组织生活会，全程参加并指导分管处室党支部开好专题组织生活会。各党支部突出从严从实，对照检查严肃认真，批评和自我批评深刻，真正达到了"洗澡"、"治病"的效果，确保了组织生活会的高质量。

（四）认真抓好整改落实，以作风建设的实际成效取信于民

坚持从突出问题抓起，从具体问题改起，重拳出击整改整治"四风"顽疾。

（1）领导班子带头改。商务厅党组认真制定了整改方案，提出 17 项具体整改措施。笪家祥同志亲自主持制定了贸促会班子的整改方案。领导班子成员都针对问题归口认领、明确责任，发扬钉钉子精神，形成了一级抓一级、层层抓落实的良好局面。

（2）分层分类改。商务厅和贸促会各支部紧扣群众意见和民主生活会上查摆出的问题，逐条分析、逐项研究，按照整改有目标、推进有措施、落实有责任、完成有时限的"四有"要求，制定整改任务书、路线图、时间表。

（3）整体联动改。各处室围绕群众利益关切，对市场供应、市场秩序、农产品市场建设等涉及面广、参与处室多的事项，各处室主动沟通，密切配合，共同推出整改措施，各司其职、各负其责抓好落实。如厅市建处推出了《江苏省商务厅关于推进鲜活农产品直供社区示范工程的意见》，召开了全省推进鲜活农产品直供社区示范工程现场会，从省、市、县商务部门，一直落实到具体社区，把活动成效在面上铺开。

（4）集中专项整治改。对省委规定的 38 个专项事项中涉及商务部门的 30 项进行了认真整治。商务厅和贸促会按照规定严格会议、文电管理，从严控制会议数量、会期、规模和会议经费。2014 年全省商务工作会议将以电视电话会议的形式召开，主会场就设在厅机关会议室。严格控制"三公"经费支出，严格控制因公临时出国(境)规模、公务接待标准和公车管理。针对群众反映的咨询电话接听不及时等问题,及时在各主要业务处室、监管处室配备了17部业务咨询、投诉电话,安排专人接听,确保联系群众、服务群众的渠道畅通。贸促会进一步规范各项重要经贸活动、大型展(博)览会以及出国展览、境外经贸考察活动的工作流程,严格经费管理。

(五)着眼长远建章立制,强化工作长效机制

商务厅共制定了59项制度文件,贸促会制订完善了24项制度,初步形成了务实管用的制度体系。

(1)围绕提升履职能力建章立制。修订完善工作规则,与时俱进地对领导班子工作内容、工作规程和工作纪律等作出新的规定,进一步规范内部工作程序,通过行政效能的全面提升推动职能职责履行到位。

(2)围绕有效简政放权建章立制。确保简政放权部署到基层、措施到基层、实效到基层,对已正式取消和下放的一批行政审批权限以及直接办理事项,研究制定实施操作层面的配套制度,修订完善具体管理办法和办事流程,配套出台有关管理办法等制度,最大程度方便基层群众办事。

(3)围绕规范内部管理建章立制。商务厅和贸促会修订完善了机关财务管理规定,从严从紧管控财务支出;完善机关公务用车管理,重点规范特殊情况用车和节假日用车,杜绝"公车私用"等现象;修订完善公务接待管理办法,制定出台因公临时出国(境)人员管理实施办法等,完善行前公示、全程管控、事后专报、跟踪问效等从严从紧管理措施。

(4)围绕强化队伍建设建章立制。商务厅研究制定了干部人事制度改革的实施意见、干部挂职锻炼工作实施办法、廉政谈话实施意见等,形成全机关上下自我完善、自我提高的激励引导和约束倒逼机制,全面打造服务高效、富有活力的机关形象。

二 这次教育实践活动的主要收获

经过广大党员干部的共同努力,这次教育实践活动取得了一批有利于推进全省商务、贸促工作和机关作风建设的认识成果、实践成果和制度建设成果。傅自应同志指出,"省商务厅开展教育实践活动取得了显著成果"。省委

第十一督导组评价,"省商务厅和贸促会的教育实践活动组织严密、推进有力、成效显著。"新华日报、江苏卫视、江苏新闻广播、江苏新闻网、人民网等省内主要媒体先后多次专门报道商务厅的做法。应该说,这次教育实践活动实现了预期目标。

(一)党员干部的理想信念和政治纪律观念进一步坚定和强化

通过深入学习领会、坚决贯彻落实习近平总书记系列讲话精神,大家的理想信念进一步坚定,矢志不渝地为中国特色社会主义共同理想而努力奋斗的精神得到进一步提振。通过学习教育,商务厅和贸促会党员干部的政治敏锐性和政治鉴别力进一步增强,党的政治纪律观念得到进一步强化,坚决贯彻党的路线方针政策和中央决策部署的自觉性进一步增强。

(二)党员干部群众观点和宗旨意识更加牢固

通过教育实践活动,商务厅和贸促会广大党员干部普遍受到一次深刻的马克思主义群众观教育。

(1)宗旨意识更加牢固。通过思考回答"为了谁、依靠谁、我是谁",有效解决"总开关"问题,全心全意为人民服务的信念更加坚定、行动更加自觉。在广泛征求意见和反复研讨论证的基础上,省商务厅把"开放融通、兴商惠民"确立为商务厅机关的文化价值观,进行大力宣传和践行。贸促会行政办事大厅等窗口服务部门针对群众提出的办事难问题,建立健全了午间值班制度,提供全日制服务。

(2)群众立场更加牢固。领导班子和党员干部站在群众的立场上看问题、想问题、解决问题,问政于民、问需于民、问计于民,领导班子和党员干部群众立场更加牢固。在制定出台涉及民生的重要政策制度时,通过召开座谈、听证等方式,广泛听取基层和群众意见,汲取群众智慧,将决策根植于群众之中。如商务厅将业务咨询电话接听服务、受理答复省 12312 举报投诉中心的群众投诉事项、机关食堂管理服务,贸促会开通官方微博和业务 QQ 群等网站评议和投诉渠道等,这些问题看似不大,却与群众利益息息相关的事项列入整改重点,从"小问题"的解决,折射出思想作风的转变。

(3)正确政绩观更加牢固。厅开发区处、外资处等处室已展开调整完善商务发展科学发展指标评价体系,着重体现更高要求、突出质量效益、强调群众认可,领导班子和党员干部的正确政绩观更加牢固,更加务实地推进商务为民和科学发展。

(三)"四风"突出问题整改成效明显

商务厅和贸促会上下紧紧聚焦"四风"不走神、不散光,对作风之弊、行为之垢进行大排查、大扫除,党风政风焕然一新。

(1)在反对形式主义方面,文风会风明显转变,文件简报大幅精简,检查评比、创建达标、节庆论坛展会泛滥等现象有效遏制。以商务厅名义召开的会议同比下降18%,会议费用支出下降41.1%;创建达标活动得到清理压缩,省市两级主办的展会精简63.4%;以商务厅名义印发的文件数同比下降14.5%。贸促会取消或简化了所有重大经贸活动开幕式。

(2)在反对官僚主义方面,庸、懒、满、散等机关病得到治理,服务质量明显提高,职能转变进一步加快,审批服务流程更加规范和简化。各处室结合职能履行,更好地落实新出台的《省商务厅六项承诺》,切实把工作落实到"三个服务"上。商务厅机关取消和下放8项行政审批事项,群众反映集中的审批事项多、环节细、流程繁、时间长等问题得到有效解决。业务咨询服务机制得到进一步健全和完善,业务咨询电话实现工作日全时制服务。贸促会的窗口服务推出了7项"温馨服务"举措。

(3)在反对享乐主义和奢靡之风方面,中央八项规定、党政机关厉行节约反对浪费条例、省委十项规定等制度规定落地生根,"三公"经费大幅降低。2013年,商务厅干部因公出国出境费用同比下降29%,公务接待费用下降约30%,公务用车费用下降约10%。商务厅和贸促会在职党员领导干部有两处以上的办公用房完成腾退,只保留一处办公用房;所有处以上党员领导干部全部作出会员卡"零持有"承诺。

(四)一批顺民心、解民忧、惠民生的好事实事得到落实

先后推出10多项即知即改措施,认真践行"开放融通、兴商惠民"价值观,努力为基层群众办好事、办实事。如全面推广鲜活农产品直供社区工作,实现市场化、可持续的农副产品"平价"供应,2013年就新建392个鲜活农产品社

215

区直供站(直销店),覆盖到全省 12 个地级市,全省农副产品"卖难、买贵"和"最后一公里"问题得到一定程度缓解。出台商务厅领导班子成员对口直接联系市、省管试点县(市)基层制度,把开展"三解三促"作为密切联系群众的重要载体,进一步丰富内容、改进方式,形成了常态化、长效化制度,联系服务群众机制进一步完善。改革创新全省肉菜追溯体系监管模式思路,优化肉菜追溯体系追溯流程,节约了财政投入,降低了实施难度。贸促会进一步完善内部管理制度和服务企业群众满意度评价机制。市县商务部门和群众反映,商务厅和贸促会机关干部出现可喜的"三多三少"现象:下基层多了,服务基层发展措施多了,帮助基层解决问题多了;公务接待少了,文件会议少了,调研陪同少了。

(五)领导班子和党员干部队伍建设不断加强

商务厅党组和贸促会党组全面贯彻执行民主集中制,民主决策、科学决策、依法决策水平进一步提高。谈心谈话制度、民主生活会制度、双重组织生活制度执行更加规范。商务厅党组对加强自身建设作了专题研究,提出了在理想信念、根本宗旨、开拓创新、求真务实、廉洁自律五个方面为全厅党员干部当好表率。商务厅和贸促会领导班子和各处室党支部通过谈心谈话、批评和自我批评,统一思想,化解矛盾,增进团结,创造力、凝聚力、战斗力不断增强,领导班子建设得到进一步加强。

(六)全省商务发展取得新的成效

从教育实践活动一开始,商务厅就坚持教育实践活动和推进全省商务工作"两手抓"、两不误、两促进,有力促进了商务工作健康发展。尤其是外贸稳增长调结构促转型方面,在傅自应副省长直接领导下,积极采取措施,紧盯重点地区、重点产业、重点企业,一个月一个月地抓,一旬一旬地盯,到最后一天一天地促,最终保持了"浮在水面",全年进出口同比增长 0.5%。通过全省各地的共同努力,2013 年全省商务运行总体平稳、稳中有进、稳中向好。特别是结构调整取得新进展,发展的质量和效益继续提高。在内外经济形势十分困难的情况下,2013 年,全省社会消费品零售总额预计突破 2 万亿元,同比增长13%左右。外贸进出口规模突破 5 500 亿美元,规模继续保持全国第二。实际利用外资预计 330 亿美元左右,与 2013 年基本持平,规模继续保持全国第一。境外投资中方协议投资额预计超过 60 亿美元,同比增长 20% 以上,规模继续保持全国前列。省贸促会的发展质量和服务效能进一步提升,2013 年共参与承办了包括昆山进口交易会、跨采会、软博会、老博会、徐交会等在内的 10 个重点展会。

这次教育实践活动之所以能取得这样的良好成效,主要得益于省委、省政府领导的高度重视,得益于省委活动办和省委督导组的强有力的指导。傅自应副省长在活动的每个环节都对商务厅和贸促会提出具体部署和要求。省委督导组对商务厅和贸促会的教育实践活动开展进行了全程指导和帮助,特别是周毅之组长亲自审核把关商务厅和贸促会各项实施办法和工作方案,督导组各位领导为商务厅和贸促会教方法、解难题、传经验。他们这种恪尽职守、以身作则、率先垂范、一丝不苟的优良作风,为商务厅和贸促会树了榜样、作了表率,也为商务厅和贸促会扎实开展教育实践活动增添了强大动力。

三 这次教育实践活动的几点体会和启示

开展教育实践活动,是党的执政理念、领导方式和自身建设的一次重要创新。活动在实践中不断深化、丰富和发展,为加强和改进商务厅和贸促会党建工作和作风建设,积累了经验,为商务厅和贸促会探索新形势下践行党的群众路线带来了许多深刻体会和启示。

(一)必须坚持领导率先垂范

习近平总书记强调,一把手以身作则至关重要。中央领导同志身体力行、率先垂范,带头转作风,为全党树立了榜样。这次教育实践活动中,我作为厅党组书记,在履行好第一责任人职责方面深感责任重大。商务厅先后主持召开 20 多次党组会、党组中心组学习会。笪家祥同志主持召开了 10 多次贸促会党组会和中心组学习会。商务厅党组和贸促会党组一班人以及机关各党支部主要负责人,按照中央和省委要求,带头对照检查,带头批评和自我批评,带头整改落实。商务厅领导班子成员和各处室主要负责人开展了 30 多次调研。

笪家祥、马海宁等贸促会领导班子成员先后开展了 10 多次调研,摸到了真情况,找准了真问题。实践证明,好的作风既是"抓"出来的,更是"带"出来的。各级领导不仅要以高度的政治责任感抓好活动,更要以自身过硬素质和良好形象,带出好作风,才能形成一层抓一层、层层抓推进的生动局面。

(二)必须始终聚焦"四风"

中央明确提出,这次活动主要任务就是聚焦作风、反对"四风"。省委提出要抓好"四查四治",商务厅和贸促会不折不扣贯彻中央和省委部署,同时,结合商务厅和贸促会机关实际,鲜明提出要突出商务特色,把"自选动作"做精彩。三个环节中,商务厅除严格程序把"规定动作"做到位,还分别开展了"铭记宗旨、修身正己"专题学习、"正风肃纪啄木鸟"专题行动和"破难题、办实事、优服务、树形象"系列主题活动。贸促会开展了建会 50 周年"中国梦·贸促梦·我的梦"主题征文和演讲活动,以及"擦亮服务窗口"等自选动作。厅、会机关各处室结合自身实际,围绕"四风"和"四查四治",开展查找和解决问题。实践证明,只有始终聚焦"四风"不走神,打好反对"四风"攻坚战,才能真正来一次思想上的大洗礼、作风上的大转变。

(三)必须坚持开门搞活动

作风转得怎么样,群众看得最清楚,也最有发言权。活动中,商务厅党组和贸促会党组在各个环节,坚持领导带头,组织广大党员干部走进基层一线,广泛听取群众意见,通过及时公开整改方案和整改事项、通报专题民主生活会情况等方式,自觉接受群众监督,较好体现了开门搞活动的要求,增强了党员领导干部的群众观念和做好群众工作的能力。实践证明,吸引和引导群众积极主动参与,是教育实践活动的必修课。只有坚持开门搞活动,充分调动干部和群众两个积极性,才能真正做到切实转变作风,不断密切党同群众的血肉联系。

(四)必须拿起批评和自我批评的武器

在这次教育实践活动中,商务厅和贸促会广大党员特别是领导班子积极开展批评与自我批评,党内政治生活出现了生动活泼的可喜景象。商务厅和贸促会领导班子成员和各党支部书记及党员之间广泛开展谈心活动,认真召开领导班子专题民主生活会和各支部的专题组织生活会,自觉拿起批评与自我批评的武器,开展了积极健康的思想斗争。大家感到,这次该说的话都说了,消除了误解,增进了相互理解,关系更加融洽了,消极因素减少了,积极因素增多了。实践证明,批评与自我批评是我们党增强生机和活力、永葆先进性的一大法宝,是在长期革命实践中形成的加强党自身建设的重要经验,也是党不断增强创造力、凝聚力、战斗力的重要途径。

(五)必须突出即知即改立学立行

查找问题需要勇气,解决问题需要决心。这次教育实践活动的一个重要特点是不分阶段、不搞转段,从一开始就强调即知即改、真转真改。活动中,商务厅党组和贸促会党组坚持把解决问题贯穿始终,有一个改一个,改一个成一个,对一时解决不了的,制定整改计划,并向群众说明情况,让群众在整改中看到了实实在在的变化。如商务厅在9月份就制定了"1+12"项制度规定。相继取消和下放了多项行政审批事项,建立健全了咨询电话接听制度等。贸促会积极开展为基层企业举办系列公益讲座、培训23场次,参加企业超过800家,参加人数超过1 000人。实践证明,只有坚持立学立行、不等不拖,才能让群众看到作风改变的实效。

(六)必须强化制度建设

这次教育实践活动商务厅和贸促会始终把加强制度建设摆在尤为重要位置,商务厅和贸促会紧密结合工作实际,制定了一系列制度和规定,以此推进党员干部的思想建设、作风建设、廉政建设,强化民主集中制和严格执行各项制度的自觉性,形成了用制度管权、用制度管人、用制度管事的良好局面,有力地促进和保障了机关的作风建设。实践证明,只有注重把制度建设贯穿活动始终,结合工作实际完善制度体系,坚持一手立规矩、定制度,一手抓整改、抓落实,用严明的制度、严格的执行、严密的监督,才能使密切联系群众、加强作风建设实现常态化、长效化,真正把作风建设提高到一个新水平。

在总结经验成绩的同时,商务厅和贸促会也清醒地认识到,教育实践活动虽然取得了明显成效,距离中央、省委要求和人民群众期盼还有一定差距。比如,群众观念和宗旨意识还需要进一步强化,各处室之间活动开展不够平衡;有的问题解决还不够彻底,已经着手整改落实的措施还有大量工作要做,成效还有待实践、历史和群众的进一步检验,等等。对于这些问题,商务厅和贸促会要始终紧绷作风建设这根弦,始终抓好整改落实各项工作,切实以教育实践成果和作风根本的转变,作为不断推进兴商惠民和深化改革扩大开放的动力。

四 进一步巩固扩大教育实践活动成果

教育实践活动"只有起跑线,没有终点站,不设休止符"。商务厅和贸促会将牢固树立"开端意识"和打"持久战"的思想,坚持工作不松劲、标准不降低、力度不减弱,进一步巩固和扩大教育实践活动成果,牢固树立"作风建设永远在路上",以更好的作风抓改革、促发展、惠民生、建班子、带队伍,以作风建设的新成效,把全面深化改革的各项任务落到实处。

(一)以更好的作风转学风、强信念,用习近平总书记系列重要讲话精神引领全省商务和贸促工作发展

进一步转变学风,把学习好、领会好、贯彻好习近平总书记系列重要讲话精神与贯彻落实十八大和十八届三中全会精神紧密结合起来。党员领导干部带头学习,坚持用讲话和全会精神武装头脑、坚定理想信念、指导实践、推动工作,切实提高谋大事、谋大局、谋改革的能力。认真学习领会讲话中所蕴含的科学思想方法、工作方法、领导方法,下大力气换脑筋、转观念,提高推动商务和贸促工作改革发展、驾驭复杂局面、解决矛盾问题的本领和能力,创造性地提出商务和贸促工作的新思路、新举措,不断开创全省商务和贸促工作新局面。

(二)以更好的作风办实事、惠民生,进一步巩固和扩大活动成果

进一步加大作风建设力度,进一步巩固扩大教育实践成果,把转变作风与解决群众实际问题结合起来,与保障和改善民生结合起来,推动干部转作风、群众得实惠。始终把群众满意不满意作为检验工作的重要标准,从事关群众切身利益的事情抓起,从群众反映最强烈的问题改起,以更好的作风真心实意为群众做实事、办好事、解难事,让教育实践活动的成果真正惠及广大群众。商务厅将进一步加大市场流通体系建设,继续抓好鲜活农产品直供社区工作,力争两年内达到全省各市县全覆盖。加快推进全省肉菜追溯体系建设,实现全省肉菜销售全面可追溯。贸促会将继续开展好面向企业的公益培训,为企业提供优质的展会服务和窗口服务。

(三)以更好的作风抓改革、促发展,全面深化改革和扩大开放

将按照中央和省委部署,以更大决心冲破思想观念的束缚、突破利益固化的藩篱,以更好的作风打好全面深化改革的攻坚战。坚持把转变职能作为抓手,积极推进商务和贸促领域的各项改革,努力打造服务型机关。积极学习和探索外资负面清单管理模式,抓紧清理、分批取消和下放外资项目审批、生产经营活动和资质资格许可等事项。进一步研究探索开发区体制机制改革创新,不断增强全省开发区发展新优势。继续简化企业境外投资手续,逐步由现在的审批制向备案制过渡。进一步建立和完善现代市场流通体系,做好全省内贸流通顶层设计,推进国内贸易流通体制改革。贸促会全面推进五个投资和贸易促进平台建设,积极参与"政府、中介机构和企业三位一体的、具有江苏特色的开放型经济综合服务体系"建设,为保持全省商务工作稳定发展提供优质服务。

(四)以更好的作风建班子、带队伍,形成干事创业的强大合力

进一步坚定理想信念,始终坚守"党的干部永不动摇信仰"这条红线,切实解决好世界观人生观价值观这个"总开关"问题。商务厅和贸促会党员干部自觉参加党内生活,不断增强党性修养和党性锻炼,引导和推动每个党员领导干部经常性使用批评和自我批评这个有力武器,打牢树立优良作风的思想政治基础。加强民主团结,严格执行民主集中制,心往一处想、劲往一处使,形成干事创业的强大合力。加强廉洁自律,始终守住共产党人的精神家园。以更好的作风抓好干部队伍建设,不断加强学习和调研。每一个干部都积极了解世情、国情、省情,了解全省商务事业和贸促工作发展在全球的位置、全国的发展阶段。结合工作实际,加强对商务和贸促发展的全局性、战略性、前瞻性研究。

　　商务厅和贸促会将以高度的政治责任感、求真务实的工作作风,继续巩固和扩大好这次教育实践活动的成果,深入贯彻十八届三中全会和省委十二届六次全会精神,全面深化改革开放,勇于探索、开拓进取、克难奋进,努力开创全省商务和贸促发展新局面,为实现中国梦江苏篇章而努力奋斗。

(2014 年 1 月 15 日)

下　篇

坚持稳中求进　锐意改革创新
努力开创商务转型发展新局面
——马明龙厅长在全省商务工作会议上的报告

同志们：

刚才，笪厅长传达了罗志军书记、李学勇省长的重要批示，还传达了傅自应副省长关于做好2014年商务工作的重要指示，省委、省政府对商务工作高度重视，我们倍受鼓舞，也深感责任重大。领导的要求十分明确，内容非常重要，各地要认真学习领会、抓好贯彻落实。

下面，我代表省商务厅作工作报告。

一　2013年全省商务工作情况

刚刚过去的2013年，面对严峻复杂的国际国内环境，在省委、省政府的坚强领导下，全省商务系统按照稳中求进、开拓创新、扎实开局的要求，全力做好稳增长、调结构、抓创新、促改革、惠民生各项工作，商务运行总体平稳，稳中趋优，难中有进，有力地促进了经济发展和民生改善。

——消费市场较快增长。全省社会消费品零售总额首次突破2万亿元，预计增长13.4%。

——对外贸易难中有进。全省货物进出口5 508.4亿美元,同比增长 0.5%,进出口规模居全国第二位,占全国比重为 13.3%。服务贸易进出口 710.1 亿美元,同比增长 37.5%;服务外包离岸执行额 135 亿美元,同比增长 38%。

——利用外资规模继续保持全国领先。全省实际使用外资 332.6 亿美元,同口径增长 0.98%,占全国的 28.4%。

——对外投资发展态势良好。全省共核准对外投资项目 605 个,同比增长 5.8%;中方协议投资额 61.4 亿美元,同比增长 21.8%;对外承包工程新签合同额 86.7 亿美元,同比增长 20%。

——创新发展取得新进展。主动学习对接中国(上海)自由贸易试验区,积极抢抓自贸区改革发展机遇。投资贸易便利化水平进一步提升,昆山深化两岸产业合作试验区获得国务院批准,南京众彩线上与线下相结合的社区直供(直销)店模式得到商务部充分肯定,成品油管理改革加快推进。

2013 年,虽然全省社会消费品零售总额、外贸进出口指标没有达到年初预期目标,但是社零增速快于全国平均水平,在沿海主要省份中位居前列;外贸的增速虽然低,但数字实实在在,也是我们主动推进外贸结构调整的结果。一年来,我们着力提升质量效益,推进体制机制创新,重点组织实施"六大推进计划":

(一)实施流通现代化推进计划,内贸流通呈现"五个加快"

一是大众化转型加快推进。以住餐业为例,2013 年以来全省以大众化消费为主的中小住餐业增速明显快于规模以上企业。二是电子商务加快兴起。2013 年,省商务厅正式成立了电子商务处,全省多个省辖市开展了地产品网上销售频道的建设,无锡市的"锡货网上行"官方导购平台已经建成上线,南京高淳区在淘宝网开设了"特色中国·高淳馆"。7 家企业被商务部评为国家电子商务示范企业。苏宁云商开放平台受到了商务部的高度肯定。三是民生商务加快推进。实施鲜活农产品直供社区示范工程,建成社区直供(直销)店 300 余个。建成直营农家店 492 个,配送中心 13 个,乡镇商贸中心 30 个。全省开展肉菜流通追溯体系建设城市达到 7 家。四是现代流通体系加快完善。三大商圈建设取得新成效,苏州市现代服务业综合试点初见成效,南京市共同配送试点积极推进,流通大企业加快转型升级和多元化发展,进一步发挥引领作用。五是市场秩序加快走向规范。打击侵犯知识产权和制售假冒伪劣商品工作取得成效,在食品、药品、农资、儿童用品、建筑钢材、汽车配件等重点领域组织开展专项整治、专项执法行动,有效保护了注册商标权、著作权和专利权,得到了全国领导小组办公室和国家考核组的好评。

(二)实施外贸调结构推进计划,外贸转型呈现"四个增强"

一是外贸企业抗风险的能力有所增强。大力推进贸易便利化,加强政策引导,推动出台了江苏《关于促进外贸稳增长调结构的意见》,全力落实国家有关政策措施,有力地提升了外贸企业抗风险能力。二是市场开拓能力有所增强。加快发展各类新兴贸易方式,推动叠石桥家纺市场的内外贸结合试点,推进跨境电子商务发展,全省跨境电子商务第一单成功落户苏州。加大对新兴市场开拓力度,新兴市场出口占全省出口比重达42%。加大进口促进,成功举办了2013"中国(昆山)品牌产品进口交易会"。三是内生动力有所增强。加强出口基地建设,推进品牌战略和以质取胜战略,新增了5家国家级和9家省级出口基地,开展了首届"江苏省出口企业优质奖"评选活动,有效提升了出口的内生动力。2013年,一般贸易进出口占全省比重较2012年上升了2.3个百分点,首次与加工贸易比重持平;民营企业进出口占全省比重较2012年上升了3.4个百分点。四是外贸发展的协调性有所增强。从结构上看,服务贸易进出口占同期外贸比重达11.3%,较2012年提高了3个百分点。从区域上看,苏中地区增长领跑全省,沿海三市占比较2012年提高了0.5个百分点。

(三)实施外资提水平推进计划,招商引资呈现"四个优化"

一是产业结构进一步优化。服务业实际使用外资占全省比重较2012年提高了10.7个百分点,苏南现代化建设示范区、苏州工业园区争取到商务部第三批商业保理试点,全国第一张外资第三方支付牌照落户江苏。二是利用外资方式进一步优化。外资总部经济加快发展,美国泰森食品集团、安利(中国)等一批跨国公司区域总部、研发中心落户江苏,菲尼克斯(中国)投资有限公司升格为国家级地区总部,新增34家外资企业申请认定为省级地区总部和功能性机构。外资参与江苏企业重组进程加快,164家江苏企业通过外资并购实现了与境外资本的合资合作。利用外资渠道进一步拓宽,6 家外商投资企业在境外上市。三是招商环境进一步优化。主动推进丰县等 16 个县外资工作单独列户管理,实现全省外资审批单独列户管理的县级全覆盖,审批管理工作的重点转变为事前的指导培训和事中事后的监管。四是评价体系进一步优化。在全国率先将实际利用外资的内涵由到账外资调整为落地外资,首次对未落地项目的到账外资在各地总量中予以扣除,更加真实地反映了全省利用外资情况。

(四) 实施"走出去"上规模推进计划,企业国际化呈现"四个提高"

一是企业国际化的服务水平进一步提高。制定《企业国际化三年提升计划》,推动成立省政府企业国际化推进工作协调小组,设立 5 亿元企业国际化基金。探索驻外机构省市共建、政企共建等新形式,将江苏海外经贸机构的工作重心由以招商引资为主调整为以服务企业"走出去"为主。二是"走出去"的层次进一步提高。医药制造、专用设备制造、交通运输设备制造、电气机械及器材制造等高端制造业对外投资增长 4.7 倍。三是境外产业集聚水平进一步提高。柬埔寨西港特区和埃塞东方工业园两个国家级境外经贸合作区进展顺利,其中,柬埔寨西港特区新增入园企业 21 家,埃塞东方工业园新增 6 家。省级产业集聚区加快推进,南通双马化工有限公司即将获批首个省级产业集聚区。四是对外承包工程和对外劳务合作水平进一步提高。全省对外承包工程完成营业额居全国前列,一批技术含量高的工程企业显露头角。全省外派劳务市场秩序进一步规范,结构调整取得进展,劳务人员实际收入总额 10.5 亿美元,居全国第二位。

(五) 实施开放型平台建设推进计划,载体建设呈现"五个提升"

一是开发区扩容升级水平提升。宿迁、海门、如皋、苏州浒墅关、宜兴、沭阳 6 个省级经济技术开发区获批升级为国家级经济技术开发区,新增南通、太仓港 2 家综合保税区。二是功能整合与叠加水平提升。积极整合叠加现有 19 家海关特殊监管区的功能,推进苏州海关特殊功能区内加工贸易的转型升级试点,推进长三角地区大通关协作,做好对接上海自贸区的功能准备。三是对外合作能力提升。中奥南通生态产业园和中瑞(镇江)生态产业园被商务部确定为全国重点开展国际合作的生态园区。省内开发区与上海等地的跨省合作得到有力推进。四是创新发展水平提升。确定苏州工业园区等8家开发区为省级创新型开发区;张家港经济技术开发区获批国家级知识产权试点园区,全省知识产权园区达52家。五是生态文明建设水平提升。江阴高新区、常州钟楼经济技术开发区获批国家级生态园区,全省国家级生态园区已达9家,居全国第一。

(六)实施强素质优服务推进计划,环境建设呈现"四个扎实"

一是贸易摩擦应对扎实有效。针对欧盟对我光伏产品"双反"调查,充分发挥江苏行业协会和骨干龙头企业的作用,为价格承诺谈判的达成提供了大量有价值的基础资料,积极协调帮助江苏企业争取到合理的市场份额,有效维护了光伏企业的权益。二是依法行政扎实开展。推动所有行政权力"全上网、真上网",省商务厅行政许可类9项权力事项全部上网运行。认真梳理和减少行政权力事项,全年梳理下放行政审批事项7项。三是调查研究扎实深入。建立调查研究制度,形成了一批较高质量的调研报告,学习对接上海自贸区建设、构建更高水平开放型经济体系等研究成果得到省委、省政府领导充分肯定。四是机关作风扎实改进。认真开展"四位一体行风评议"活动,向社会公开作出六项承诺。"开放融通、兴商惠民"的文化价值观在厅机关初步形成。加强对基层的服务,将有关商务促进的政策文件汇编成册,为企业送政策上门,受到企业的广泛好评。

同时,认真开展党的群众路线教育实践活动,根据中央和省委的部署,按照把省领导的联系点建成示范点的要求,省商务厅积极组织实施三个环节的"规定动作",创新开展"破难题、办实事、优服务、树形象"系列活动等三项"自选动作",突出问题导向抓整改,针对"四风"问题开展集中整治,狠抓制度建设,建立长效机制,广大干部进一步坚定了理想信念,增强了商务为民的宗旨意识,强化了为民务实清廉的作风,实现了教育实践活动与商务发展的"两不误"、"两促进"。

同志们,2013年全省商务发展取得的成绩来之不易,这是省委、省政府科学决策、正确领导的结果,是各地区、各部门齐心协力、密切配合的结果,是商务系统广大干部职工艰苦努力、辛勤工作的结果。同时,我们也清醒地看到,商务工作中还存在诸多问题和矛盾,稳中有忧、进中有难,发展不平衡、结构不合理的问题仍然比较突出。市场主体的活力尚未充分释放,出口产品竞争力不强,消费需求增长动力不足。机关依法行政、创新发展、服务基层的能力有待提高。基层商务部门人员配备与承担职能不匹配,迫切需要加快商务管理模式创新。我们一定要高度重视这些问题,采取有力措施切实加以解决。

二 当前全省商务改革发展面临的新形势新要求

中央和省委对 2014 年和今后一个时期的国内外经济形势作了深入分析和准确研判。从国际看,2014 年世界经济将延续缓慢复苏态势,但也存在不稳定、不确定因素。美国已经宣布从 2014 年 1 月起逐步退出量化宽松政策,货币政策转向中性,对国际资本市场和发展中国家经济的影响尚难判断。欧洲经济增长由负转正,德国、英国保持复苏势头,南欧重债国仍处触底后艰难回升阶段。日本结构性改革阻力较大。巴西等新兴国家通胀压力上升,内生增长动力不足。从国内看,经济全球化加深了我国经济与世界经济的依存度,统筹好两个市场、两种资源的内在要求更趋明显。国际国内两个市场资源配置压力在加大,国际国内市场趋同性竞争压力在加大,国内开放型经济区域竞争压力在加大。2014 年,我国经济具有很大发展潜力,全面深化改革将释放新的动力和活力,但经济发展稳中有忧、稳中有险,我国处于经济增长速度换挡期、结构调整阵痛期、前期刺激政策消化期的阶段三期叠加,在内外环境的作用下会演绎出一些新的变化。

总体上,全省商务发展已经到了一个新的关键点,转型升级成为主要任务,改革创新成为根本动力。商务部门始终处在改革开放前沿,我们要认真分析和把握商务发展规律,清醒认识面临的形势任务,切实增强新形势下履职尽责的紧迫感、使命感。

(一)商务发展呈现新趋势。

一是内外融合的趋势。体现为对内对外开放相互促进、引进来和走出去更好结合,国际国内要素自由流动、资源高效配置、市场深度融合。跨国公司将研发、营销等高端环节放到省内,加工贸易企业转内销发展提速,专业化大市场积极拓展国际市场,跨境电子商务加快发展。二是产城融合的趋势。开发区建设从过去重"产"轻"城"、注重打造"宜物"的环境,向注重打造适宜"人流、物流、信息流与资金流"融合发展的环境转变。三是虚实融合的趋势。既包括电子商务与实体经济的线上线下融合,又包括服务消费与商品消费、服务贸易与货物贸易、总部经济与实体投资等有形与无形的融合。

(二)商务发展面临新机遇

一是中国(上海)自由贸易试验区建设的机遇。建设上海自贸区是党中央、国务院在新形势下推进改革开放的重大举措,是江苏发展的重大机遇。我们要在学习借鉴中接受辐射带动,在深化合作中推动转型发展。要深入学习,积极借鉴自贸区体制机制创新的新理念新举措,借力借势推进江苏改革创新;要主动对接,围绕自贸区建设的重点领域,鼓励各地和企业与自贸区开展全方位的交流合作;要融入互动,主动接受上海自贸区开放和试验功能的辐射带动,互动互补、共享机遇;要积极作为,紧密结合江苏实际,及时做好自贸区改革创新经验的复制推广准备工作。二是丝绸之路经济带、依托长江建设中国经济新支撑带和21世纪海上丝绸之路"两带一路"建设的机遇。"两带一路"建设,交汇于长三角地区,都与江苏密切相关。我们要在主动参与"两带一路"建设中,统筹对内对外开放,放大向东开放优势,做好向西开放的文章,强化南京长江国际航运中心,连云港丝绸之路经济带和海上丝绸之路交汇点,南通陆海统筹、江海联动的战略定位,拓展全省开放型经济转型升级的空间。三是新一轮"走出去"的机遇。国家允许发挥自身优势到境外开展投资合作、允许自担风险到各国各地区自由承揽工程和劳务合作项目等,为江苏企业加快"走出去"提供了难得的政策机遇。新兴国家工业化、城镇化进程的深入推进,为江苏优势产业加快"走出去"创造了条件。国际金融危机导致美欧发达经济体部分企业运营困难,为江苏企业低成本并购提供了难得的时机。

(三)商务发展提出新要求

一是要强化改革导向、问题导向和目标导向。强化改革导向,就是要把改革贯穿于商务发展的各个领域各个环节,在创新体制机制、转变政府职能等方面先行先试、率先突破。强化问题导向,就是要聚焦商务领域的短板和问题,落实举措,解决问题,把短板拉长。强化目标导向,就是要咬定目标不放松,创新发展举措,创新发展平台,打破商务发展的被动局面。二是要处理好政府和市场的关系,把加强市场和社会力量放在重中之重。要使市场在资源配置中起决定性作用,更好地发挥政府作用,充分发挥行业协会、中介组织等社会力量的作用,发挥企业的主体作用。注重调动省级和地方两个积极性,各个地方要结合自身实际寻找改革突破口,主动开展先行先试。内贸上,要加强标准化菜市场、农产品批发市场等带有公益性的流通设施建设,从"缺位"处"补位";开放型经济上,要精简下放行政审批事项,向市场充分放权,建设服务型政府,实现从"越位"处"退位"。三是要充分发挥"三驾马车"的作用,高度重视外贸出口。促进经济持续健康发展,要发挥好消费的基础作用、投资的关键作用、出口的支撑作用。在消费上,加快构建扩大消费长效机制,着力增加消费需求,提高消费对经济增长的贡献率。在投资上,进一步提高利用外资的质量和水平,提升溢出效益,发挥外资在经济转型升级中的重要作用。在出口上,要高度重视出口在产业发展、稳定就业、增加收入等方面的重要作用,着重解决制约出口的困难和问题,增强出口对经济增长的支撑力。

三 2014 年全省商务改革发展主要思路举措

2014 年是全面贯彻落实党的十八届三中全会精神,在新的历史起点上全面深化改革、扩大开放的第一年。商务工作总体要求是:全面贯彻党的十八大、十八届三中全会、中央经济工作会议、全国商务工作会议以及省委十二届六次全会、全省经济工作会议精神,稳中求进、改革创新,坚持以便民利民惠民为根本出发点,完善现代市场体系,提升流通现代化水平,坚持以开放促改革,积极培育国际经济竞争合作新优势,构建更高水平开放型经济体系,全面深化"三个国际化"内涵,务实实施"六大推进计划",全力打好稳增长、抓改革、促转型三大攻坚战,推动商务发展提质增效、行稳致远,为全省经济社会发展作出新贡献。

2014 年商务工作主要预期目标是:社会消费品零售总额增长 13%;货物进出口增长 5%;出口增长 5%,服务贸易增长 20% 以上,服务外包离岸执行额增长 30%;实际使用外资规模与 2013 年基本持平;对外投资中方协议投资额以及对外承包工程合同额均增长15%以上;开发区主要经济指标增幅高于全省。

围绕上述目标,我们要重点做好以下三方面的重点工作。

(一)按照稳中求进总基调,保持经济平稳健康发展

江苏是经贸大省,市场规模大、开放程度高,保持经济稳定增长,首先要保持出口和消费稳定增长。

一是着力创新举措,确保出口稳定增长。我们要高度重视外贸出口问题,2014年出口要全力实现增长目标,外贸出口作为江苏经济发展的长处绝不能丢。要继续通过加快发展新型贸易方式、建设外贸综合服务体系、提升贸易便利化水平等改革举措稳定出口,同时,要突出抓好六项举措:

深入实施市场多元化战略。充分发挥展会的主渠道作用,利用广交会、日本大阪展等优质展会平台帮助企业争订单、促成交。深入挖掘传统市场专业化展会项目,积极拓展新兴市场和新兴产业展会项目,全省贸易促进计划中新兴市场比例提高到50%以上、新兴产业展会比例提高到55%以上,力争全年新兴市场出口占比提高到45%。加强国际营销网络建设,鼓励、支持企业参加境外国际营销网络对接活动,建立健全海外营销网络和售后服务体系,在主销市场设立专卖店、批发中心、仓储中心等。推动几内亚中国商品城等以销售、物流、仓储为主要功能的境外园区建设。推动海门叠石桥国际家纺城、常熟服装城、吴江东方丝绸市场等专业化大市场提升外贸服务功能,抱团开拓国际市场,增强出口能力。

强化经营主体的分类指导。加强对各类进出口企业的跟踪服务,强化分类指导。发挥外资企业出口的主力军作用,鼓励外资企业积极向总部争取订单,加快产品结构升级,稳定出口规模。发挥大型外贸企业的资金、品牌、渠道优势,鼓励争取国外政府采购项目订单,做大出口规模。加强对外向型小微企业的支持,帮助小微企业拓宽融资渠道,降低融资成本,加大对小微企业的信保支持力度,引导小微企业利用跨境电子商务等新型贸易方式拓展业务渠道。积极培育外贸主体,鼓励企业内贸转外贸、代理转自营、省外转省内,力争全年新增出口企业2 000家以上。

扩大新增外资项目出口。发挥不同地区各自优势,鼓励引进技术和市场

竞争力较强的外资项目,重点突破像名硕电脑、康硕电脑等先进制造业大项目,形成鲜明产业特色,增强外贸发展后劲。全力推进外资重大项目建设,促进外资重大项目早竣工投产、早实现出口,尽快形成新的外贸增长点。

加快"走出去"带动出口。支持光伏、风电、医药等高新技术产业和先进制造业对外投资,有序推动钢铁、化工、纺织等有比较优势的传统加工型产业向外输出,以对外投资带动商品、技术、标准等出口。推动国际工程承包与装备制造业跨界合作,以对外工程承包促进装备制造业出口。鼓励企业参与国家援外项目,带动相关设备和援外物资出口。帮助大型"走出去"企业争取国家出口信贷政策。

稳定重点产业出口规模。关注研究新阶段国际产业发展的新动向,引导光伏、风电等战略性新兴产业加强国际合作,增强企业及产品竞争力,扩大出口规模。关注研究当前产业转移新动态,加强对 IT 等新兴产业的运行监测,研究提出有针对性的政策措施,稳定出口规模。充分发挥南北共建园区、海关特殊监管区等载体作用,引导和支持苏南地区加工贸易企业将加工制造环节向苏中、苏北地区转移,促进加工贸易区域均衡有序发展。

完善出口扶持政策。优化省级商务发展资金管理,突出重点、突出引导、突出绩效。继续加大对企业参展、投保出口信用险,应对贸易摩擦等支持力度,提高资金使用效率。发挥省级资金的引导作用,对市县安排专项资金支持企业开拓市场、"走出去"发展的,给予相应的配套支持。用足用好国家大型成套设备出口融资保险专项政策,鼓励和支持江苏大型成套设备出口。加快融资租赁业发展,积极争取在综合保税功能完善的地区开展"单机单船"等融资租赁特殊项目的公司试点,促进江苏大型装备的进出口。稳步推进商业保理试点工作,积极支持开展国际商业保理业务,拓宽中小企业出口过程中化解经营风险的渠道。

二是着力搞活流通,促进消费稳定增长。坚持把搞活流通作为扩大消费的重要切入点,积极挖掘消费潜能,释放消费需求,保持消费持续平稳增长。

大力培育消费热点。整合创新各项促进消费政策措施,加快推动全省扩大消费意见的出台,扶持相关企业发展,培育新的拉动力强的消费增长点。大力发展服务消费、信息消费、网络消费、品牌消费、文化消费和信用消费六大新兴消费,促进新型电子产品、智能家电、节能汽车等热点商品消费,推动节能环保和再生产品消费。鼓励有条件、有意愿的民营资本依法发起设立消费金融公司、金融租赁公司、汽车金融公司。完善家政服务体系建设,推进家政服务标准化。组织开展消费促进月活动。

加快发展电子商务。推动建立全省电子商务协调机制,明确各成员单位职责分工,形成省各有关部门协同推进电子商务发展的工作合力。制定全省电子商务发展规划,促进大企业大平台、电商服务业、互联网金融、移动电子商务、特色产业园的有序发展。制定出台全省加快发展电子商务的意见,对传统企业转型升级、新型电商业态、跨境电子商务以及为中小企业服务、带动性强的平台等给予扶持。探索建立电子商务工作考核评价体系,对落实省发展规划和政策意见的情况进行评价考核。推动建立电子商务行业中介组织,充分发挥行业协会在加强行业自律、开展业务培训、实施统计监测等方面的积极作用。

加强流通基础设施建设。加强商业网点规划工作,推动落实新建商业和综合服务设施面积占社区总建筑面积比例不低于10%的政策。进一步完善《江苏省社区商业建设规范》,加强与建设等部门沟通协调,打造"51020"便民生活服务圈。以标准化菜市场建设为重点,健全社区便民商业服务设施,积极推广苏州工业园区邻里中心模式。推进鲜活农产品直供社区示范工程,争取在全省范围内再新建200家。支持开展特色商业街区、商贸功能区和中央商务区的示范创建。加快农产品物流体系建设,培育一批区域性农产品集散地市场。对接新型城镇化,推进"万村千乡"市场工程升级。启动商贸强镇工程,推动在农村居民集中居住区建设社区邻里中心,在中心镇建设乡镇商贸中心,培育以商贸中心、集配分拨中心为主体的乡镇商贸"微商圈"。

(二)坚持改革创新导向,增强商务发展内生动力

坚持以改革统领全局,深入研究、吃透省委56条深化改革意见和国家各部门陆续出台的文件精神,充分发挥市场和企业的作用,聚焦重点领域、重点地区和重点载体,把重点推进连云港扩大开放作为优化全省对外开放布局的主要着力点,把推进开发区改革作为全省构建对外开放新体制的主要着力点,把加快培育本土跨国企业作为增强全省经济国际竞争力的主要着力点,把大力发展电子商务作为促进全省内外贸深度融合的主要着力点,力争在新一轮

改革中走在全国前列。重点推进商务领域"六个方面"的改革创新。

一是内贸流通方面。开展内贸流通立法基础工作。争取有条件的市县纳入国家现代流通综合试点。探索公益性农产品市场建设,积极争取成为全国公益性农产品批发市场建设试点省份。发挥电子商务发展的带动作用,推动电子商务线上线下加快融合发展。支持苏州市开展国家现代服务业综合试点。研究健全生活服务业扶持政策。积极推进商务执法体制改革和管理创新,强化综合执法和集中执法,推动各地加快建立商务综合执法队伍,实现省辖市商务综合执法队伍全覆盖。

二是外贸方面。推进海门"市场采购贸易方式"试点工作,积极争取列入国家试点,探索具有江苏特色的市场采购贸易管理模式,推进内外贸协调发展。推进外贸综合服务体系建设试点,探索建立政府主导型外贸综合服务平台,培育外贸综合服务企业,为中小微外贸企业提供全方位、多层次、多渠道的服务。加快跨境电子商务发展,研究制定扶持政策措施,支持南京、苏州、无锡等地开展跨境电子商务零售出口先行先试。扩大"一次申报、一次查验、一次放行"联合通关试点和口岸管理部门"信息互换、监管互认、执法互助"合作试点,推进江苏电子口岸建设,优化进出口监管模式,提高通关效率,降低企业成本,提升贸易便利化水平。

三是外资方面。密切跟踪、积极参与商务部外资三法修订、双边投资协定谈判和外商投资管理体制改革相关工作。及早谋划江苏外商投资管理体制改革相关配套措施,积极争取外商投资"备案+审批"新管理模式试点。做好公司注册资本制度改革后与相关部门的工作衔接。扩大地方利用外资审批权限,优化内部工作流程,进一步提高服务效率。规范招商引资活动和优惠政策,倡导节俭务实招商,加强外资项目落地情况的核查力度。支持企业自发组织建立融资租赁协会,加强对利用外资新领域的服务工作。落实外商投资企业年度信息申报制度,加强对企业经营行为的事中事后监管。

四是对外投资合作方面。加强对对外投资合作的引导和服务,打造企业国际化服务和支持体系,发挥江苏企业国际化信息咨询服务平台的作用,推动建立全省对"企业国际化"工作的科学评价体系。探索对外投资体制改革,由核准制向备案制过渡,并将备案事权下放。积极争取个人对外投资先行先试。整合国家对外经济技术合作专项资金和省商务发展资金政策,运作江苏企业国际化基金,加强对重点"走出去"项目和境外经贸合作区及省级产业集聚区建设提供直接投资和融资担保等服务。

五是开放载体建设方面。积极争取在有条件的地区发展自由贸易园(港)区。发挥苏州工业园区、昆山深化两岸产业合作试验区等独特优势,争取在转型升级和金融创新等领域先行先试。支持连云港策应国家丝绸之路经济带战略,推进东中西区域合作示范区建设。推动国家级开发区提升建设发展的质量和水平,突出功能提升,推进创新型园区建设。支持南北共建园区发展,鼓励开发区开展跨境区域合作,重点推动中瑞(镇江)生态产业园等合作共建生态产业园区建设。选择3家国家级开发区、3家省级开发区开展开发区行政审批制度改革试点,加快促进园区行政管理和服务创新,为全省转变政府职能、提升园区行政效能和发展活力提供经验。

六是简政放权方面。进一步下放行政审批权限,强化行政审批事项的事中事后监管,抓好行政审批制度改革配套工作。将省级有关展会审批权限下放至各省辖市;国际货运代理企业备案转移至货代协会;争取劳务企业备用金管理权下放;推进机电产品进口自动许可证管理权限下放;探索成品油审批权限进一步下放。

(三)加快转型升级,着力打造商务发展升级版

当前深化国内贸易流通体制改革、构建更高水平开放型经济体系,要重点推动"六个转型"。

一是推动传统商贸向现代商贸流通业转型。着力推进流通信息化、标准化、法制化和国际化,促进流通产业转型发展。推动消费转型发展。扩大自主品牌消费,加快名品中心、品牌展示展销中心、品牌集散中心等品牌公共服务中心建设,探索建设江苏名品网上展示销售平台。鼓励南京市开展国家级品牌消费集聚区创建工作。加强对公务消费向家庭消费、私人消费转型这一新趋势的研究,加快发展大众化餐饮,以高标准建设中央厨房为支撑,构建适应大众消费者需求的便民餐饮服务网络。大力发展商贸物流。把物流作为内贸工作上台阶的突破口,重点整合第三方物流,实现市场和信息对称,有效降低空载现象,解决流通成本高、效率低的问题。支持南京等地开展国家现代物流技术和城市共同配送体系建设试点,争取更多城市纳入试点,着力解决"最后

一公里"配送难题。加快推进三大商圈建设。重点支持徐州商圈完善和优化区域商贸中心规划布局,积极推进重点项目载体建设,加大龙头商贸流通企业的引进和培育,发展现代流通方式,打造区域消费中心和商贸流通中心,进一步扩大徐州商圈的影响力和辐射力。积极发展平台经济。促进商品市场传统交易平台与现代商务平台的融合,引导市场通过自建平台与利用公共平台方式发展电子商务。加强商品交易市场运行监测分析和协调服务,规范现货市场交易活动,进一步完善功能、创新模式。完善信息网络、物流配送、第三方支付等基础设施,为平台经济发展提供配套支撑。支持大型综合性电子商务平台拓展功能,带动产业链上下游企业和相关行业共同发展。推进丝绸创意产业园建设,打造产业公共服务平台,推动茧丝绸产业集聚发展。培育壮大流通企业。鼓励大型流通企业通过兼并重组或组建战略联盟等方式做大做强,重点培育一批具有产业链整合能力、内外贸结合的大型流通企业集团。支持有条件的流通企业整合生产企业共同"走出去"开拓国际市场。促进中小商贸流通企业服务体系建设,推动分步建立省、市、县三级服务体系,建设市场信息、采购联盟、物流配送、信息化服务和融资服务五大服务平台。

二是推动对外贸易从规模速度向质量效益转型。加快外贸结构调整,培育以技术、品牌、质量、服务为核心的外贸竞争新优势。进一步增强内生动力,加强出口基地建设,完善出口基地梯级培育机制,用足用好外贸公共服务平台资金,重点支持基地公共服务平台建设和骨干企业做大做强。开展第五轮省重点培育和发展的国际知名品牌认定工作,鼓励企业开展境外商标和专利注册、出口认证、收购品牌和宣传推广。深入推进苏州市加工贸易转型升级试点,力争取得更大的政策突破,打造全球知名维修中心。加强进口载体建设,全力办好 2014"中国(昆山)品牌产品进口交易会",重点支持苏州工业园区国家级进口贸易促进创新示范区和张家港汽车整车进口口岸等进口集聚区建设。创新省级进口促进措施,不断优化进口产品结构,大力培育进口主体。大力发展服务贸易,重点推动文化贸易、技术贸易和中医药服务贸易加快发展。促进服务外包业务结构优化,进一步发展知识流程外包业务,拓展信息技术外包业务。推动服务外包创新创业,支持示范城市人才创新创业平台建设。

三是推动利用外资从以引资为主向引资、引智、引技结合转型。积极拓展金融、教育、文化、医疗、育幼养老、建筑设计、会计审计、商贸流通、电子商务等服务业领域利用外资,主动争取更多服务业对外开放试点政策,研究并争取出台扩大全省服务业利用外资的相关政策意见。继续落实外资总部经济和功能性机构激励政策,推动外资总部经济持续加快发展。继续推进商贸金融领域利用外资,加强风险防控,实现规范管理和促进发展的有机统一。加大"引智"力度,研究并争取出台全省进一步推进外资研发机构发展的鼓励政策措施,积极参与省级联席会议机制,积极落实外资研发机构采购设备退税优惠政策,加强部门间沟通协调,为外资研发机构营造良好发展环境。围绕利用外资提质增效,启动建设一批利用外资示范区。加强对外商投资企业境内外上市的服务支持,鼓励企业做大做强扎根江苏。配合做好外资并购安全审查相关工作,支持更多江苏企业与境外企业在研发、生产和服务等方面加强合作。

四是推动对外投资从以市场开拓为主向提升全球价值链控制力转型。加强对重点培育的100多家企业分类指导,从财税、金融、人才、信息、服务等方面给予重点支持,提升企业在全球产业链和价值链上的控制力,提高江苏本土企业的跨国经营能力。支持企业采用跨国并购、股权置换等方式,并购境外优质资产、国际知名品牌、研发中心和营销网络。充分发挥境外经贸合作区和产业集聚区功能作用,构建跨境产业链,以江苏具有比较优势的技术、品牌和产品整合境外资源要素。加快建设一批省级境外产业集聚区,加大柬埔寨西港特区和埃塞俄比亚东方工业园等境外经贸合作区招商推介力度,帮助提升管理水平,促进其良性发展。鼓励发展新兴业态境外工程承包业务,推进江苏企业抱团承揽境外重大项目,推动工程企业开展境外投资业务。

五是推动开放载体从以集聚集群发展为主向集成集约发展转型。构建更高水平开放平台。依托苏南现代化示范区、苏州工业园区和昆山深化两岸产业合作试验区等国家级平台叠加的优势,发挥江苏各类海关特殊监管区在全国数量最多、功能最全的优势,在扩大开放、深化改革、创新功能等方面取得突破,打造开放型经济升级版。依托我国海陆双向开放重要结点、亚欧海陆转运枢纽的区位优势,积极支持连云港抢抓国家建设丝绸之路经济带战略机遇,推进东中西区域合作示范区建设,进一步打开江苏的北大门。推进开发区创新发展、集约发展、特色发展和生态发展。调整完善开发区考核评价体系,严格控制开发区数量,提升江苏开发区的品牌影响力。顺应产城融合的趋势,以"扩容、扩权、扩功能"为核心,推进开发区体制机制创新。加强对开发区分类指导,推动开发区转变发展方式,推进开发区生态文明建设。支持各类开发园区借鉴自贸区的创新举措先行先试、率先突破。拓展开发区合作发展模式,鼓励省内开发区与上海等省外开发区、中央企业、省内外大型企业集团合作共建园区。积极推进跨境区域合作,支持经两国政府商定合作共建的园区建设,加快推进中瑞(镇江)生态产业园、中奥(南通)科技产业园等合作园区建设。

六是推动发展环境从政策吸引向综合营商环境吸引转型。强化政府服务功能,着力营造商务发展的优良环境。构建开放型经济综合服务体系。结合江苏开放型经济发展的实际需要,全力打造"政府、中介机构和企业"三位一体的、具有江苏特色的开放型经济综合服务体系。完善苏新、苏港、苏台等高层次经贸合作机制,创新办好新苏合作理事会,组织好首届苏港合作联席会议等重要活动。优化整合海外经贸网络,落实省市共建驻巴西经贸代表处。创新体制机制,继续探索省市共建、政企共建、部门联建和省部共建海外经贸代表处,各有关市县、开发区和企业要充分用好用足我们的海外经贸网络。加强对进出口重点行业和产品的国际市场和贸易壁垒的动态监测,运用贸易救济手段维护全省产业安全,支持企业积极应对国外贸易摩擦。整合现有公平贸易预警点和产业损害预警点,形成全面科学的预警网络体系。着力建设法制化营商环境。强化打击侵权假冒工作力度,有效组织专项行动、"两法衔接"和行政处罚信息公开工作。清理和废除有碍全国统一市场和公平竞争的地区封锁、行业垄断等各种规定和做法。组织开展电视购物等专项整治。扩大肉菜追溯体系建设覆盖面,2014 年新增 2 个左右建设城市,积极探索增加追溯品类。高度重视和推进商务诚信体系建设,推广常州"双桂坊"和无锡市商务诚信试点建设经验,探索建设省、市、县商务诚信数据库,建立守信激励与失信惩戒机制。进一步健全生活必需品储备体系,增强生活必需品的市场保供能力。完善城乡市场监测体系,加强促消费信息引导。

四 | 加强商务系统自身建设,提升服务发展的能力

商务发展,关键在人。全省商务系统的干部要积极作为,着力提升履职尽责、服务发展的能力。

一是巩固教育实践活动成果。当前,全省第一批群众路线教育实践活动

正在收尾,第二批教育实践活动即将启动。省商务厅要按照"善始善终、善作善成"的要求,通过整改落实和建章立制工作,进一步巩固和拓展教育实践活动成果。要在深入贯彻落实党的十八届三中全会、中央经济工作和全省经济工作会议精神上下工夫,把教育实践活动的成果体现到吃透会议精神、善于抢抓政策机遇上;要在提高治理能力上下功夫,不断转变工作方式和思维方式,把教育实践活动的成果体现到能力和水平的提高上。2014 年,市县一级将启动第二批群众路线教育实践活动,希望商务系统广大干部按照要求,扎实开展好各项活动,力争走在部门前列。

二是强化学习研究。要从"就业务而业务"中跳出来,要善于把握大势,做好对商务领域的战略性、前瞻性研究,做好对构建开放型经济新体制和深化国内贸易流通体制改革等事关商务事业发展全局的重大战略问题的研究。要加强对省情、市情以及商务发展阶段的研究把握,加强与兄弟省份、先进地区的比较分析。要善于借用"外脑",充分发挥研究机构、智库和专家的作用,提高对形势的研判能力。

三是切实改进工作作风。要强化开拓创新,胆子要大、步子要稳,坚持顶层设计与摸着石头相结合,整体推进和重点突破相促进。要强化深入基层,掌握一手资料,了解一线情况,做到对问题和矛盾看得准、摸得清、分析透,提出实实在在的解决办法。强化钉钉子精神,要抓到点子上,准确定位,聚焦措施;抓好节奏,调动和发挥各类主体的积极性,提高工作的效率;抓住不放,特别是对见效慢、难度大的工作,要咬定目标、一抓到底、确保抓出成效。强化分类指导,针对不同地区、不同产业、不同企业、不同阶段,实行差别化的指导、差别化的标准、差别化的政策、差别化的操作,增强服务和政策的针对性、有效性。

四是突出商务惠民。内贸工作直接惠民生,外贸发展对稳定就业、居民收入具有较大的支撑作用,是间接惠民生。这次在地方"四位一体"评议中有部分商务部门群众测评满意度不理想,说明群众对我们商务惠民了解得还不全面。各地既要排出一批直接惠民的工作清单,还要排出一批间接惠民的工作清单,既要做好工作的落实,又要强化工作的宣传。要积极组织开展政策宣传解读,帮助基层和企业用足用好各项政策。提高服务效率,进一步完善工作机制,落实首问负责、限时办结、一次性告知等服务制度,探索一表申报、一口受理等创新举措,更好地服务群众和企业。

　　五是加强党风廉政建设。要继续严格执行中央、省委关于改进作风、密切联系群众的各项规定,严控三公经费,规范公务活动。加强商务系统政风行风建设,进一步提高依法执政意识和能力,提高行政效能。增强对法律、制度、纪律的敬畏感,领导干部要以身作则、带头执行。加强党风廉政体制机制和制度建设,打造一支能经得起考验、能打硬仗的商务干部队伍。

　　六是加强干部队伍和人才队伍建设。在做好权力减放的同时,加强业务培训工作,确保地方把下放的权力、职能接好管好。在强化党管干部前提下,进一步完善选人用人机制,确立鲜明的用人导向,鼓励年轻干部通过援藏、援疆、援青,扶贫、挂职、轮岗交流等多种途径锻炼提高自己。大力加强商务领域人才队伍建设,着眼国际化人才需求,重点推进党政人才、企业经营管理人才、专业技术人才培养。充分发挥国际商务人才培训服务平台载体作用,建立培训长效机制,努力提升行业高层次人才的数量、质量,激活人才能量,为全省商务事业发展提供人才支撑。

　　春节将至,各地商务部门要做好节日市场保供和安全工作,确保商品供应充足、品种丰富、安全可靠,让人民群众过一个安乐祥和的春节。商务系统广大干部要坚决贯彻执行省委"九个严禁"的要求,务实、节俭、文明过节。要关心离退休干部和困难职工生活,对困难党员和职工做好慰问、送温暖工作。

　　同志们,新的一年,全省商务系统改革发展任务繁重艰巨。我们要深入贯彻省委、省政府和商务部的重大决策部署,大力发扬钉钉子精神,攻坚克难、开拓创新,确保完成全年商务工作目标任务,努力开创商务转型发展新局面,为全面推进"两个率先"、谱写好中国梦的江苏篇章作出新的贡献!

(2014 年 1 月 15 日)

苏南现代化建设示范区对外开放实施方案

根据省委、省政府《关于贯彻落实〈苏南现代化建设示范区规划〉的实施意见》和《苏南现代化建设示范区"十二五"期间推进计划（2013—2015）》，立足苏南地区开放型经济发展实际，制定本方案：

一 | 总体要求

认真贯彻党的十八大、十八届三中全会和省委十二届六次全会精神，以开放促改革、促创新、促发展，深入实施经济国际化战略，以企业、城市、人才"三个国际化"统筹苏南地区对外开放的深化发展，坚持先行先试、高端引领、示范带动、统筹兼顾，深入学习对接中国（上海）自由贸易试验区，着力创新对外开放模式，优化对外开放布局，加快开放型经济转型升级步伐，使苏南成为布局合理、特色鲜明、功能齐全、协调发展的开放合作引领区，构建更高水平的开放型经济体系，为打造江苏经济"升级版"，率先基本实现区域现代化作出重要贡献。

二 | 发展目标

在对外贸易及利用外资的结构和质量、"走出去"发展规模和效益、开发区建设和发展水平等方面继续走在全国前列,加快形成国际经济竞争合作新优势和开放型经济新体制。到 2015 年,对外贸易总额力争达到 5 200 亿美元,境外投资中方协议额年均增长 20% 以上。具体目标为:

——企业国际化取得积极进展。到 2015 年,培育 3 家具有较强国际竞争力的跨国公司,推进 150 家江苏企业通过并购嫁接外资;新增 40 家外资总部企业和 120 家外资研发机构,争取实现 10 家外商投资企业在境内外上市。

——国际化平台建设成效显著。到 2015 年,累计争创 15 个国家级出口基地、30 个省级出口基地,培育和发展 210 个知名品牌。

——对外开放布局进一步优化。打造一批集知识创新、技术创新和核心产业培育为一体的核心区。海关特殊监管区实现整合优化和联动发展。

三 | 工作任务和措施

(一)培育国际化企业

1. 增强出口企业核心竞争力

深入实施科技兴贸战略,对出口企业技术改造、技术引进和合作研发活动给予政策支持,重点支持一批具有自主知识产权、自主品牌企业及大型成套设备出口企业技改研发,提高产品的科技含量和附加值。加快加工贸易转型升级。深入推进苏州加工贸易转型升级试点,适时扩大试点范围,推动苏南地区加工贸易率先转型升级。鼓励苏南企业开展境外商标注册、出口认证、收购品牌和宣传推广,重点打造国际知名品牌,促进苏南民营外贸企业加快发展,支持骨干企业做大做强,重点加强对小微企业在融资、信保、开拓国际市场等方面的扶持。

2. 提升企业跨国经营能力

进一步简化对外投资审批手续、创新对外投资方式,实施以备案制为主的管理改革,引导和鼓励苏南优势企业通过国际并购、股权投资等多种形式,抢占产业制高点、技术创新源。支持企业设立境外生产加工基地、物流和分销中心。支持企业参与境外资源项目合作开发,重点推动矿产、农、林等领域的投资合作。鼓励企业依托境外投资合作载体"抱团"对外投资,引导和支持全省有实力的企业建设境外产业集聚区,或入区集聚配套生产经营。鼓励国内专业批发市场"走出去",鼓励生产企业与商贸流通企业联合"走出去",建立海外商贸城。

3. 大力培育本土跨国公司

把加快培育本土跨国企业作为增强全省经济国际竞争力的主要着力点。加强分类指导,区分贸易流通型、资源寻求型、制造加工型、技术获取型和工程总承包跨国公司等五种类型,重点培育一批具有一定经营规模和品牌知名度、拥有自主核心技术和研发能力的苏南本土企业,从财税、金融、人才、服务等方面给予重点支持,使其逐步发展成为有竞争力的跨国公司。完善融资、保险、信息等服务机制,推动企业境外上市,为企业开展境外投资合作提供更有力的金融支持。加强与相关部门的协调合作,针对重点企业、重点项目建立沟通协调制度,形成支持"走出去"合力,更好地推进企业国际化。

4. 推动外资企业本土化

大力发展总部经济,支持苏南外资企业通过转型升级和拓展功能成为总部企业,重点引进投资型和贸易型总部,加快集聚一批具有投资、采购、分拨、营销、结算、物流、品牌培育等功能的主体,提升投资贸易功能。鼓励外资企业加大对研发机构的建设和投入力度,推动大中型外商投资企业普遍建立研发机构,支持外资研发机构与国内高校、企业和专业研究机构合作交流,共同提高研发水平。鼓励江苏本土企业通过合资合作或并购方式与境外跨国公司开展紧密合作;支持外资企业通过境内外上市做大做强扎根江苏。

5. 培育新兴贸易业态

积极发展新业态、新模式,推动外贸与内销、货物贸易与服务贸易协调发展。重点抓好内外贸结合商品市场建设,争取常熟服装城列入国家试点,引导苏南地区年销售超百亿元的大型专业市场增强外贸功能。支持外贸综合服务体系建设,培育发展外贸综合服务企业,为中小微外贸企业提供全方位、多层次、多渠道的服务。充分发挥海关特殊监管区功能,推动仓储物流、采购配送、国际中转等现代物流业务模式的发展,扩大保税贸易。拓展服务业利用外资新领域,重点发展非银金融业,在综合保税功能完善的地区积极探索融资租赁业新的运作方式,在苏南部分地区有序开展商业保理试点。推动文化贸易出口,重点引导文化创意产业与互联网数字化高新技术产业融合发展,扶持一批龙头型、创新型文化出口企业,培育国家级和省级文化出口重点企业、重点项目,提高苏南文化国际影响力。

(二)打造国际化平台

6. 加快发展电子商务

把大力发展电子商务作为促进全省内外贸深度融合的主要着力点。推进电子商务政策机制创新,提升电子商务统计监测、人才建设、信用体系等配套服务能力。支持企业创新发展,重点聚焦大数据应用、移动互联网、互联网金融等新技术、新业态和新领域,引进和培育一批创新型电子商务企业、尤其是龙头企业。推动扩大创新应用,重点支持大宗商品、网络购物、跨境贸易、旅游、生活服务、农产品、药品以及社区、商圈等行业和领域电子商务发展。加快推进跨境电子商务试点。积极推进南京、苏州和无锡等地开展跨境电子商务零售出口先行先试。建设完善跨境贸易电子商务服务平台,优化商品进出境报关、检验检疫、结汇、退税和统计等环节的监管和服务。支持南京、苏州等市建设国家电子商务示范城市。

7. 做优做强出口基地平台

引导出口基地与产业集群、特色产业园区建设相结合,完善出口基地梯队式培育机制、动态管理机制和长效扶持机制,重点支持基地公共服务平台建设,支持基地企业开展技改研发、抱团开拓国际市场、打造区域品牌,提升出口基地发展水平。以科技兴贸出口基地建设为重点,扶持苏南特色产业转型升级,推动苏南地区产业集聚优势转化为出口竞争优势。支持商贸物流基地建设,努力降低物流成本。

8. 积极打造进口促进平台

深入开展苏州工业园区国家"进口贸易促进创新示范区"试点,积极争取先行先试政策。支持进口口岸建设,增强进口产品展示交易、仓储分拨和检测等功能,形成羊毛、木材、化学品、矿产品等一批大宗资源性商品和红酒、汽车等部分消费品的进口集散地,提高对全省、周边的辐射服务能力。全力打造中国国际进口产品交易会品牌。充分发挥机电产品国际招标平台作用,支持建立服务进口企业的联合采购平台和进口产品分销与直销电子商务平台,引导企业充分利用各类平台开展进口业务。

9. 加强服务贸易载体建设

推进南京、苏州区域性国际商务中心建设。支持南京市做大会展业,做强商业性服务业,支持苏州市做大工业园区服务贸易示范基地,做强花桥国际商务城,推动南京、苏州 CEPA 示范城市建设。推进文化创意园、软件产业园、工业设计园、现代物流园等相关产品和服务出口,强化服务贸易载体功能。推动苏南百亿规模以上专业大市场国际化进程,提升市场电子商务、知识产权、品牌培育、国际物流、产品检测等平台建设水平,形成中小企业积聚的国际商贸区。

10. 提升苏南服务外包产业

完善服务外包示范城市、示范区支持政策,培育基地型、骨干型、成长型重点外包企业,积极支持常州、镇江创建国家服务外包示范城市,打造苏南服务外包产业带。加快培育和发展软件研发、动漫创意、医药研发、工业设计、供应链管理、金融后台服务等产业。利用苏南外资企业多、接单便利的优势,拓展在岸外包业务。支持企业到发包地承接外包业务,支持外包企业在境外设立子公司、接单中心,培育和发展服务外包领军企业。

11. 加快推进开发区创新发展

把推进开发区改革作为全省构建对外开放新体制的主要着力点。支持苏南海关特殊监管区域先行先试,拓展保税、通关、物流、维修检测、商品展示、贸易服务等功能。引导苏南开发区加快实施创新型国际化开发区建设计划,重点建设一批集知识创造、技术创新和新兴产业培育为一体的创新核心区。引导国家级开发区创建国家级生态工业示范园区,促进更多的省级开发区创建省级生态工业园区。推进开发区产城融合,完善开发区产业新城功能,促进工业、商贸物流、现代服务业一体化发展,推动开发区向多功能产业区和现代化、国际化的新城区转型。积极推进苏南开发区与央企、上海、中西部开发区和省内苏中开发区合作共建。

12. 打造开放型经济新高地

积极争取在有条件的地方发展自由贸易园(港)区,增创国际合作竞争新优势。借鉴上海自贸区、珠海横琴、深圳前海等相关开放政策,积极打造苏南对新加坡、对台特色开放高地。继续发挥苏州工业园区示范引领作用,开展开放创新综合改革试验和中新合作现代服务业、科技创新试验,在管理体制、投融资、税收政策、人才政策等方面先行先试,并逐步将合作地区向南京、无锡等地拓展,合作领域逐步由经济向社会延伸。鼓励开发区开展跨境区域合作。巩固和深化与重点国家(地区)的合作,扎实推进南京生态科技岛经济开发区、中德(太仓)企业合作基地建设,加快推进中瑞镇江生态产业园建设。支持和引导苏南国家级开发区和有条件的省级开发区"走出去"。

13. 提升与台港澳经贸合作水平

进一步提升对台经贸水平。以《海峡两岸服务贸易协议》正式签署为契机,加快昆山深化两岸产业合作试验区建设,积极争取服务业开放、金融财税等方面的先行先试。加快太仓苏台贸易合作平台和江宁、锡山台湾农民创业园等合作载体建设,支持南京创建海峡两岸创新驱动发展合作示范区,加快镇江海峡两岸新材料产业合作示范区建设。充分发挥苏港合作联席会议机制的作用,搭建重点项目和重点企业合作平台,加大现代服务业招引力度,助推苏南产业转型升级。支持南京市打造文化创意产业中心,实施苏港澳文化创意产业工程,形成城市核心竞争力。支持无锡、常州和镇江申报全国落实 CEPA 示范城市。

(三) 优化对外开放布局

14. 科学引导产业梯度转移

引导苏南地区重点承接国际先进制造业和服务业的转移,特别是强化苏南在接受上海辐射中的主阵地作用,加强研发设计、高端制造、现代服务业等方面的合作。加强对省内产业梯度转移的组织和统筹,以产业和项目对接为重点,因地制宜推进苏北、苏中承接苏南产业转移,对主导产业实行一业一策。继续加强南北共建,重点完善机制和干部交流,强化收益分配机制。加强对南北共建园区的考核,推动苏南开发区产业、科技、人才、资本等要素向苏北转移。

15. 促进市场结构多元化

充分发挥展会的主渠道作用,加大政策扶持力度,深入挖掘传统市场专业化展会项目。充分利用自贸区协定拓展东盟、南美、南亚等市场,加大对"金砖国家"、非洲等市场开拓力度,不断提高新兴市场比重。加强对重点地区、重点行业、重点企业出口的监测预警和政策扶持,保持和扩大国际市场份额。加强政策创新,鼓励和支持新能源、新医药、新材料、高端装备制造、海工装备等战略性新兴产业开拓国际市场。推动市场多元化与对外投资多元化相结合,鼓励企业通过境外投资、对外工程承包带动出口。建设国际营销网络,支持有条件的企业在重点市场建设贸易(展示)中心、销售总部、专卖店、零配件销售中心、售后服务中心等,延长贸易链,提升价值链。

16. 优化利用外资功能布局

鼓励各地结合自身条件通过引进外资强化主导产业,形成鲜明的产业特色,开展错位有序竞争。支持苏南部分地区加快县域利用外资步伐,引导外资产业与本土特色产业科学配套,优化区域内外资布局,促进产业协调可持续发展,加快形成新的增长点。积极推进苏南利用外资转型升级示范区建设工作,争取在苏南创建三个以上利用外资转型升级示范区。

17. 推动苏南优势产业海外布局

鼓励和引导苏南纺织、轻工、建材、化工、机械设备、电子等传统产业和新医药、新材料、新能源等优势产业"走出去",实现投资贸易的互补效应,实现从产品输出到产业输出的转变。支持江苏埃塞俄比亚东方工业园和柬埔寨西港特区两个国家级境外经贸合作区建设。支持条件成熟的境外经贸合作区申报国家级合作区。支持红豆集团将柬埔寨西港特区建设成为国际样板园区。积极推进省级境外产业集聚区认定工作。

18. 进一步优化苏南开发区布局

积极支持符合条件的省级开发区升级为国家级开发区,对省政府已经上报国务院的进行跟踪协调,为苏南开发区创新发展提供更大的空间和更高的平台。按照国家苏南现代化建设示范区规划以及省委、省政府关于江苏经济社会发展的重点布局,优先支持苏南节点城市和沿江港口、空港地区新设立省级开发区。对经济总量已超过所在省辖市开发区经济总值平均值的特色产业园区、高新技术集聚区,优先支持开展新设立省级开发区前期工作。

四 保障机制

（一）完善企业国际化服务平台

不断创新发展苏新、苏港和苏台经贸合作载体和平台，使新加坡、中国香港、台湾省成为全省企业更高水平"走出去"的桥梁和伙伴。加强与友好关系省州的密切联系，通过双边投资与经济合作的协调和磋商为企业"走出去"创造条件。加强"走出去"便利化措施，建立项目核准、外汇管理、人员出入境、检验通关和突发事件应急保障等各部门联动的"走出去"工作协调机制。建立江苏省企业国际化信息咨询服务平台，为企业提供投资环境和市场信息服务。搭建"走出去"金融支持平台。举办各类银企对接、境外投资推介、央企地企对接活动，为企业提供金融、信息咨询等服务支持。

（二）健全政策促进长效机制

用好出口信用保险政策工具。扩大出口信用保险投保规模，提高覆盖面。发挥小微企业投保出口信用险统保平台作用，支持有自主知识产权、自主品牌的小微出口企业开拓新兴市场；加强银贸协作，拓宽进出口企业融资渠道，改善金融服务。运作江苏企业国际化基金，加强对重点"走出去"项目和境外经贸合作区及省级产业集聚区建设提供直接投资和融资担保等服务。建立服务贸易重点企业联系制度，分行业有重点地推进政策落实，做大做强苏南服务贸易企业。

（三）促进投资贸易便利化

加快调整完善外资项目审批权下放方式，探索建立外商投资项目"一口受理，并联审批"工作机制，支持企业自发组织融资租赁等行业协会，研究制定外商投资纠纷投诉工作规则和调解规则。积极争取个人对外投资先行先试。促进境外直接投资项下外汇管理方式和手段的进一步改进和完善，加快企业外汇资金周转。加强对我国已签订的自贸区协定的宣传，引导企业充分利用协定安排下的各种投资贸易便利措施。推进"大通关"建设,扩大"一次申报、一次查验、一次放行"联合通关试点和口岸管理部门"信息互换、监管互认、执法互助"合作试点,加快推进电子口岸建设,降低企业通关成本,提升贸易便利化水平。

(四)大力推动简政放权

进一步下放行政审批权限,强化行政审批事项的事中事后监管,抓好行政审批制度改革配套工作。扩大地方利用外资审批权限,优化内部工作流程。将省级有关展会审批权限下放;国际货运代理企业备案转移至货代协会;争取劳务企业备用金管理权下放;推进机电产品进口自动许可证管理权限下放。选择有条件的开发区开展开发区行政审批制度改革试点,加快促进园区行政管理和服务创新。

(五)建立风险防范和预警平台

进一步完善全省应对国际贸易争端联席会议制度,建立覆盖省、市、县三级的贸易摩擦应对机制;推动江苏省 WTO/TBT－SPS 信息服务平台建设,帮助企业有效应对国外技术性贸易壁垒。健全产业损害预警体系。加强对重点国别、重点产业的预警监测和对产业安全形势的研判,配合做好外资并购安全审查和反垄断审查。建立"走出去"风险防范机制。开展境外投资国别风险评价和境外合作伙伴资信评估,发布风险评估报告;建立风险应对处置机制。完善外派劳务人员管理机制。

(六)进一步加强海外经贸网络建设

着力提升职能、充实力量、拓展领域、扩大地域。根据苏南现代化建设示范区的重点内容,加强与重点国别地区的交流与合作,重点加强在创新型经济、现代服务业、社会管理和金融等领域的合作。通过省市共建、政企共建等方式,支持苏南各市及开发区派员到现有海外经贸代表处工作,进一步提高海外代表处服务发展的针对性和有效性。

省政府办公厅关于促进外贸
稳增长调结构的意见

各市、县(市、区)人民政府,省各委办厅局,省各直属单位:

2013 年以来,受国内外宏观经济形势影响,全省进出口呈现低位运行态势,制约外贸发展的困难增多,稳增长的压力加大,调结构的任务紧迫。为深入贯彻落实《国务院办公厅关于促进进出口稳增长、调结构的若干意见》(国办发〔2013〕83 号)和《省政府关于稳中求进努力保持外贸稳定增长的通知》(苏政发〔2013〕57 号),促进全省外贸稳定健康发展,经省人民政府同意,现提出如下意见:

一 加大国际市场开拓力度

(一) 强化政策支持

在省级商务发展资金中继续安排专门资金鼓励企业开拓国际市场,扩大资金规模和扶持范围,提高参加重点展会和新兴市场展会展位费、展品运输费的补贴比例。

(二) 提高展会成效

继续办好日本大阪展等重点展会。选择在东盟、非洲、

俄罗斯、中东等新兴市场举办一些规模大、层次高、有影响的展会,集中宣传江苏产品和品牌。

(三)扩大出口信用保险规模

对有实际需求的出口业务放宽承保条件,做到能保尽保。加大对新兴市场的支持力度,对有出口订单的企业加快审批速度,提高限额满足率,帮助出口企业抢接新订单。完善信用保险小微企业平台统保工作,进一步降低平台统保费率,提高单个买家赔付金额和单笔业务赔付比例,努力扩大承保覆盖面。

二 加强外贸综合服务体系建设

(四)开展外贸综合服务体系建设试点

以政府为主导,整合投资贸易促进机构、商协会等资源,建立健全外贸综合服务体系。在有条件的地区开展外贸服务平台建设试点,为外贸企业特别是小微企业提供国际市场开拓、金融税务支持、检测认证、研发设计、信息咨询、人才培训等社会化、专业化和规范化的公共服务。

(五)培育外贸综合服务企业

支持外贸综合服务企业发展,鼓励外贸综合服务企业为中小外贸企业提供信息、通关、融资、退税、信用保险、物流、供应链管理等专业服务。

三 探索发展新型贸易方式

(六)积极发展跨境电子商务贸易方式

研究出台培育跨境电子商务服务平台的方案,积极争取将部分重点城市列入国家跨境电子商务服务试点。

（七）探索发展市场采购贸易方式

支持海门叠石桥国际家纺城等专业大市场开展市场采购贸易方式试点，在工商注册、外汇管理、通关、税收等方面出台先行先试的政策，增强外贸功能，推动内外贸融合发展。

四 培育国际知名品牌

（八）鼓励企业培育国际品牌

继续支持企业开展境外商标注册、品牌推介、专利申请和保护、市场准入认证、参与国际标准制定等。鼓励企业收购境外品牌，通过品牌收购、参股、品牌联盟等途径提升产品知名度，建立境外营销网络，增强国际市场开拓能力。

五 积极扩大进口

（九）加大政策支持力度

用足用好国家进口促进政策。调整完善江苏鼓励进口产品和技术目录，扩大省级进口贴息资金规模，加大对首次引进先进技术和重大装备的扶持力度，鼓励进口先进技术设备、关键零部件和紧缺资源原材料。积极扩大服务进口。

（十）提升进口促进平台

加强进口集聚区建设，重点支持苏州工业园区国家级进口贸易促进创新示范区和张家港汽车整车进口口岸等载体建设。完善机电产品国际招标、进口展示、交易、仓储、物流、检测等平台功能。办好中国（昆山）品牌产品进口交易会，全力打造国际化、市场化、专业化进口公共服务平台。

（十一）扩大进口保险业务

对国家和省重点鼓励、支持的进口产品,积极开展进口预付款保险、进口保理保险和国内信用保险业务,帮助企业扩大进口。

六 推进服务贸易发展

（十二）落实和创新服务贸易促进政策

结合"营改增"试点改革范围的扩大,认真落实相关政策规定,对于同时适用零税率和免税规定的出口应税服务,优先适用零税率。完善省国际服务外包专项引导资金管理办法。支持省级以上文化出口重点企业和重点项目扩大服务出口。

七 提高贸易便利化水平

（十三）提高通关效率

深入推进海关分类通关改革、通关作业无纸化改革,以及分类查验和查验分流业务改革,扩大覆盖面。深入推进出口货物检验检疫直通放行、无纸化报检、移动检验检疫等便捷通关措施。改进进口监管方式,优化工作流程,深化交通质检合作,推进"单一窗口"建设,提高口岸验放速度。在部分口岸开展"一次申报、一次查验、一次放行"试点。

（十四）落实法检制度改革要求

坚决执行减免出口商品法定检验费用和法检目录调整等政策措施,主动转变监管重点,加大对出口假冒伪劣侵权商品行为的打击力度。进一步精简和下放检验检疫行政审批权限。

（十五）加快出口退税进度

在防止骗退税的前提下，进一步提高退税审核效率，及时足额办理出口退税。对于符合条件的生产企业已签订出口合同的交通运输工具和机器设备，实行先退税后核销。力争 2013 年年底前在全省范围实现退库无纸化。

（十六）落实外汇管理制度改革措施

落实海关特殊监管区域和服务贸易外汇管理改革措施，简化特殊监管区内企业和服务贸易项下外汇收支管理。进一步优化分类管理，便利企业收付汇。

八 加强金融支持

（十七）扩大跨境人民币结算业务

简化业务流程，便利外贸企业。

（十八）拓宽企业融资渠道

建立健全政府、金融机构和企业合作机制。鼓励金融机构以出口退税账户托管、出口信用保险保单融资、出口订单抵押、货权质押等方式为出口企业融资。引导外贸企业有效利用直接债务融资工具获得资金支持。引导金融机构主动对省内有需求、符合条件的外贸企业提供直接融资服务。

（十九）大力支持企业"走出去"

积极争取大型成套设备出口融资保险专项安排（"421 专项政策"）。扩大中长期出口信用保险、海外租赁保险、海外投资保险等承保规模，为企业"走出去"和获得项目融资提供保险支持。

各地、各有关部门要根据本意见要求，结合实际制定具体政策措施，狠抓落实，务求实效，努力保持全省外贸稳定、健康、可持续发展。

（2013 年 9 月 2 日）

2013 年全省打击侵犯知识产权和制售假冒伪劣商品工作要点

2013 年,全省打击侵犯知识产权和制售假冒伪劣商品(以下简称打击侵权假冒)工作,要围绕侵权假冒重点领域、重点地区和重点产品,保持高压态势,坚持标本兼治,严厉打击侵权假冒违法犯罪行为,扎实推进制度和机制建设,进一步强化舆论宣传和教育引导,为激发创新活力、优化市场环境、促进社会和谐提供有力保障。

一　加大保护知识产权工作力度

(一)打击侵犯商标权违法行为

以保护驰名商标、涉外商标为重点,深入开展打击"傍名牌"等侵犯商标权违法专项行动。完善商标战略、政策扶持、统计考核、示范评价体系,深化服务机制建设,开展"护航品牌"专项活动。面向列入省重点商标保护名录的驰名商标,组织执法力量,帮助企业开展维权行动。

（二）打击侵犯著作权违法行为

继续开展打击网络侵权盗版专项治理"剑网行动"，针对网络文学、音乐、影视、游戏、动漫、软件等领域以及图书、音像制品、电子出版物、网络出版物等产品，加强对重点视频网站、网络销售平台的监管。开展印刷复制发行监管专项行动。打击含有著作权的标准类出版物侵权盗版行为。

（三）打击侵犯专利权违法行为

集中开展知识产权执法维权"护航"专项行动，加大对涉及民生、重大项目及涉外等领域专利侵权行为的打击力度。加强重要展会的执法维权工作。依法打击专利侵权假冒违法行为，各类专利案件处理结案率不低于 90%。继续推进专利行政执法巡回审理庭建设，力争 2013 年年底全省 50% 以上的省辖市建立专利行政执法巡回审理庭。

（四）加强文化市场监督管理

以网吧、娱乐、演出、艺术品市场、网络文化为重点整治领域，严厉打击侵权盗版行为。发布违法互联网文化活动"黑名单"。继续开展"扫黄打非"执法活动，严厉打击各类非法出版行为，大力清除互联网和手机媒体淫秽色情低俗信息，净化文化市场环境。

（五）打击其他领域侵权违法行为

重点依法打击利用盗窃、利诱、胁迫等不正当手段侵犯商业秘密违法行为。开展"地理标志环省行"活动，依法加大对侵犯植物新品种权、集成电路布图设计专有权等知识产权违法行为的打击力度。

二 增强打击制假售假工作实效

（六）开展农资打假专项行动

继续开展放心农资下乡进村、红盾护农等专项行动，加强种子、苗木、农药、肥料、兽药、饲料和饲料添加剂、农机等重点农资产品专项治理。在农资购销、使用高峰期间,加大对农资批发市场和集散地、农资展销会、重点企业、流动商贩的监管力度。采取切实有效措施,封堵假劣农资流通渠道。加强源头治理,依法打击各种非法生产经营假劣及侵权农业投入品的行为。

(七) 整治制售假冒伪劣食品药品行为

严厉打击非法添加、使用非食用物质、饲喂不合格饲料、滥用农兽药、滥用食品添加剂等违法行为。坚决取缔生产假冒伪劣食品药品"黑窝点",摧毁销售假冒伪劣食品药品网络。开展互联网销售假药专项整治,打击通过互联网、邮寄快递等渠道销售假药的违法行为。严厉查处药品生产经营企业恶意制假售假、偷工减料、非法接受委托加工等违法行为。

(八) 深入开展生产源头治理

围绕重点产品、重点区域和重点环节,继续开展"质检利剑"行动。针对酒类产品、化肥、儿童用品、建筑钢材、汽车配件及制动液等领域的突出问题,深入开展专项整治。适时组织行业性、区域性、季节性专项执法行动。

(九) 打击流通和进出口环节假冒伪劣

强化流通领域监管,整顿报废汽车市场,打击虚假违法广告,整治过度包装,规范特许经营市场秩序。以食品、药品、汽车配件和对非洲出口商品以及邮递快件渠道为重点,打击进出口侵权货物违法行为。打击假冒检验检疫证书行为。

(十) 规范网络商品交易秩序

全面推进网络经营主体数据库建设,大力推行电子标识公开,完善网络经营主体身份识别系统。加大网络交易监管执法力度,查处一批网络商品侵权假冒行为,建成全省网络监管电子数据取证分析中心。

三 巩固和扩大软件正版化成果

(十一) 巩固软件正版化成果

加强对市、县（市、区）人民政府软件正版化工作的督促检查，指导各地深入贯彻实施《江苏省政府机关软件资产管理办法》。出台政府机关办公通用软件资产配置标准，逐步完善软件正版化工作制度体系。

(十二) 扩大正版软件覆盖面

以省属企业和省内新闻出版企业为重点，推动企业使用正版软件。积极推进正版软件区域联合采购。督促软件开发商、供应商规范对政府采购的定价行为，明确授权模式，改善售后服务。

四 保持刑事司法打击高压态势

(十三) 加强侵权假冒犯罪案件侦办工作

以"深挖犯罪源头、摧毁犯罪网络、严惩骨干分子、防止死灰复燃"为目标，以危害创新发展、危害扩大内需和就业、危害人民群众生命健康、危害生产生活安全、危害粮食安全和农民利益等犯罪行为为重点，深入开展打假行动，大力侦办侵权假冒犯罪案件。

(十四) 加强刑事犯罪司法打击

依法及时批捕、起诉涉嫌侵权假冒犯罪案件。加强对行政执法机关移送涉嫌犯罪案件的监督，强化立案监督和审判监督。加大职务犯罪查办力度，坚决打掉侵权假冒犯罪的"保护伞"。针对战略性新兴产业、文化创意产业等领域，以及假冒商标、"傍名牌"、侵犯商业秘密等不正当竞争犯罪行为，加快案件审理，依法打击犯罪分子。

（十五）推进行政执法与刑事司法衔接

建立健全联席会议、案件咨询、走访检查、统计通报、监督考核等制度,规范线索举报、案件移送、案件受理和证据转换等业务流程,完善网上移送、受理和监督工作机制。将行政执法与刑事司法衔接工作作为政府法制监督对象之一,纳入政府法制监督系统的深化内容。2013年年底前,完成打击侵权假冒行政执法与刑事司法衔接信息共享平台建设任务。

五 夯实打击侵权假冒工作基础

（十六）深入开展宣传教育

加强舆论引导和互联网管控,及时报道打击侵权假冒工作进展和成效的同时,主动回应社会关切,曝光大案要案。利用互联网等平台,加强政府与企业、消费者的互动交流。深入开展"知识产权宣传周"和知识产权保护法制宣传教育活动,营造保护知识产权良好氛围。加大"正版正货"承诺工作推进力度,提高"正版正货"示范街区品牌的社会认知度。

（十七）加强执法能力建设

加大基层执法体系和能力建设,充实必要的人员、装备和设备。加强执法打假举报投诉处置指挥平台建设。做好侵权假冒商品环境无害化销毁工作,加强分类处理指导,保障销毁经费。加强对律师开展侵权假冒犯罪案件辩护代理工作的指导,规范执业行为。

（十八）推动案件信息公开和失信信息归集

将侵权假冒案件纳入政府信息公开范围,案件信息公开情况纳入打击侵权假冒统计通报内容。相关行政执法部门要出台本系统公开相关案件信息的实施细则,及时公布有关案件信息。各类侵权假冒违法失信信息及时录入省公共信用信息系统。适时组织开展案件信息公开工作督查。

（十九）完善考核监督机制

健全打击侵权假冒绩效考核体系,市、县(市、区)人民政府要将打击侵权假冒工作纳入本级政府考核体系,做到日常考核与年度考核相结合、资料检查与现场检查相结合、自我评价与统一考评相结合。加大行政监察和问责力度。开展案件移送和办理专项督查,强化层级监督。

（2013 年 7 月 30 日）

企业国际化三年提升计划

　　为贯彻落实党的十八大和全省对外开放工作会议精神,根据《省委省政府关于深入实施经济国际化战略全面提升开放型经济发展水平的若干意见》,制定《企业国际化三年提升计划》。

一 总体要求和主要目标

　　(一)总体要求:以邓小平理论、"三个代表"重要思想和科学发展观为指导,以提升企业有效利用国际国内两个市场、两种资源能力为目标,以企业为主体,以市场为导向,以开展国际投资合作为重点,推动企业更深层次地参与国际经济体系分工,增强企业国际战略意识,提升企业跨国经营能力,推动本土品牌国际化、专业大市场国际化、营销网络国际化、企业研发机构国际化,提升本土企业国际化、外资企业本土化水平。

　　(二)主要目标:经济国际竞争力、全球要素配置力、对外影响力有大的提升。到2015年,全省对外投资中方协议额年均增长20%以上;培育2—3家国际知名跨国公司、20家本土跨国公司,确立100家跨国公司对象企业,一大批本土企业国际化水平明显提升;推进150家江苏企业通过并购嫁接外资,新增 60 家外资总部企业和 150 家外资研发机构;培植 3－5家省级境外产业集聚区,再申报 2－3 家国家级境外经贸合作区;全省重点培育和发展的国际品牌达 300 个;建成 2－3 个在国内外有较强影响力的国际化专业大市场。

二 主要措施

(三)制定江苏企业国际化发展战略。依据江苏产业结构战略性调整的要求,以及现有产业和企业的比较优势,确定优先发展行业、进入的国家和地区,重点支持的企业对象等。

(四)支持境外经贸合作区和产业集聚区建设。加强招商和基础设施建设,做大做强柬埔寨西哈努克港经济特区、埃塞俄比亚东方工业园;举办推介活动,积极组织引导企业向境外经贸合作区集聚;开展省级境外产业集中区认定工作,积极申报国家级境外经贸合作区。

(五)支持企业抱团"走出去"。鼓励出口基地内的骨干企业引领中小企业共同对外投资;鼓励流通大企业与工业企业联手,通过商品经营与资本经营、专业经营与多元经营的结合,抱团"走出去";推动外贸企业和生产企业、民营企业和外资企业以及相关金融机构和企业组建战略联盟,联合"走出去"。

(六)出台《江苏省鼓励发展的非金融类对外投资产业指导目录》。大力发展和支持资源导向型、市场导向型和技术导向型对外投资,加强江苏企业对外资源、人才、科技合作,拓展江苏产业结构调整空间。

(七)支持企业开展工程承包和劳务合作。引导机械、光伏、环保等对外承包工程企业与优秀的传统建设类企业对接,承揽 EPC、BOT 总包项目,共同开发国际市场;鼓励外经企业输出技术标准,扩大品牌影响力;鼓励新型业态的发展,扩大新型业态在对外承包工程业务中的占比;鼓励对外承包工程企业开展对外投资经营等综合业务。

(八)大力发展江苏本土跨国公司。在参考国际通行标准的基础上,明确重点培育的跨国公司及其对象企业;制定相关政策,构建服务体系,提升江苏本土跨国公司的国际竞争力和影响力。

（九）促进外资企业落地生根。鼓励江苏本土企业通过合资合作或并购方式与境外跨国公司开展紧密合作；做好外资企业境内外上市服务工作，支持外资企业通过境内外上市做大做强；鼓励境外跨国公司在江苏设立研发机构，与本土企业开展研发合作。

（十）推动外资企业转型发展。加强部门协调，落实总部经济政策，推进外资研发机构发展，鼓励外资企业通过不断完善功能，提升能级发展成地区总部；鼓励外资加强对国内传统产业的嫁接和改造，推动全省新兴产业发展；鼓励外资重点发展服务业，推动全省商务环境的改善；加快利用外资转型发展示范区建设。

（十一）积极推动国际营销网络建设。在境外重点地区建立贸易（展示）中心，支持企业到境外设立销售总部、专卖店、零配件销售中心、仓储配送中心、售后服务中心等；推动苏宁云商等大型流通企业与国外批发零售、代理及物流企业合作，拓展分销渠道；打造跨国零售集团与国内流通企业产品展示与对接平台，帮助国内供应商进入国际采购营销网络；大力发展电子商务、连锁经营、物流配送等现代流通方式，逐步建立线上线下有机结合的国际营销服务网络；根据商务部相关规划及政策措施，鼓励全省外贸品牌企业入驻商务部重点支持的国际营销网络，积极向商务部推荐境外批发市场、零售网点和展示贸易中心。

（十二）大力培育国际知名品牌。从建立完善品牌的评价、宣传、促进和保护四个方面，继续推进出口品牌建设；强化品牌分级培育机制，开展2014—2016年度江苏省重点培育和发展的国际知名品牌认定工作，巩固和发展出口品牌跟踪培育体系；组织品牌企业参加中国名牌产品美国展、欧洲展和非洲展，帮助自主品牌产品开拓国际市场，扩大自主品牌产品的国际市场份额；鼓励企业开展境外商标注册、出口认证等基础性工作，进一步深化与工商、质监和国检等部门的合作，开展培训、宣传、保护活动，开展"江苏出口企业优质奖"评选，加强出口产品诚信质量体系建设；创新品牌扶持政策，鼓励企业收购国际著名品牌，拓展品牌建设的路径；鼓励中华老字号企业到国外、境外设分店分号，拓展海外业务，进一步放大品牌效应；继续争取商务部品牌促进体系项目试点；扶持重点文化企业创建品牌，积极"走出去"发展文化贸易。

（十三）推动专业大市场扩大对外贸易。推动内外贸一体化,引导省内有条件的大型交易市场向内外贸一体化转型发展,重点支持江苏叠石桥国际家纺城、常熟服装城等专业大市场培育外贸功能,提档升级,吸引境外客商驻场采购,推动省内专业大市场到境外设立分市场。

（十四）加强贸易摩擦应对和反垄断调查工作。合理运用国际通行规则,有效实施贸易救济措施;建立重点产业和敏感产业联系机制;充分发挥行业协会和中介组织的作用,强化贸易摩擦预警点建设,鼓励败诉企业进行复审,争取重返失去的海外市场;加强对中外资企业之间并购行为的经营者集中审查工作;积极为本土企业对外并购提供政策和法律指导。

（十五）优化拓展海外网络布局。按照企业国际化的要求,调整优化驻外代表处布局,完善考核、激励、投入、管理等机制,稳妥扩大海外经贸代表处规模;进一步创新海外经贸网络建设机制,探索省市共建、政企共建新模式。

（十六）加强对国际投资国别环境的分析和预警。开展境外投资国别风险评价和境外合作伙伴资信评估,定期发布投资国别(地区)风险水平报告,建立完善全省境外投资风险预警、风险管理、风险处置体系。

三 | 支撑体系

（十七）成立企业国际化推进工作领导小组。成立以马明龙厅长为组长、王润亮副厅长为副组长、各有关处室为成员单位的推进工作领导小组,成立以外经处、综合处、办公室、财务处为成员单位的联合推进办公室。

（十八）建立重点企业联系点制度和企业国际化考核机制。每位厅领导和处长分别联系2家重点国际化企业;加强考核工作,把企业国际化作为一项重要指标纳入开放型经济考核体系。

（十九）加大财政支持力度。积极会同财政部门进一步创新政策,整合资金,增强企业国际化扶持政策的针对性、有效性。

（二十）努力提升金融保障水平。大力拓宽融资渠道,建立商务金融联席会议制度,建立和完善与人民银行、银监局、省金融办、国家开发银行、进出口银行、中信保等金融机构的合作机制,积极推动金融机构加大对"走出去"企业的支持力度;进一步加强与出口信用保险机构合作,扩大"走出去"项目保险的覆盖面,努力实现"走出去"基本保险全覆盖。

(二十一)积极构建国际化人才支撑体系。加强与组织人事部门的密切合作,按照全国"千人计划"引进原则,结合全省对外投资和经济合作的人才需求,在全省"双创"人才引进计划中增加高端跨国经营人才的数量,制定政策大力引进高级经济法律专家和技术专家;定期开展国际化人才境内外培训;对在企业国际化工作中作出突出贡献的人才予以奖励;为高层次人才在出入境、居住、就业、医疗、子女教育等方面提供便利。

(二十二)进一步提升投资贸易便利化水平。建立健全市场准入、质量保障、知识产权保护、内外贸统计、交易风险警示和投诉受理等管理制度,完善报关、质检、金融、外汇、物流、电子商务等配套服务功能,提高投资贸易便利化水平。

(二十三)打造政府间经贸合作平台。加强与新加坡,中国香港、台湾省以及国际友好省州等投资贸易促进机构的合作,推进全省企业与其结成战略联盟,联手开拓国际市场;加强驻外经贸代表处与驻在国(地区)政府投资促进部门、商协会和相关机构的沟通协作,建立长期合作关系。

(二十四)强化对外投资信息和法律服务。建立对外投资信息收集发布制度和投资企业数据库,强化信息、风险防范等公共平台建设;开通相关网页和网上链接,探索利用网络平台为企业跨国投资和技术交流提供前期准备和支持,为企业"走出去"提供定制式服务;加强商务法规工作,为企业国际化提供法律服务和保障。

2013 年企业国际化主要工作安排

序号	名　称	内　容	时间安排	责任处室
1	建立全省企业国际化推进工作协调会议制度	争取成立由省政府分管领导为组长、商务、发改、经信、财政、人社、税务、金融等部门参加的协调会议制度,研究解决企业国际化过程中的重大问题。成立办公室。	上半年	办公室、外经处
2	开展企业国际化相关内容的调研	1. 与复旦大学联合开展企业国际化内涵和路径研究; 2. 开展国别投资调研。对江苏投资或对外投资的重点国家国别投资行投资环境、政策等全面调研,形成调研报告; 3. 开展企业涉外知识产权维权专题调研。	全年	综合处、海外办、外经处、法规处、贸研所
3	建立企业国际化重点企业联系制度	每个厅领导和处长分别选 2 家有代表性企业,协调解决重点投资项目推进中的困难。	4 月份	办公室、流通处、外经处、外贸处
4	召开大型流通企业与海外代表对接交流会	1. 流通企业介绍引入国际知名品牌及"走出去"意向; 2. 厅驻海外代表介绍所在国家(地区)商机及投资环境。	1 月下旬	流通处、外事处
5	内外贸品牌企业对接活动	联合南京市政府,在 2013 江苏·南京外贸品牌商品展销会期间举办内外贸品牌企业对接活动。	一季度	外贸处
6	"江苏出口企业优质奖"评选	会同省检验检疫局评选"江苏出口企业优质奖"。	一季度	外贸处
7	开展各类贸易促进活动	举办第六届中国国际服务外包大会、第二届中国国际进口产品交易会、参加广交会、高交会、华交会等展会、组织国际电子商务线上线下活动。	全年	办公室、外贸处、服贸处、产业处、电子商务处、贸促中心

序号	名称	内容	时间安排	责任处室
8	外资融资租赁业管理服务现场交流会	观摩交流苏州在融资租赁业发展和管理方面好的经验和做法。	4月份	外资处
9	全省服务业利用外资推进工作会议	重点推进融资租赁、商业保理、科技研发和物流等生产性服务业利用外资，加快服务业国际化步伐。	二季度	外资处
10	形成企业国际化财政扶持政策体系	完善企业融资贴息等财政扶持政策措施。	全年	财务处、外经处
11	筹建企业国际化融资平台体系	和进出口银行、国开行等联合建立相关市的融资平台。	全年	财务处、外经处
12	构建企业国际化安全防范、基本保险全覆盖体系	完善企业安全风险防范基金等政策措施。	全年	财务处、外经处
13	制定《江苏省鼓励发展的非金融类对外投资产业指导目录》	联合南大、社科院等相关部门讨论《目录》的细化条目。	2、3月份	外经处
14	举办"流通企业国际化论坛"	在跨采会期间举办"流通企业国际化机遇与挑战"论坛。	7月	办公室、流通处、外经处
15	江苏对外承包工程和劳务合作企业与央企的合作对接会	充分利用商务部、承包商会等机构的资源，组织50家以上江苏企业与20家以上央企进行全面的合作对接。	5月份	外经处

续表

序号	名　称	内　容	时间安排	责任处室
16	跨国经营管理高级人才培训	举办对外承包工程高级管理人才、跨国经营人才、德国或美国举办对外投资人才培训班，在新加坡、德国或美国应对贸易摩擦和维护产业安全高级管理人才培训班，在境内外举办贸易救济运用高级人才培训班。	全年	外经处、公平局、人教处、投促中心
17	建立江苏"走出去"企业数据库	全面调查全省对外投资企业情况，建立数据库。	5月份	外经处
18	江苏"走出去"企业银企对接会	组织50家"走出去"业绩显著的企业与相关政策银行、保险等金融机构对接，开展更为深入的互惠合作。	9月份	外经处
19	举办江苏开发区"走出去"研讨培训班	举办30—40家有"走出去"意愿的开发区管委会负责人研讨培训班，推动开发区企业加快"走出去"步伐。	三季度	开发区处
20	确定江苏本土跨国公司及其对象企业的名单	根据跨国公司标准全面调查江苏本土跨国公司以及对象企业情况。	5月份	外经处
21	建设企业国际化信息咨询服务平台	整合"企业国际化"涉及的国别环境、政策支持、政府服务信息。在投资促进中心设立江苏企业国际化信息、咨询服务平台。增加相关职能，引进相关人才，增加经费投入。	全年	投促中心、外经处、人教处、海外办、信息中心

序号	名　称	内　容	时间安排	责任处室
22	完善海外经贸代表处布局和工作机制	根据企业国际化的需要,优化并完善代表处布局,制定各代表处对企业国际化工作考核制度。	全年	海外办
23	争取申报国家级境外园区	重点帮助埃塞俄比亚东方工业园,坦桑尼亚纺织工业园做好申报工作。	全年	外经处、财务处
24	设立省级境外产业集聚区	对符合条件的境外产业集中区考核认定。	全年	外经处、财务处
25	建立完善新的对外投资统计系统	全面掌握全省对外投资在谈项目、签约项目、在建项目、援外项目,建立月报制度。	全年	外经处
26	建立完善考核制度	增加开放型经济考核体系中企业国际化权重。	全年	综合处

(2013 年 5 月 22 日)

271

全省肉类蔬菜流通追溯体系建设规范（试行）

按照《商务部办公厅 财政部办公厅关于肉类蔬菜流通追溯体系建设试点指导意见的通知》（商秩字〔2010〕279号）和《省政府办公厅转发省商务厅关于"十二五"期间加快全省肉菜流通追溯体系建设实施意见的通知》（苏政办发〔2012〕66号）精神，在无锡、南京等四个城市建设试点探索基础上，结合全省实际，对《全国肉类蔬菜流通追溯体系建设规范》（试行）进行了适当调整，制定本规范。

本规范规定了全省肉类蔬菜流通追溯体系的建设目标、基本原则、总体框架、追溯流程、追溯实现方式及信息采集、传输、应用等内容，明确了肉类蔬菜流通追溯体系建设的基本准则和要求。本规范适用于各城市流通追溯体系的建设和验收。

一　建设目标及原则

（一）建设目标

以信息技术为手段，以法规标准为依据，从全省实际出发，建设以省、市两级追溯管理平台为核心，与中央追溯管理平台对接,以屠宰、批发、零售、消费等环节子系统为支撑的肉类蔬菜流通追溯体系,实现肉类蔬菜来源可追溯、去向可查证、责任可追究。以提高投资效率,提升追溯效果,提升流通行业食品安全保障能力为目标,进一步利用和整合现有资源,不断优化追溯模式,强化部门监管,落实经营主体责任,形成政府监管服务、企业行业自律和消费者监督相结合的运行长效机制。

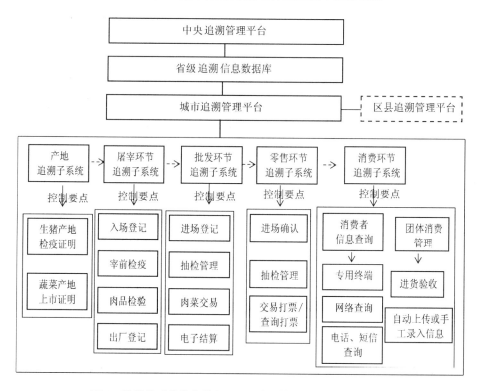

图1 追溯体系总体架构图(区县追溯管理平台为虚拟平台)

(二)建设原则

1.统一技术标准,实现互联互通

在各建设城市推广应用全省统一优化软件,按照统一技术标准,实现统一采集指标、统一编码规则、统一传输格式、统一接口规范、统一追溯规程"五统一",确保不同城市追溯信息互联互通。允许各城市根据本地管理需要,适当增添部分功能。

2. 优化追溯模式，提升交易水平

全面推行技术成熟、成本易控制的 IC 卡为信息传递载体，将各流通节点信息相关联。简化农贸市场零售交易信息采集，对超市大卖场和团体采购单位追溯模式进行适当优化，提升追溯成效。鼓励支持企业结合内部管理需要，推进流通节点内部管理信息化，优化交易流程，实现索证索票、购销台账制度的电子化，提升农产品交易水平。

3. 落实主体责任，支撑行业管理

加强落实农产品流通相关法规制度，强化市场准入管理，做好进场交易主体备案，强化索票索证和现场验货，加强经营主体责任控制。严格实施屠宰、批发、零售环节经营户持卡交易，确保数据信息真实准确通畅，使上下游数据关联，实现逐级追溯。

4. 制定适度目标，逐步稳妥扩展

既着眼当前追溯需求，又顺应物联网发展趋势，构建合理技术架构，为技术升级预留空间。在全面覆盖大型批发市场、机械化定点屠宰企业、标准化菜市场的基础上，加快发展连锁经营、物流配送等现代流通方式，不断扩大追溯体系追溯品类和覆盖面。

二 | 政府追溯管理平台

按照"统一规划、统一标准、分级建设、分级管理"的原则，建设省、市两级追溯管理平台，与中央追溯管理平台对接，形成上下贯通、协调运作、功能互补的全省追溯管理体系，成为政府部门开展流通追溯管理和公共信息服务的工作载体。

（一）省级追溯管理平台

省商务厅负责建设与管理省级追溯管理平台，作为城市间的数据交换中心，全省追溯信息的集中管理中心，以及全省追溯体系运行指挥调度中心。平台具体功能如下：

1. 汇总全省流通节点主体信息

建立全省肉类蔬菜流通经营主体信息库,汇总各城市定点屠宰企业、批发市场、零售市场(含标准化菜市场和超市,下同)、团体采购单位、"产销对接"核心企业等流通节点主体基本信息,并按主体性质、主体类型、所属地区等进行存储和检索。

2. 汇总各城市追溯信息

建立以城市为网格、以流通节点为基本单元、以交易过程信息为基本内容的全省肉类蔬菜流通追溯信息库,汇总各城市上报的追溯信息,按城市、流通节点、经营主体、批次等项目进行分级存储和检索,集成跨区域的肉类蔬菜流通追溯信息链条。

3. 对建设城市进行管理考核

按照全国统一的试点城市追溯工作考核管理制度和动态考核指标,定期对各建设城市追溯工作进行考核和评估,实现按季度或按月对各城市追溯管理平台信息传送的及时性、规范性、真实性、连续性的横向比较和纵向分析。

4. 开展全省追溯信息综合分析利用

按照全省肉类蔬菜流通行业管理需要,建立统计分析指标体系和分析模型库,设定具体的统计分析项目,按日、周、月、年等周期,分品种、数量、价格等指标,综合运用同比、环比、走势、排行等方法进行统计分析。

5. 提供公共信息服务

建立专门网站,发布有关追溯信息和问题肉类蔬菜警示信息,引导消费。通过网络、12312 热线等渠道,为交易主体和消费者提供查询和举报投诉服务。

(二)城市追溯管理平台

各建设城市负责建设、管理城市追溯管理平台,按照统一的数据传输格式和接口规范,分别实现与省追溯管理平台和各流通节点追溯子系统互联互通,作为城市追溯信息的集中管理中心以及追溯体系日常运行的控制中心。已建设肉类(蔬菜)质量追溯数据中心的城市,按全省统一要求逐步进行改造。平台具体功能如下：

1. 汇总全市流通节点主体信息

对纳入追溯范围的定点屠宰企业、批发市场、零售市场、团体采购单位、"产销对接"核心企业等流通节点主体进行实名注册备案，签订追溯承诺书。建立专门的肉类蔬菜流通主体信息库，汇总各流通节点主体和进场经营商户（包括批发商、零售商、团体采购单位等）基本身份信息，按主体性质、主体类别、经营范围、经营地点等进行存储和检索。

2. 汇总全市追溯信息

建立全市肉类蔬菜流通追溯信息库，汇总各流通节点追溯子系统上报的追溯信息，按产地、流通节点、经营商户、追溯码等项目进行分级存储和检索，形成本市肉类蔬菜流通追溯信息链条。按照规定的具体采集指标及时限要求，将有关信息传送省追溯管理平台或中央追溯管理平台。

3. 支持应急事件快速处置

根据肉类蔬菜流通追溯信息，第一时间明确应急事件产生的上下游环节，锁定源头、追踪流向，向相关经营主体及消费者发布警示信息，并利用智能化手段，支持有关部门依法开展问题产品下架、退市、召回等应急处置工作。

4. 对各流通节点进行监控管理

制定追溯工作考核管理制度及动态考核指标，定期对各流通节点追溯工作进行考核和智能评估，实现按季度或按月对各流通节点信息传输的及时性、规范性、真实性、连续性的横向比较和纵向分析。建立问题发现模型库，形成对问题的筛选、定性与程度评价的统一方法，对各流通节点信息报送进行有效监控，存在问题的及时予以警示。

5. 开展城市追溯信息综合分析利用

适应当地肉类蔬菜流通行业管理需要，建立统计分析指标体系和分析模型库，设定肉类蔬菜各品种进货量、成交量、成交价等地方性统计分析项目，按日、周、月、年等周期，综合运用同比、环比、走势、排行等方法进行统计分析。

6. 提供综合信息服务

通过平台用户权限管理方式，为相关部门提供信息综合查询服务，实现追溯信息共享。设立信息发布窗口，通过网络、12312热线、短信等渠道，为交易主体和消费者提供查询和举报投诉服务。

三　流通节点追溯子系统

　　各建设城市根据肉类蔬菜流通追溯体系建设规范,兼顾企业内部信息化改造需要,按照"统一规划、政府支持、企业建设"的原则,以 IC 卡(或 CPU 卡,下同)为基本信息传递载体,在定点屠宰企业、批发市场、零售市场、消费环节、"产销对接"核心企业等建设追溯子系统,按照统一的数据传输格式和接口规范,与城市追溯管理平台连接。鼓励有条件的城市向生产环节延伸追溯关口,逐步实现流通与生产之间信息的无缝衔接。

(一)生猪屠宰环节追溯子系统

　　在生猪定点屠宰企业建设覆盖生猪进厂、屠宰、检疫、检验、肉品出厂等关键环节,以移动式或固定式追溯信息读写机具为信息录入设备的追溯子系统,作为肉类追溯的源头控制点和关键信息采集点。凭生猪产地检疫证明准入,凭交易凭证、肉类蔬菜流通服务卡准出,确保生猪来源信息对接肉品流向信息,实现信息环环相扣。生猪屠宰环节追溯子系统主要功能如下:

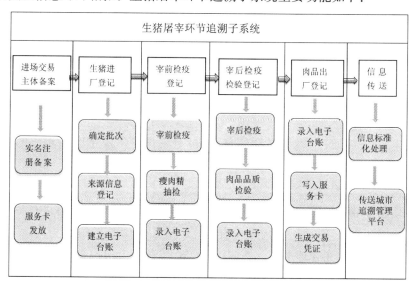

图2　生猪屠宰环节追溯子系统功能示意图

1. 对进场交易主体进行备案

实名备案。进场经营者(货主、买主)凭借有效身份证件、营业执照等进行实名备案,签订追溯承诺书。已在其他流通节点备案的经营者无须再备案。

服务卡发放。对备案主体发放肉类蔬菜流通服务卡。经营者必须持卡交易。

2. 生猪进厂登记

确定批次。以生猪产地检疫证明为批次管理依据,同一张产地检疫证的生猪为同一批次,不同批次的生猪需分别屠宰。

建立电子台账。根据确定的批次,建立以产地检疫证号为索引的电子台账,登记该批次生猪的品种、数量、重量、贩运户(货主)、进厂时间、产地、养殖户(场)、产地检疫证号等信息,原始单据保存 2 年以上。

3. 宰前检疫结果登记

经宰前检疫、"瘦肉精"抽检,将检疫信息录入该批次电子台账后,方可进行屠宰。

4. 宰后检疫检验结果登记

经宰后检疫和肉品品质检验,将检疫检验信息录入该批次电子台账,不合格产品不得出厂。

5. 肉品出厂登记

录入电子台账。货主持卡取肉或者买主持卡买肉后,将品种、数量、重量、货主(买主)、出厂时间等交易信息录入该批次电子台账。

写入服务卡。将电子台账内与该肉品有关的信息写入货主或买主肉类蔬菜流通服务卡。

生成交易凭证。根据交易信息,通过专用设备生成带有追溯码的交易凭证。

6. 信息传送

信息标准化处理。追溯子系统按信息采集要求,自动对信息进行标准化处理。

传送城市追溯管理平台。备案信息实时传送城市追溯管理平台;交易信息在规定时间内传送,并由城市追溯管理平台传送下游环节。采集指标按技术要求执行,各建设城市可根据需要增加个性化采集指标,但不传送省级追溯

管理平台。

（二）肉类蔬菜批发环节追溯子系统

以电子结算为基础,在大型批发市场建立覆盖肉类蔬菜进场、检测、交易、结算等关键环节,以移动式追溯信息读写机具为录入设备,以智能溯源秤或标签电子秤为输出设备的追溯子系统,作为蔬菜追溯的源头控制点和肉类蔬菜追溯的关键信息采集点。主要功能如下:

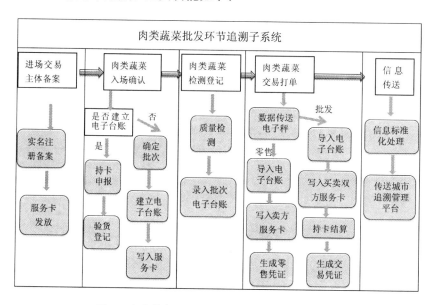

图3　肉类蔬菜批发环节追溯子系统功能示意图

1. 对进场交易主体进行备案

实名备案。严格按照《江苏省农产品质量安全条例》,对未在其他流通节点备案的进场经营者(批发商、零售商)进行实名备案,签订追溯承诺书。

服务卡发放。对备案的经营者发放肉类蔬菜流通服务卡。经营者必须持卡交易。

2. 肉类蔬菜入场登记

（1）已建立电子台账的肉类蔬菜

持卡申报。由批发商入场后向批发市场持卡申报,市场管理员以交易凭证为分批验货的依据。

验货登记。市场管理员对进场交易的肉类蔬菜索票索证(检验检疫证明、产地证明或检测合格证明)收货,读取肉类蔬菜流通服务卡,将信息自动导入追溯子系统,完成与系统中该批次肉类蔬菜信息的匹配验证。

(2)尚未建立电子台账的肉类蔬菜

确定批次。以动物产品检疫证、蔬菜产地证明或上市凭证为批次管理依据,同一批发商的同一张动物产品检疫证、产地证明或上市凭证的肉类或蔬菜为同一批次。

建立电子台账。由市场管理员登记肉类蔬菜来源信息,分别建立以动物产品检疫证号或产地证明号(上市凭证号)为索引的电子台账。蔬菜如无产地证明或检测合格证明,货主(批发商)应自行填写蔬菜来源地、品种、数量等信息,并签字确认,由批发市场管理员录入相关信息。肉类电子台账包括批发商、品种、数量(重量)、动物产品检疫证号、肉品品质检验证号、车辆消毒证号、屠宰企业、生猪产地等信息,蔬菜包括批发商、品种、数量(重量)、产地证明号或上市凭证号、产地、种植户(场)等信息。

写入服务卡。将电子台账的肉类蔬菜信息写入批发商肉类蔬菜流通服务卡。

3. 肉类蔬菜检测结果登记

批发市场按照相关法律法规规定对肉类蔬菜进行质量检测,将相关信息录入该批次电子台账。检测不合格的,自动向下游各环节发送中止交易的指令。

4. 肉类蔬菜交易管理

数据传送电子秤。通过局域网即时连接、刷卡读取等方式,将肉类蔬菜信息传送智能溯源秤或标签电子秤,支持肉类蔬菜交易。

导入电子台账。买卖双方交易时,将品种、价格、数量、买主、流向等交易信息导入该批次电子台账。

写入服务卡。将批发信息写入买卖双方肉类蔬菜流通服务卡,零售信息写入卖方肉类蔬菜流通服务卡。

持卡结算。批发交易买方持卡到电子结算中心结算。

获取交易或零售凭证。批发交易买方在结算完成后,获取带有追溯码的交易凭证;零售交易卖方通过智能溯源秤或标签电子秤,为消费者打印带追溯码的零售凭证。

5. 信息传送

信息标准化处理。追溯子系统按信息采集要求,自动对信息进行标准化处理。

传送城市追溯管理平台。备案信息实时传送城市追溯管理平台;交易信息在规定时间内传送,并由城市追溯管理平台传送下游环节。采集指标按统一规定执行,各建设城市可根据需要增加个性化采集指标,但不传送省级追溯管理平台。

(三)肉类蔬菜零售环节追溯子系统

标准化菜市场

在标准化菜市场建立以进场确认和消费者自助打单管理为核心内容的追溯子系统(基础条件好的,也可执行商务部试点建设标准)。主要功能如下:

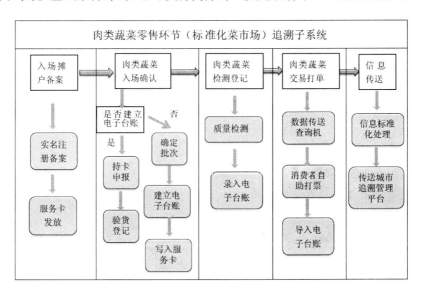

图4 肉类蔬菜零售环节(标准化菜市场)追溯子系统功能示意图

1. 对入场摊户进行备案

实名注册备案。标准化市场对入场经营户和供应商进行实名注册备案,签订追溯承诺书。已在其他流通节点备案的经营者无须再备案。

服务卡发放。对备案的零售商发放肉类蔬菜流通服务卡。零售商须持卡交易。

2. 肉类蔬菜入场确认

（1）已建立电子台账的肉类蔬菜

持卡申报。肉类蔬菜入场时，零售商向零售市场持卡申报，市场管理员以交易凭证为分批验货的依据。

验货登记。进行现场分批验货并登记，信息自动导入追溯子系统，完成与系统中该批次肉类蔬菜信息的匹配验证。

场内二次批发管理。入场确认后的肉类蔬菜需要经过二次批发交易的，由二次批发卖方和买方共同持卡向市场管理者申报，将溯源信息写入买方追溯服务卡，同时进行入场确认。

（2）未建立电子台账的蔬菜

确定批次。对未经批发市场而直接进入标准化菜市场的蔬菜，以产地证明号或上市凭证号为批次管理依据，零售商当次所进蔬菜为同一批次。

建立电子台账。由市场管理员登记品种、数量、产地证明号或上市凭证号、产地、种植户（场）等信息，建立以产地证明号或上市凭证号为索引的电子台账，并保存原始单据 2 年以上。

写入服务卡。由市场管理员将电子台账信息写入零售商肉类蔬菜流通服务卡。

3. 肉类蔬菜检测结果登记

建设城市对零售市场有检测要求的，零售市场按要求对肉类蔬菜进行质量检测，将相关信息录入该批次电子台账。检测不合格的，自动中止交易。

4. 肉类蔬菜交易打单

数据传送查询机。通过局域网，将肉类蔬菜溯源信息（摊位号、摊主姓名、进场蔬菜品种、进货量追溯码等）传送至查询机。

消费者自助打印凭证。消费者交易完成后，到查询机上，自助选择交易所在的摊位编号，选择购买的肉类蔬菜种类、填写重量后打印带有追溯码的零售凭证。

导入电子台账。将打印追溯零售凭证的交易信息自动导入该批次电子台账。

5. 信息传送

信息标准化处理。追溯子系统按信息采集要求,自动对信息进行标准化处理。

传送城市追溯管理平台。备案信息实时传送城市追溯管理平台,交易信息在规定时间内传送。采集指标按统一规定执行,各建设城市可根据需要增加个性化采集指标,但不传送省级追溯管理平台。

大型超市(卖场)

在大型超市(卖场),通过制定个性化解决方案,将追溯系统与大型超市(卖场)的进销系统信息对接,在肉类蔬菜包装标签上叠加追溯码,实现可追溯。肉类蔬菜平价店、直销店参照大型超市(卖场)方案。

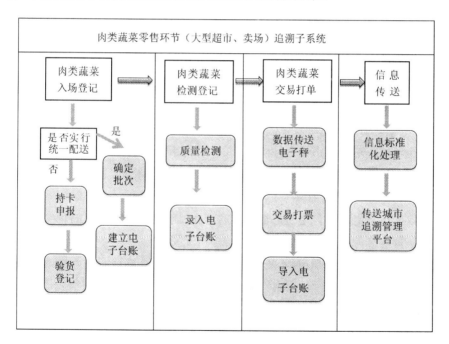

图5 肉类蔬菜零售环节(大型超市、卖场)追溯子系统功能示意图

1. 肉类蔬菜入场登记

根据大型超市(卖场)经营模式,按照是否实行统一采购、统一配送,对大型超市(卖场)肉类蔬菜入场登记采用不同方式处理。

（1）实行统一配送的超市(卖场)

备案登记。供应商(批发商)需统一备案登记,签订责任承诺书。

确定批次。以动物产品检疫证、蔬菜产地证明或上市凭证为批次管理依据,同一批发商的同一张动物产品检疫证、产地证明或上市凭证的肉类或蔬菜为同一批次。

建立电子台账。由大型超市(卖场)管理员将进销系统中的进货相关信息(包括品种、数量、产地证明号或上市凭证号、产地、种植户(场)等)手动导入大型超市(卖场)追溯子系统,建立以产地证明号或上市凭证号为索引的电子台账,并保存原始单据 2 年以上。

（2）自行采购肉类蔬菜的超市(卖场)

持卡申报。对于自行前往批发市场采购肉类蔬菜的超市(卖场),对照标准化菜市场经营户管理。对其备案,发放追溯服务卡。肉类蔬菜入场时,采购人持卡申报,超市(卖场)管理者以交易凭证为分批验货的依据。

验货登记。进行现场分批验货并登记,信息自动导入追溯子系统,完成与系统中该批次肉类蔬菜信息的匹配验证。

2. 肉类蔬菜检测结果登记

建设城市对零售市场有检测要求的,零售市场按要求对肉类蔬菜进行质量检测,将相关信息录入该批次电子台账。检测不合格的,自动中止交易。

3. 肉类蔬菜交易打单

数据传送电子秤。通过局域网即时连接、刷卡读取等方式,将肉类蔬菜信息传送智能溯源秤或标签电子秤,支持零售交易。

生成零售凭证。超市(卖场)销售肉类蔬菜时,通过智能溯源秤或标签电子秤,在允许的重量浮动范围内,为消费者打印带有追溯码的零售凭证。

导入电子台账。将交易信息自动导入该批次电子台账。

4. 信息传送

信息标准化处理。追溯子系统按信息采集要求,自动对信息进行标准化处理。

传送城市追溯管理平台。备案信息实时传送城市追溯管理平台,交易信息在规定时间内传送。采集指标按统一规定执行,各城市可根据需要增加个性化采集指标,但不传送省级追溯管理平台。

(四) 消费环节追溯子系统

在消费环节建立以消费者信息查询和团体消费管理为主要内容的追溯子系统。主要功能如下:

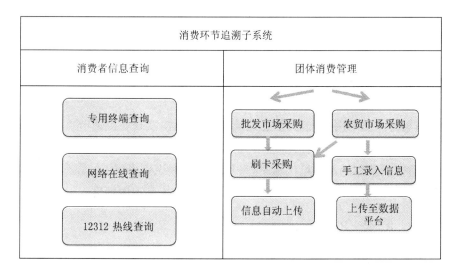

图6　消费环节追溯子系统功能示意图

1. 消费者信息查询

消费者通过在零售市场查询终端自助打票的同时查询购买的肉类蔬菜来源信息。建设城市同时开通互联网、热线电话等查询通道,供消费者查询肉类蔬菜流通相关信息。

2. 团体消费管理

建设城市团体消费单位(大中型企业、政府机关、学校、餐饮企业、肉类蔬菜制品加工厂等)建立以登记备案、持卡进货为核心的追溯子系统。

进货验收。采购员在批发市场采购肉类蔬菜等商品,交易成功后,信息即写入买方追溯卡,并自动上传至追溯平台,视为最终消费。如采购员在农贸市场采购肉类蔬菜等商品,可由单位管理员对照零售凭证,在线上手动录入购买的货物品种、数量等信息,现场验收上传至追溯平台。也可按农贸市场二次批发交易上传追溯信息。

（五）"产销对接"核心企业追溯子系统

"产销对接"核心企业（全产业链企业、配送企业等），按照全国统一编码规则、传输格式、接口规范，改造现有内部追溯管理系统，实现对所经营的肉类蔬菜流通信息的标准化采集，并按要求在规定时间内传送城市追溯管理平台。采集指标按统一规定执行，各建设城市可根据需要增加个性化采集指标，但不传送省级追溯管理平台。

四 鼓励采用先进的追溯技术模式

本规范主要采用 IC 卡为信息记录和传递载体，实现各流通节点间追溯信息相互关联。鼓励各个城市在应用 IC 卡技术的基础上，根据当地不同包装程度、流通模式及经营者信息化水平，采用无线射频识别（RFID）、条码等技术，探索更先进的追溯技术模式，不断细化追溯单元，提高追溯精度。

（一）IC 卡＋RFID 模式

以肉类蔬菜流通服务卡作为交易主体身份凭证和肉类蔬菜流通信息记录与传递载体，同时，采用 RFID 标签对肉类蔬菜追溯单元进行特定化标识，实现服务卡内信息与追溯客体的准确匹配。也可利用 RFID 传递相关信息。适用于包装化、品牌化、附加值高的肉类蔬菜单元的追溯。

（二）IC 卡＋条码模式

以肉类蔬菜流通服务卡作为交易主体身份凭证和肉类蔬菜流通信息记录与传递载体，同时，采用条码对肉类蔬菜追溯单元进行特定化标识，实现服务卡内信息与追溯客体的准确匹配。适用于包装化肉类蔬菜单元的追溯。

（三）多项技术集成模式

综合运用 RFID 标签、条码等技术手段，在不同环节对肉类蔬菜追溯单元进行特定化标识，实现肉类蔬菜流通服务卡内信息与追溯客体的准确匹配。适用于多环节、包装化、品牌化的肉类蔬菜单元的追溯。

五 名词解释

（1）IC 卡。又称集成电路卡，是在聚氯乙烯（PVC，塑料产品之一）材料上嵌置一个或多个集成电路芯片，尺寸遵照国际标准（如 ISO 7810）规定，用于记录和传递信息的卡片。

（2）CPU 卡。又称智能卡，是指带有微处理器、具有一定信息处理能力的 IC 卡。

（3）条码。主要指条形码和二维码。条形码是指宽度不等的多个黑条和空白，按照一定的编码规则在一维方向上排列的图形标识符，用于记录数据信息。二维码是指某种特定的几何图形，按一定规律在二维方向上分布的黑白相间的图形标识符，用于记录数据信息；与条形码相比，二维码具有信息容量大、纠错能力强等特点。

（4）RFID。又称无线射频识别技术，是一种非接触式的、可通过无线射频信号自动识别特定目标对象并读写相关数据的通信技术。一般由 RFID 标签、读写器和天线组成。

（5）肉类蔬菜流通服务卡。是指肉类蔬菜流通经营者所持的身份凭证和记录、传递交易过程信息的载体。按照商务部规定的信息记录格式和加密规则，由建设城市商务主管部门监制并统一配发给肉类蔬菜经营者。一般采用 IC 卡或 CPU 卡，全国统一标识，统一样式。

（6）电子台账。是指按照商务部统一规定的标准格式建立的，用于详细记录肉类蔬菜流通全过程信息的电子义档。

（7）追溯码。是指由各子系统按照商务部统一编码规则自动生成，标注于交易凭证或零售凭证上，用于查询肉类蔬菜流通追溯信息的代码。由数字、字母等组成，在全国具有唯一性。

（8）交易凭证。在屠宰厂（场）或批发市场批发交易过程中产生的带有追溯码的流通单据，是后续环节分批验货的基本依据。

（9）零售凭证。是指零售环节（含批发市场零售摊位）产生的带有追溯码的售货凭证，是消费者查询追溯信息的依据。

（10）移动或固定式追溯信息读写机具。是指具备条码识读、RFID 和 IC

卡读写、手写输入等功能,并能通过 GPRS、WIFI 和蓝牙等方式传输信息的移动式或固定式设备。

(11)智能溯源秤。是指集合称重、非接触式 IC 卡读写、凭证打印等功能,并能通过有线或无线等方式接收、传输相关信息的电子秤。

(12)查询终端。是指消费者查询肉类蔬菜追溯信息的专用设备,具备触摸查询、输入、自助打印零售凭证等功能。

(13)片肉激光灼刻。是指利用激光束瞬间在片猪肉及猪肉分割产品表面灼刻出可识别标识信息的技术手段。灼刻信息主要包括追溯码、品质检验合格章、动物检疫讫章等。

省商务厅关于进一步做好外商投资审批管理服务工作的通知

各省辖市商务局(南京市投促委),昆山市、泰兴市、沭阳县商务局,各县(市、国家级经济技术开发区、外资单列国家级高新技术产业开发区、苏州工业园区、张家港保税港区)商务主管部门:

2005年以来,省商务厅在外资单独列户管理制度基础上,对省级权限内外资项目审批实行"网上审核异地出证"制度,极大方便了企业和基层,取得了很好效果。为贯彻落实省委、省政府进一步深化行政审批制度改革要求,结合党的群众路线教育实践活动的开展,现就进一步做好全省外商投资审批管理服务工作通知如下:

一 进一步下放外商投资审批权限

1. 扩大地方商务部门外资项目审批权限。在外资单独列户管理的基础上,将原省级审批权限内的下述第一产业和第二产业外资项目审批管理权限下放到"部分地方商务部门"(具体名单见附件1):

(1) 新设及单次增加投资总额3 000万美元(含本数)－1亿美元以下(不含本数)的鼓励类及允许类外资项目;

（2）新设及单次增加投资总额 3 000 万美元（含本数）—5000 万美元以下（不含本数）的限制类项目。

2. 扩大地方商务部门服务业行业审批范围。原省级审批权限范围内的服务业外资项目，除部分目前仍须先行取得省级以上行业主管部门的前置许可意见，以及当前全省利用外资重点发展和处于试点阶段的部分服务业行业外（具体内容见附件2），其余服务业行业外资项目均下放到各地商务部门审批。具体审批权限划分按第 1 条规定确定。

3. "部分地方商务部门"受理辖区内（含外资单列地区）符合第 1、2 条规定条件的外资项目申请后，按照相关规定和要求进行审核，出具批复文件，加盖商务部门印章并制作外商投资（台港澳侨）企业批准证书。

4. 商务部负责审批的外资项目（以下简称"部批项目"，具体内容见附件3）及省商务厅负责审批的外资项目（以下简称"省批项目"，具体内容见附件2）的申报审批流程保持现行办法不变，由项目所在地商务主管部门通过省政府"行政权力网上公开运行系统"直接转报省商务厅，其中转报部批项目时需同时提供书面资料。

5. 原由省商务厅审批的项目，凡符合第 1、2 条规定要求的后续变更事项由地方商务部门负责审批管理。

二 优化外商投资鼓励类项目确认书及进口证明的出具流程

6. 各省辖市商务部门具体承办辖区内（含外资单列地区及国家级经济技术开发区）投资总额 3 亿美元以下（不含本数）外商投资企业（含部批项目和省批项目）鼓励类项目确认书和进口证明的审核工作。

7. 各省辖市商务部门在收到相关申请后，应根据法律法规和商务部有关规定，做好外商投资鼓励类项目确认书和进口证明的审核工作，出具《江苏省国家鼓励的外资项目确认书审核意见表》（格式见附件 4）、《江苏省国家鼓励发展的外资项目确认书变更事项审核意见表》（格式见附件 5）、《江苏省外商投资企业进口更新设备、技术及配备件证明审核意见表》（格式见附件 6），加盖省辖市商务局印章后，将其扫描件及 WORD 电子版发送至省商务厅办公系统"外资项目出证"信箱,省商务厅通过《全口径外资管理信息系统》直接代为出证(一式两份)并加盖"外商投资企业进口审核专用章江苏省"后免费寄送各地。

8. 各省辖市商务部门应认真负责做好外商投资鼓励类项目确认书和进口证明的审核工作,明确专人作为审核工作专管员,负责与省商务厅及相关部门的日常沟通衔接工作。

9. 投资总额3亿美元以上(含本数)外商投资企业鼓励类项目确认书的出具申请应由省辖市商务部门通过省商务厅转报商务部审核。

三 切实履行外资审批管理服务职能

10. 按照"谁审批谁负责"的原则,各级商务部门应切实履行外资审批管理职能,承担相应责任,努力做好为企业和投资者的服务工作。审批管理工作是服务基层、服务企业、服务投资者的重要方面,要寓审批管理于服务之中,在审批管理中体现服务能力和水平。

11. 严格执行国家外商投资产业政策。对于《外商投资产业指导目录》限制类行业及国家综合平衡、宏观调控、"两高一资"和产能过剩等行业的外资项目,商务部门要按照有关规定严格审核,投资者或企业应事先取得有关部门前置许可意见或完成项目核准(备案)手续。

12. 加强项目真实性审核,推进项目早落地。要从申报材料是否齐全,申报内容是否真实,申报项目是否可行等多方面加强审核,坚决杜绝虚假外资项目。对已经审批的项目要加强跟踪服务和协调,加快项目的到资、建设和投产进程。

13. 认真做好外资并购安全审查制度的宣传和执行。按照国务院、商务部及省商务厅关于外资并购安全审查相关规定和要求,切实履行并购安全审查工作职责,督促相关投资者主动提交并购安全审查申请,做好有关配合工作。

14. 加强项目审批的备案工作。按照商务部规定要求,及时将相关外资项目审批及生产经营情况报商务部备案,避免因未及时备案导致影响企业正常生产经营情况的发生。

四 | 加强日常管理工作

15. 加强外资审批管理工作的档案管理。按照《档案法》及有关规定,及时将外资审批管理工作中形成的原始档案资料收集整理后交付职能部门长期保存,避免重要档案资料由个人或业务处室保存,以保证工作的延续和审批责任的可追溯。

16. 认真审核和准确填报审批管理工作信息。要对审批管理工作中涉及的相关信息进行严格审核和细致分类,按照《全口径外资管理信息系统》的规范要求全面、准确、及时录入,为后续汇总分析工作打下坚实可靠的数据基础。

17. 省商务厅将加强对下放后各地外资项目审批工作的监管,不定期对各地审批的外资项目的真实性、审批权限和程序的合法合规性、审批资料的完整性开展抽查。如发现违规行为,将视情况通报批评,直至收回下放的审批权限。

五 | 其他工作

18. 省商务厅原"网上审核异地出证"制度停止实施,原刻制并下发部分地方商务部门的"网上审批专用章"相应作废,原印制并下发部分地方商务部门的审批专用纸不再使用。

19. 省商务厅将加强对各地外资审批管理业务的辅导与培训,及时解读宣传国家最新利用外资政策和法律法规,帮助各地提高外资审批管理业务水平。

20. 本通知相关规定要求自 2013 年 11 月 1 日起执行。各地在执行过程中遇有问题,请及时向省商务厅(外资处)反映。

附件:1. "部分地方商务部门"名单一览表
　　　2. 省商务厅外资项目审批权限主要内容一览表
　　　3. 商务部外资项目审批(核)、备案权限主要内容一览表

(2013 年 10 月 28 日)

附件 1

"部分地方商务部门"名单一览表

省辖市商务局	省直管县商务局	部分县级市商务局	部分国家级高新区管委会
无锡市	昆山市	太仓市	无锡高新技术产业开发区
徐州市	泰兴市	常熟市	常州高新技术产业开发区
常州市	沭阳县	张家港市	苏州高新技术产业开发区
苏州市		江阴市	泰州医药高新技术产业开发区
南通市			张家港保税港区
连云港市			
淮安市			
盐城市			
扬州市			
镇江市			
泰州市			
宿迁市			

附件 2

省商务厅外资项目审批权限主要内容一览表

审批内容	审批权限	说明
第一、二产业	新设或单次增资 1 亿美元以上，3 亿美元以下的鼓励类和允许类项目。	其余原省商务厅审批权限范围内的农业和制造业外资项目审批权全部下放到地方商务部门。
第三产业	汽车品牌销售；融资租赁，商业保理；融资担保；小额贷款；广告，合资、合作医疗；电影院。	其余原省商务厅审批权限范围内的 13 个服务业行业门类外资项目审批权全部下放到地方商务部门。
特殊形态	投资性公司；创业投资。	

备注：关于项目规模，外商投资股份有限公司按注册资本计，改制为外商投资股份有限公司的按评估后的净资产值计，外国投资者并购境内企业的按并购交易额计。

附件3

商务部外资项目审批（核）、备案权限主要内容一览表

审批内容	审批权限
第一、二产业	新设或单次增资3亿美元以上的允许类项目,以及需要国家综合平衡的鼓励类项目;新设或单次增资5 000万美元以上的限制类项目。
第三产业	电信、直销、民航、铁路货运、旅行社(从事出境游业务)、资产重组处置、金融、金融信息服务、殡葬、独资医疗机构、限额以上基础设施等。
特殊形态	并购交易额3亿美元以上的外资并购事项,以及商务部2009年第6号令规定需报商务部审批的事项。
审核内容	审核权限
项目确认书	投资总额3亿美元以上外商投资企业
备案内容	备案方式
房地产业	书面并网上,经省商务厅向商务部备案
宏观调控和"两高一资"行业	书面并网上,经省商务厅通过省政府办公厅向商务部备案
产能过剩行业	书面并网上,经省商务厅向商务部备案

备注:① 关于项目规模,外商投资股份有限公司按注册资本计,改制为外商投资股份有限公司的按评估后的净资产值计。② 关于备案内容,仅列出省以下商务部门审批部分项目。

丰县等 16 个县利用外资工作实行
单独列户管理实施办法

根据省政府办公厅 2013 年 11 月 5 日苏政办函〔2013〕101 号"省政府办公厅关于丰县等县利用外资工作实行单独列户管理的函"精神,丰县等 16 个利用外资工作实行单独列户管理地区的商务主管部门(以下简称"外资单列单位")对辖区内外商投资企业合同章程(企业设立)及相关事项履行审批管理职能。

一 关于外资单列单位审批管理权限

(1) 投资总额 3 000 万美元以下(不含 3 000 万美元)的第一产业和第二产业外资项目,均由外资单列单位审批企业合同章程(企业设立),出具批复文件。

(2) 投资总额 3 000 万美元以下(不含 3 000 万美元)的第三产业外资项目,除《省商务厅关于进一步做好外商投资审批管理服务工作的通知》(苏商资〔2013〕1147 号,以下简称"〔2013〕1147 号文")中列明属于商务部或省商务厅审批事项外,均由外资单列单位审批企业合同章程(企业设立),出具批复文件。

（3）原由省辖市商务部门审批,现属于外资单列单位审批管理权限范围内的外资项目,其后续变更、终止等事项由外资单列单位在权限范围内负责审查批准。

（4）投资总额3 000万美元以上(含3 000万美元)的外资项目,按照省商务厅〔2013〕1147号文规定的权限和程序报上级商务主管部门审批。

二 关于批准证书的制作和颁发

各外资单列单位依据批复文件,对审批权限内自行审批设立的外商投资企业代省人民政府颁发《外商投资企业批准证书》、《台港澳侨企业批准证书》。相关批准证书的制作要严格按照商务部《全口径外资管理信息系统》要求,认真审核填报相关信息。有关《全口径外资管理信息系统》运行事项由省商务厅负责与商务部衔接。

三 关于项目报部备案

按照商务部要求,涉及国家综合平衡、宏观调控、"两高一低"和产能过剩的制造业项目,以及房地产等服务业项目,均须在审批后经省商务厅报商务部备案,涉及外方以境外人民币出资须事先经省商务厅报商务部,获得商务部同意后方可办理相关审批手续。

四 关于外商投资鼓励类项目确认书及进口证明的出具

按照省商务厅〔2013〕1147文要求,各外资单列单位负责辖区内外商投资企业鼓励类项目确认书及进口证明出具申请的初审工作。

五 关于统计工作

各外资单列单位负责辖区内利用外资的统计工作,其中外商投资实际到账统计工作仍由所属省辖市商务局扎口负责核查汇总上报。

六　其他工作

（1）各外资单列单位要加强审批、管理和统计人员的配备、培训，努力提高工作能力和服务水平。

（2）各外资单列单位要主动做好与相关横向部门的沟通协调，争取多方支持，共同做好工作。

（3）批准证书编号由省商务厅统一管理，各外资单列单位可根据实际需要向省商务厅批量申领批准证书。

（4）各省辖市商务局负责配合外资单列单位及时做好具体审批管理项目范围的划分确定。

其余未尽事项，均按照省商务厅〔2013〕1147 号文规定执行。

本办法由省商务厅负责解释。

（2013 年 11 月 13 日）

欧美日等主要经济指标
（至 2013 年 12 月）

国　别	全年 金额/指数	全年 比上年同期±%	2013年 7—9月 金额/指数	7—9月 比上年同期±%	10—12月 金额/指数	10—12月 比上年同期±%	10月 金额/指数	10月 比上年同期±%	11月 金额/指数	11月 比上年同期±%	12月 金额/指数	12月 比上年同期±%
实①②际国内生产总值												
美国（按2000年环比美元计、年率,亿美元）	157 671	1.9	158 190	4.1	159 656	3.2						
英国（按2010年价格,亿英磅）	15 326.69③	1.9	3 827.80	0.8	3 854.60④	0.7						
德国（2005年=100）			112.05	0.3								
日本（按2000年价格,万亿日元）			526.8	1.1								
法国（按上年价格计算,亿欧元）			4 530.0	−0.1								
名义国内生产总值												
美国（亿美元,年率）	168 030	3.4	168 908	6.2	171 025	4.6						
英国（亿英磅）			4 076.55	3.8								
德国（亿欧元）			7 035.8	3.3								
日本（万亿日元）			479.8	1.0								
法国（当年价格,亿欧元）			5 154.9	0.02								
工①②矿业生产												
美国（2007年=100）	99.6	2.6	99.6	0.8	101.2	6.8	100.4	0.3	101.5	1.0	101.8	0.3
英国（2010年=100）	96.6	−0.3	96.3	0.5	96.8	0.5	96.8	0.3	96.6	−0.2	97.1	0.5
德国（2010年=100）			106.9	1.0			105.7	−1.2	107.7④	1.9		
日本（2000年=100）	97.0	−0.6	97.7	1.8	99.6	1.9	99.3	1.0	99.2	−0.1	100.3	1.1
法国（2005年=100,经调整）			98.10	−1.3			98.3	−0.2	99.3	1.7		

续表

2013 年

	国别	全年 金额/指数	全年 比上年同期±%	7—9月 金额/指数	7—9月 比上年同期±%	10—12月 金额/指数	10—12月 比上年同期±%	10月 金额/指数	10月 比上年同期±%	11月 金额/指数	11月 比上年同期±%	12月 金额/指数	12月 比上年同期±%
进出口贸易额	美国① 进口(亿美元)	27 439	−0.04	6 893	1.2	6 918	1.2	2 333	3.6	2 291	−1.0	2 300	1.3
	出口(亿美元)	22 723	2.8	5 685	2.9	5 794	4.1	1 927	5.5	1 949	5.2	1 913	1.3
	英国⑤ 进口(亿英镑)	4 126.08	0.9	1 049.93	2.9	1 015.93	−1.2	344.92	0.9	343.50	−0.8	327.51	−4.7
	出口(亿英镑)	3 042.78	1.3	753.55	−0.5	745.20	−0.9	249.19	2.0	245.67	−0.9	250.34	−1.9
	德国 进口(亿欧元)	8 950.00	1.2	2 237.04	−0.7	2 257.61	−0.4	812.51	−1.6	765.10	−0.4	680.00	−5.7
	出口(亿欧元)	10 939.00	−0.2	2 733.98	−0.7	2 759.45	1.7	991.18	0.7	946.27	1.0	822.00	−3.3
	日本 进口(亿日本)	812 643	15.0	206 471	17.4	218 130	24.0	72 010	26.2	71 982	21.1	74 138	24.7
	出口(亿日本)	697 867	9.5	177 153	12.7	181 144	17.4	61 044	18.6	59 004	18.4	61 096	15.3
	法国⑤ 进口(亿欧元)	4 985.79	17.0	1 250.93	0.4	1 246.76	−0.3	412.19	−3.0	413.37	−0.2	421.2	−1.3
	出口(亿欧元)	4 366.13	18.1	1 093.06	−0.8	1 089.73	−0.3	363.96	−2.2	356.67	−2.6	369.13	−0.5
经常收支余额	美国(亿美元)			−948④	−9.4								
	英国(亿英镑)			−207.21	47.5								
	德国(亿欧元)	2 010.80	7.4	439.88	−3.1	641.74	34.5	190.74	22.8	216.00	21.4	235.00	10.7
	日本(亿日元)			13 261	−18.2			−1 279	−130.4	−5 928	−230		
	法国(亿欧元)			−98.94	83.9			−20.42	−22.7	−18.55	−46.9		
外汇①市场	美元/英镑	1.564 2	−1.3	1.552 3	−1.8	1.619 4	0.8	1.609 8	0.1	1.610 0	0.8	1.638 3	1.5
	美元/欧元	1.328 1	3.3	1.325 5	5.8	1.361 5	4.9	1.364 6	5.2	1.349 1	5.1	1.370 8	4.5
	日元/美元	97.6	22.3	98.90	25.8	100.44	23.6	97.77	23.7	100.07	23.5	103.46	23.5
	瑞士法郎/美元	0.926 9	−1.2	0.931 4	−3.2	0.902 9	−3.0	0.902 5	−3.2	0.912 9	−2.8	0.893 3	−3.0
	人民币元/美元	6.096 9	−3.0	6.148 0	−3.0	6.096 9	−3.0	6.142 5	−2.5	6.132 5	−2.5	6.096 9	−3.0

续表

国别	全年 金额/指数	全年 比上年同期±%	2013年 7—9月 金额/指数	2013年 7—9月 比上年同期±%	2013年 10—12月 金额/指数	2013年 10—12月 比上年同期±%	2013年 10月 金额/指数	2013年 10月 比上年同期±%	2013年 11月 金额/指数	2013年 11月 比上年同期±%	2013年 12月 金额/指数	2013年 12月 比上年同期±%
黄金市场 美元/盎司	1 411.23	-15.4	1 327.54	-19.8	1 272.47	-26.0	1 316.2	-24.7	1 275.82	-25.9	1 225.40	-27.4
批发物价 美国(1982年=100)	186.5	1.2	186.7	1.3	186.6	0.7	186.5	0.3	186.4	0.7	186.8	1.2
英国(2005年=100)	129.2	0.9	130.3	1.6	108.4	0.9	108.5	0.8	108.3	0.8	108.3	1.0
德国(2010年=100)	122.2	-0.5	121.6	-1.3	120.8	-2.2	120.8	-2.7	120.5	-2.2	121.1	-1.8
日本(2005年=100)	101.9	1.3	102.4	2.2	102.6	2.5	102.5	2.5	102.5	2.6	102.8	2.5
法国⑦(2010年=100)	108.58	0.3	108.10	0.4	108.43	0.3	108.0	-1.5	108.6	-0.8	108.7	-0.3
消费物价 美国(1982—1984年=100)	233.857	1.5	233.874	1.6	233.221	1.2	233.546	1.0	233.069	1.2	233.049	1.5
英国(2005年=100)	126.1	2.5	126.3	2.7	127.1	2.1	126.9	2.2	127.0	2.1	127.5	2.0
德国(2010年=100)	105.3	1.1	104.4	1.6	106.2	1.3	105.9	1.2	106.1	1.3	106.5	1.4
日本(2005年=100)	100.1	0.4	100.3	0.7	100.7	1.1	100.7	0.9	100.7	1.2	100.6	1.3
法国(2005年=100)	127.21	0.9	127.43	0.1	127.37	0.0	127.26	0.6	127.21	0.7	127.64	0.7
商品价格 路透社指数(1931年9月18日=100)	2 775.9	-7.6	2 664.6	-14.5	2 639.9	-14.0	2 654.7	-14.6	2 623.2	-14.5	2 641.7	-13.0
英国《经济学家》美元指数(2005年=100)	173.1	-8.7	167.3	-13.9	164.7	-12.3	1 656	-13.1	163.5	-11.9	165.1	-11.9
银行利率(%) 美国(优惠利率)	3.25	0.0	3.25	0.0	3.25	0.0	3.25	0.0	3.25	0.0	3.25	0.0
德国(2年期货利率)		-9.6	1.17	-33.6	1.17	-33.6	1.07	-35.5	1.05	-34.8		
日本(短期信贷利率)	0.075		0.073	-14.1	0.072	-14.3	0.07	-17.6	0.073	-15.1	0.074	-9.8
法国(欧元区月平均日拆利率)	0.09	-60.7	0.085 3	0.3	0.12	43.7	0.092 4	1.7	0.105 7	34.5	0.169 4	134.3

注：①月、季数均经季节性调整。②变动数与上月或上季数相比为增减%。③为初步数字。④为商品贸易和劳务贸易之和。⑤进出口价均按FOB计算，经季节调整。⑥货币汇价按伦敦外汇市场每日收盘价平均算出，美元兑人民币汇价系中国银行公布的年、季和月末牌价。⑦为工业品销售价格（不包括增值税和中间性产品）。

全国利用外资统计简表

2013 年 1—12 月

金额单位：亿美元

利用外资方式	企业数			实际外资金额		
	本年累计	上年同期	比上年%	本年累计	上年同期	比上年%
总　计	22 773	24 925	−8.63	1 187.21	1 132.94	4.79
一、外商直接投资	22 773	24 925	−8.63	1 175.86	1 117.16	5.25
中外合资企业	4 476	4 355	2.78	237.72	217.06	9.52
中外合作企业	142	166	−14.46	19.44	23.08	−15.76
外资企业	18 125	20 352	−10.94	895.89	861.32	4.01
外商投资股份制	30	52	−42.31	22.81	15.7	45.28
合作开发	0	0	0	0	0	0
其他	0	0	0	0	0	0
二、外商其他投资	0	0	0	11.34	15.78	−28.12
对外发行股票	0	0	0	3.26	7.27	−55.17
国际租赁	0	0	0	0	0	0
补偿贸易	0	0	0	0	0.95	−100
加工装配	0	0	0	8.08	7.56	6.98

1. 此表数据末包括银行、保险、证券领域吸收外商投资数据。
2. 截至 2013 年12月底，全国非金融领域累计设立外商投资企业786 051家。

全国利用外资分行业报表

2013年1—12月

金额单位:万美元

行 业	企业数			实际使用外资金额		
	本年累计	上年同期	同比%	本年累计	上年同期	同比%
总 计	22 773	24 925	−8.63	11 758 620	11 171 614	5.25
农、林、牧、渔业	757	882	−14.17	180 003	206 220	−12.71
采矿业	47	53	−11.32	36 495	77 046	−52.63
制造业	6 504	8 970	−27.49	4 555 498	4 886 649	−6.78
电力、燃气及水的生产和供应业	200	187	6.95	242 910	163 897	48.21
建筑业	180	209	−13.88	121 983	118 176	3.22
交通运输、仓储和邮政业	401	397	1.01	421 738	347 376	21.41
信息传输、计算机服务和软件业	796	926	−14.04	288 056	335 809	−14.22
批发和零售业	7 349	7 029	4.55	1 151 099	946 187	21.66
住宿和餐饮业	436	505	−13.66	77 181	70 157	10.01
金融业	509	282	80.5	233 046	211 945	9.96
房地产业	530	472	12.29	2 879 807	2 412 487	19.37

WWW.JSDOFTEC.GOV.CN

303

续表

行 业	企业数			实际使用外资金额		
	本年累计	上年同期	同比%	本年累计	上年同期	同比%
租赁和商务服务业	3 359	3 229	4.03	1 036 158	821 105	26.19
科学研究、技术服务和地质勘查业	1 241	1 287	−3.57	275 026	309 554	−11.15
水利、环境和公共设施管理业	107	122	−12.3	103 586	85 028	21.83
居民服务和其他服务业	166	192	−13.54	65 693	116 451	−43.59
教育	22	11	100	1 822	3 437	−46.99
卫生、社会保障和社会福利业	18	24	−25	6 435	6 430	0.08
文化、体育和娱乐业	151	145	4.14	82 079	53 655	52.98

外商直接投资分国别(地区)增幅及比重变动一览表

2013年1—12月

金额单位:万美元

国别/地区	企业数						实际使用外资金额					
	本年累计	上年同期	比上年%	本年比重	上年比重	比重增减	本年累计	上年同期	比上年%	本年比重	上年比重	比重增减
总计	22 773	24 925	-8.63	0	0	0	11 758 620	11 171 614	5.25	0	0	0
亚洲十国/地区	17 628	19 012	-7.28	77.41	76.28	1.13	9 424 275	8 619 968	9.33	80.15	77.16	2.99
中国香港	12 014	12 604	-4.68	52.76	50.57	2.19	7 339 667	6 556 119	11.95	62.42	58.69	3.73
印度尼西亚	31	45	-31.11	0.14	0.18	-0.04	12 623	6 378	97.91	0.11	0.06	0.05
日本	943	1 579	-40.28	4.14	6.34	-2.2	705 817	735 156	-3.99	6	6.58	-0.58
中国澳门	310	303	2.31	1.36	1.22	0.14	46 020	50 556	-8.97	0.39	0.45	-0.06
马来西亚	148	165	-10.3	0.65	0.66	-0.01	28 053	31 751	-11.65	0.24	0.28	-0.04
菲律宾	26	28	-7.14	0.11	0.11	0	6 726	13 221	-49.13	0.06	0.12	-0.06
新加坡	731	698	4.73	3.21	2.8	0.41	722 872	630 508	14.65	6.15	5.64	0.51
韩国	1 371	1 306	4.98	6.02	5.24	0.78	305 421	303 800	0.53	2.6	2.72	-0.12
泰国	37	55	-32.73	0.16	0.22	-0.06	48 305	7 772	521.53	0.41	0.07	0.34
台湾省	2 017	2 229	-9.51	8.86	8.94	-0.08	208 771	284 707	-26.67	1.78	2.55	-0.77
欧盟	1 446	1 607	-10.02	6.35	6.45	-0.1	651 793	534 825	21.87	5.54	4.79	0.75
塞浦路斯	6	15	-60	0.03	0.06	-0.03	2 128	863	146.58	0.02	0.01	0.01
比利时	31	37	-16.22	0.14	0.15	-0.01	3 451	3 821	-9.68	0.03	0.03	0
丹麦	40	57	-29.82	0.18	0.23	-0.05	36 960	13 048	183.26	0.31	0.12	0.19

续表

国别/地区	企业数						实际使用外资金额					
	本年累计	上年同期	比上年%	本年比重	上年比重	比重增减	本年累计	上年同期	比上年%	本年比重	上年比重	比重增减
英国	236	246	-4.07	1.04	0.99	0.05	39 194	40 960	-4.31	0.33	0.37	-0.04
德国	373	419	-10.98	1.64	1.68	-0.04	207 844	145 095	43.25	1.77	1.3	0.47
法国	168	153	9.8	0.74	0.61	0.13	75 189	65 242	15.25	0.64	0.58	0.06
爱尔兰	22	21	4.76	0.1	0.08	0.02	4 324	11 192	-61.37	0.04	0.1	-0.06
意大利	200	226	-11.5	0.88	0.91	-0.03	31 685	24 576	28.93	0.27	0.22	0.05
卢森堡	25	25	0	0.11	0.1	0.01	43 256	22 702	90.54	0.37	0.2	0.17
荷兰	102	104	-1.92	0.45	0.42	0.03	127 477	114 358	11.47	1.08	1.02	0.06
希腊	7	8	-12.5	0.03	0.03	0	158	140	12.86	0	0	0
葡萄牙	10	7	42.86	0.04	0.03	0.01	948	48	1 875	0.01	0	0.01
西班牙	77	95	-18.95	0.34	0.38	-0.04	31 197	34 717	-10.14	0.27	0.31	-0.04
奥地利	40	43	-6.98	0.18	0.17	0.01	15 341	21 626	-29.06	0.13	0.19	-0.06
保加利亚	2	5	-60	0.01	0.02	-0.01	165	747	-77.91	0	0.01	-0.01
芬兰	24	29	-17.24	0.11	0.12	-0.01	8 961	10 891	-17.72	0.08	0.1	-0.02
匈牙利	10	10	0	0.04	0.04	0	311	615	-49.43	0	0.01	-0.01
马耳他	0	0	0	0	0	0	3	54	-94.44	0	0	0
波兰	11	13	-15.38	0.05	0.05	0	155	357	-56.58	0	0	0
罗马尼亚	6	5	20	0.03	0.02	0.01	135	456	-70.39	0	0	0
瑞典	42	58	-27.59	0.18	0.23	-0.05	20 852	20 250	2.97	0.18	0.18	0

国别/地区	企业数						实际使用外资金额					
	本年累计	上年同期	比上年%	本年比重	上年比重	比重增减	本年累计	上年同期	比上年%	本年比重	上年比重	比重增减
爱沙尼亚	2	2	0	0.01	0.01	0	0	9	-100	0	0	0
拉脱维亚	1	1	0	0	0	0	0	0	0	0	0	0
立陶宛	0	3	-100	0	0	0	8	0	0	0	0	0
斯洛文尼亚共和国	1	5	-80	0	0.02	-0.02	86	269	-68.03	0	0	0
克罗地亚共和国	2	2	0	0.01	0.01	0	21	289	-92.73	0	0	0
捷克共和国	5	13	-61.54	0.02	0.05	-0.03	1 099	2 071	-46.93	0.01	0.02	-0.01
斯洛伐克共和国	3	5	-40	0.01	0.02	-0.01	845	429	96.97	0.01	0	0.01
北美	1 381	1 632	-15.38	6.06	6.55	-0.49	335 597	303 306	10.65	2.85	2.71	0.14
加拿大	320	331	-3.32	1.41	1.33	0.08	53 610	43 497	23.25	0.46	0.39	0.07
美国	1 061	1 301	-18.45	4.66	5.22	-0.56	281 987	259 809	8.54	2.4	2.33	0.07
部分自由港	1 010	1 152	-12.33	4.44	4.62	-0.18	1 075 616	1 266 858	-15.1	9.15	11.34	-2.19
毛里求斯	27	48	-43.75	0.12	0.19	-0.07	91 030	95 873	-5.05	0.77	0.86	-0.09
巴巴多斯	2	4	-50	0.01	0.02	-0.01	16 096	15 988	0.68	0.14	0.14	0
开曼群岛	87	110	-20.91	0.38	0.44	-0.06	166 825	197 540	-15.55	1.42	1.77	-0.35
英属维尔京群岛	501	572	-12.41	2.2	2.29	-0.09	615 858	783 086	-21.35	5.24	7.01	-1.77
萨摩亚	393	418	-5.98	1.73	1.68	0.05	185 807	174 371	6.56	1.58	1.56	0.02
其他	1 308	1 522	-14.06	5.74	6.11	-0.37	271 339	446 657	-39.25	2.31	4	-1.69

进出口商品主要国别（地区）统计

（2013年1—12月）

单位：千美元

进口原产国（地）出口最终目的国（地）	进出口总值		出　口		进　口	
	金　额	比上年同期±%	金　额	比上年同期±%	金　额	比上年同期±%
总　值	4 160 307 789	7.6	2 210 019 089	7.9	1 950 288 700	7.3
亚　洲	2 224 875 820	8.8	1 134 706 045	12.7	1 090 169 776	5
中国香港	401 007 414	17.5	384 792 269	19	16 215 145	−9.3
中国澳门	3 565 994	19.4	3 178 870	17.4	387 124	38.7
台湾省	197 280 501	16.7	40 643 616	10.5	156 636 885	18.5
东南亚国家联盟：	443 610 831	10.9	244 070 374	19.5	199 540 458	1.9
文　莱	1 793 576	10.3	1 703 772	36	89 804	−75.9
缅　甸	10 150 430	45.6	7 339 958	29.4	2 810 472	116.5
柬埔寨	3 772 152	29	3 410 630	25.9	361 522	67.9
印　尼	68 354 502	3.2	36 932 402	7.7	31 422 100	−1.7
老　挝	2 741 001	59.3	1 720 303	84.2	1 020 699	29.8
马来西亚	106 075 387	11.9	45 923 553	25.8	60 142 834	3.1
菲律宾	38 065 610	4.6	19 835 385	18.6	18 230 225	−7.2

进口原产国(地)出口最终目的国(地)	进出口总值		出　　口		进　　口	
	金　额	比上年同期±%	金　额	比上年同期±%	金　额	比上年同期±%
新加坡	75 914 305	9.6	45 864 048	12.6	30 050 257	5.3
泰　国	71 261 421	2.2	32 738 441	4.9	38 522 980	-0.1
越　南	65 482 447	29.8	48 592 882	42.1	16 889 565	4.1
孟加拉国	10 308 386	22	9 706 118	21.8	602 268	25.5
朝　鲜	6 556 648	8.6	3 632 476	2.8	2 924 172	16.8
印　度	65 471 323	-1.5	48 443 379	1.6	17 027 943	-9.4
伊　朗	39 541 510	8.4	14 147 649	22	25 393 862	2.1
以色列	10 827 198	9.3	7 644 560	9.4	3 182 638	8.9
日　本	312 553 285	-5.1	150 275 128	-0.9	162 278 157	-8.7
科威特	12 255 237	-2.4	2 674 545	28	9 580 743	-8.5
蒙　古	5 955 572	-9.8	2 449 601	-7.7	3 505 971	-11.2
阿　曼	22 920 757	22	1 900 497	4.9	21 020 270	23.8
巴基斯坦	14 218 727	14.5	11 018 974	18.8	3 199 753	2
沙特阿拉伯	72 203 879	-1.5	18 742 410	1.6	53 461 469	-2.6
韩　国	274 248 474	7	91 175 860	4	183 072 615	8.5

续表

进口原产国（地）出口最终目的国（地）	进出口总值		出　口		进　口	
	金　额	比上年同期±%	金　额	比上年同期±%	金　额	比上年同期±%
斯里兰卡	3 620 145	14.5	3 437 602	14.5	182 543	12.7
叙利亚	694 537	-42.1	689 833	-42	4 705	-56.9
土耳其	22 211 926	16.3	17 752 928	13.9	4 458 997	27
阿联酋	46 230 191	14.4	33 409 174	13	1 282 107	18.1
也门共和国	5 199 783	-6.5	2 138 722	9.4	3 061 061	-15.1
哈萨克斯坦	28 594 339	11.3	12 545 874	14	16 048 465	9.3
拉丁美洲	261 570 920	0.1	134 270 596	-0.7	127 300 324	1
阿根廷	14 839 483	2.8	8 750 214	11.2	6 089 268	-7.2
巴西	90 278 543	5.3	36 192 446	8.3	54 086 096	3.4
智利	33 805 882	1.7	13 112 999	4.1	20 692 883	0.3
哥伦比亚	10 448 556	11.3	6 830 454	9.7	3 618 103	14.6
墨西哥	39 217 272	6.9	28 968 468	5.3	10 248 805	11.9
巴拿马	11 037 349	-28.1	10 993 438	-28.2	43 912	-17.1
秘鲁	14 622 816	6	6 188 575	16.1	8 434 241	-0.4
委内瑞拉	19 211 903	-19.3	6 063 818	-34.8	13 178 085	-9.4

续表

进口原产国（地）出口最终目的国（地）	进出口总值		出口		进口	
	金额	比上年同期±%	金额	比上年同期±%	金额	比上年同期±%
欧　洲	729 966 233	6.9	405 774 894	2.4	324 191 309	13.1
欧洲联盟:	559 040 299	2.1	338 984 992	1.1	220 055 307	3.7
其中:比利时	25 430 935	-3.5	15 563 803	-5	9 867 131	-1
丹麦	9 087 855	-3.8	5 712 147	-12.7	3 375 709	16.2
英国	70 040 174	11	50 949 307	10	19 090 867	13.6
德国	161 551 513	0.3	67 347 613	-2.7	94 203 900	2.5
法国	49 831 644	-2.3	26 718 529	-0.7	23 113 115	-4.2
爱尔兰	6 672 522	13.2	2 477 135	18.1	4 195 388	10.5
意大利	43 334 259	3.9	25 756 465	0.4	17 577 794	9.4
卢森堡	2 064 572	-7	1 807 941	-7.6	256 631	-2.3
荷兰	70 147 392	3.8	60 316 818	2.4	9 830 574	13
希腊	3 651 097	-9.2	3 217 725	-10.4	433 372	1.4
葡萄牙	3 906 523	-2.7	2 507 554	0.3	1 398 969	-7.7
西班牙	24 913 453	1.4	18 929 658	3.8	5 983 795	-5.5
奥地利	7 068 492	4.5	2 038 179	-0.1	5 030 313	6.5

续表

进口原产国（地）出口最终目的国（地）	进出口总值		出 口		进 口	
	金 额	比上年同期±%	金 额	比上年同期±%	金 额	比上年同期±%
芬 兰	9 740 969	-13.6	5 831 698	-21.6	3 909 271	2
瑞 典	13 782 687	3.3	6 799 145	6	6 983 542	0.9
匈牙利	8 408 221	4.3	5 692 741	-0.8	2 715 481	16.9
波 兰	14 812 427	3	12 575 543	1.5	2 236 884	12
捷 克	9 452 091	8.3	6 837 848	8.1	2 614 244	8.6
保加利亚	2 079 538	9.8	1 116 885	5.9	962 653	14.8
挪 威	6 211 084	2	2 738 549	-9.3	3 472 535	13.2
罗马尼亚	4 030 927	6.7	2 822 749	0.9	1 208 178	23.2
瑞 士	59 528 621	126.3	3 511 888	0.6	56 016 733	145.5
俄罗斯联邦	89 212 689	1.1	49 594 839	12.6	39 617 850	-10.3
乌克兰	11 115 214	7.3	7 844 239	7.1	3 270 975	7.9
非 洲	210 238 916	5.9	92 809 451	8.8	117 429 465	3.7
阿尔及利亚	8 190 029	6	6 026 262	11.3	2 163 767	-6.4
安哥拉	35 935 100	-4.4	3 965 332	-1.8	31 969 768	-4.7
刚 果（布）	6 487 632	27.8	776 894	49.1	5 710 737	25.3

进口原产国(地)出口最终目的国(地)	进出口总值		出 口		进 口	
	金 额	比上年同期±%	金 额	比上年同期±%	金 额	比上年同期±%
埃 及	10 213 135	7	8 361 945	1.7	1 851 190	40.2
赤道几内亚	2 827 355	29.5	357 530	-1	2 469 825	35.5
利比亚	4 871 892	-44.4	2 832 964	18.8	2 038 928	-68
摩洛哥	3 806 777	3.1	3 272 723	4.5	533 354	-4.7
尼日利亚	13 588 359	28.6	12 044 383	29.6	1 543 976	21.2
南 非	65 150 284	8.6	16 831 152	9.8	48 319 132	8.2
苏 丹	4 499 168	20.5	2 398 047	10.1	2 101 121	35.2
北美洲	575 704 249	7.4	397 837 933	4.7	177 866 316	13.9
加拿大	54 437 984	6	29 219 138	3.9	25 218 846	8.7
美 国	521 002 089	7.5	368 426 763	4.7	152 575 326	14.8
大洋洲	153 18C 720	12.2	44 620 170	-0.6	108 560 550	18.4
澳大利亚	136 377 461	11.5	37 559 721	-0.4	98 817 739	16.8
新西兰	12 385 021	28	4 132 031	6.9	8 252 990	42

资料来源：中国海关统计

中国主要出口商品量值

（2013年1—12月）

单位：千美元

商品名称	计量单位	数 量	金 额	比上年同期±% 数 量	比上年同期±% 金 额
水海产品	万吨	384	19 428 602	4.2	7.2
谷物及谷物粉	万吨	95	664 158	-1.4	11.9
蔬 菜	万吨	778	9 005 521	5.1	19.1
豆 类	万吨	105	1 210 730	-19.5	-6.5
鲜、干水果及坚果	万吨	298	3 827 317	-2.1	12.4
食用油籽	万吨	57	841 566	-17.4	-7.0
茶叶	吨	325 775	1 246 842	3.9	19.6
煤	万吨	751	1 061 863	-19.1	-33.1
焦炭及半焦炭	万吨	467	1 134 178	358.1	154.8
原油	万吨	162	1 456 209	-33.5	-34.6
成品油	万吨	2 851	24 505 197	17.5	15.0
医药品	吨	818 087	12 328 489	7.0	3.3
新的充气橡胶轮胎	万条	44 013	16 153 423	6.4	1.7
纺织纱线、织物及制品	—	—	106 943 893	—	11.7

续表

商品名称	计量单位	数 量	金 额	比上年同期±%	
				数 量	金 额
棉纱线	吨	523 320	2 515 431	17.0	15.3
丝织物	—	—	964 620	—	-9.5
棉机织物	—	—	15 509 751	—	16.8
合成短纤与棉混纺机织物	万米	214 518	2 723 888	-1.8	3.8
地 毯	万平方米	47 866	2 505 396	-0.3	4.2
玻璃制品	吨	358	7 960 848	4.8	8.5
珍珠、钻石、宝石及半宝石	—	—	3 580 468	—	6.4
钢 材	万吨	6 234	53 235 095	11.9	3.4
未锻造的铜及铜材	吨	782 747	6 445 122	2.0	-1.0
未锻造的铝及铝材	万吨	364	11 686 856	5.1	3.7
手用或机用工具	万吨	150	8 685 454	3.2	8.9
自动数据处理设备及其部件	万台	187 167	182 174 869	2.1	-1.7
自动数据处理设备	万台	34 360	119 979 626	11.8	1.7
自动数据处理设备的零件	万吨	74	28 600 032	-8.0	-3.5
电动机及发电机	万台	308 588	9 861 248	-0.3	6.9

315

续表

商品名称	计量单位	数量	金额	比上年同期±% 数量	比上年同期±% 金额
静止式变流器	万个	495 141	17 613 742	22.3	13.3
手持或车载无线电话机	万台	118 588	95 095 659	16.9	17.4
录、放像机	万台	12 381	5 340 173	−14.3	−16.1
电视机(包括整套散件)	万台	5 962	11 503 606	−3.2	−8.7
录放音、像机及唱机的零附件	—	—	1 996 595	—	−26.1
电视、收音机及无线电讯设备的零附件	吨	618 095	11 918 973	−13.5	0.4
集成电路	百万个	142 666	87 699 675	20.7	64.1
集装箱	万个	270	7 881 249	8.8	−6.4
汽车零件	—	—	29 062 196	—	13.2
自行车	万辆	5 695	3 169 236	−0.3	−0.2
船舶	艘	3 075 731	26 252 522	11.5	−27.3
家具及其零件	—	—	51 825 766	—	6.2
灯具、照明装置及类似品	—	—	24 659 406	—	26.2
箱包及类似容器	—	3 020 824	27 588 972	0.1	9.0
服装及衣着附件	—	—	177 046 487	—	11.3

续表

商品名称	计量单位	数　量	金　额	比上年同期±% 数　量	比上年同期±% 金　额
织物制服装	—	—	147 906 087	—	11.2
鞋	万双	1 057 717	48 147 731	5.0	8.5
塑料制品	吨	8 964 144	35 294 615	5.3	11.8
玩　具	—	—	12 381 189	—	8.1
机电产品 *	—	—	1 265 527 133	—	7.3
高新技术产品 *	—	—	660 329 603	—	9.8

* 包括本表已具体列名的有关商品

中国主要进口商品量值

（2013 年 1—12 月）

单位：千美元

商品名称	计量单位	数　量	金　额	比上年同期±% 数　量	比上年同期±% 金　额
冻　鱼	吨	2 090 279	3 379 976	7.2	0.9
谷物及谷物粉	万吨	1 458	5 100 551	4.3	6.6
小　麦	吨	5 535 457	1 880 549	49.6	69.6
大　豆	万吨	6 338	37 984 992	8.6	8.6
食用植物油（包括棕榈油）	万吨	810	8 078 286	−4.2	−16.7
原　木	万立方米	4 516	9 317 352	19.2	28.5
纸　浆	万吨	1 685	11 373 527	2.4	3.7
棉　花	万吨	415	8 442 303	−19.2	−28.5
铁矿砂及其精矿	万吨	81 941	105 728 071	10.2	10.4
原　油	万吨	28 195	219 653 607	4.0	−0.5
成品油	万吨	3 959	31 930 822	−0.6	−3.5
液化石油气及其他烃类气	万吨	2 252	14 787 474	23.3	27.1
苯乙烯	吨	3 675 038	6 351 938	10.1	31.7
对苯二甲酸	吨	2 743 418	2 988 323	−48.9	−49.0
医药品	吨	97 589	16 216 154	−2.5	16.8
肥　料	万吨	793	3 393 245	−6.0	−16.2

商品名称	计量单位	数量	金额	比上年同期±% 数量	比上年同期±% 金额
初级形状的塑料	万吨	2 462	49 096 921	3.9	6.3
牛皮革及马皮革	吨	928 388	3 787 914	11.2	10.4
纸及纸板（未切成形的）	万吨	284	3 663 237	-8.8	-4.5
合成纤维纱线	吨	387 356	1 940 553	-4.3	1.6
棉机织物	—	—	1 787 714	—	-3.0
合成纤维长丝机织物	万米	105 310	1 849 163	-7.0	-5.6
针织或钩编织物	万米	149 846	2 323 315	-3.3	-1.5
钢 材	万吨	1 408	17 049 116	3.1	-4.2
钢铁板材	万吨	1 189	11 991 029	1.9	-6.7
未锻造的铜及铜材	吨	4 541 825	35 407 414	-2.3	-8.3
未锻造的铝及铝材	吨	963 124	4 036 423	-17.7	15.7
机械提升搬运装卸设备及零件	—	—	4 520 270	—	-2.0
纺织机械及零件	—	—	4 193 388	—	0.4
金属加工机床	台	75 637	10 098 515	-31.2	-26.0
自动数据处理设备及其部件	万台	74 742	30 828 690	1.9	-16.5
自动数据处理设备的零件	吨	4 090 153	2 306 692	50.3	7.2
变压、整流、电感器及零件	—	—	15 620 669	—	28.3
蓄电池	万个	191 986	3 804 945	-21.2	-15.7

续表

商品名称	计量单位	数量	金额	比上年同期±%	
				数量	金额
声音录制或重放设备	万台	33	28 007	-9.7	-3.7
电视、收音机及无线电讯设备的零附件	吨	66 927	7 524 869	-10.6	1.0
电容器	吨	84 742	11 089 917	7.6	30.1
印刷电路	万块	4 008 772	13 647 935	-2.9	-5.8
通断及保护电路装置及零件	—	—	23 005 180	—	4.5
二极管及类似半导体器件	百万个	374 020	21 364 850	6.5	19.8
集成电路	百万个	266 309	231 335 905	10.1	20.4
汽车(包括整套散件)	辆	1 192 249	48 725 404	5.5	2.6
小轿车(包括整套散件)	辆	423 439	17 621 409	-5.2	-9.9
汽车零件	—	—	25 365 011	—	10.4
液晶显示板	万个	339 740	49 576 606	-5.2	-1.5
医疗仪器及器械	—	—	7 893 506	—	11.4
计量检测分析自控仪器及器具	—	—	28 341 502	—	1.6
机电产品*	—	—	840 080 048	—	7.3
高新技术产品*	—	—	558 192 884	—	10.1

资料来源:中国海关统计

中国进出口商品境内目的地/货源地总值统计

（2013年1—12月）

单位：千美元

经营单位所在地	进出口		出口		进口	
	金额	比上年同期±%	金额	比上年同期±%	金额	比上年同期±%
总值	4 160 307 789	7.6	2 210 019 089	7.9	1 950 288 700	7.3
北京市	131 642 286	2.3	33 324 418	6.6	98 317 868	0.9
天津市	134 631 740	9.6	48 949 725	−0.2	85 682 015	16.1
河北省	90 305 807	9.7	40 845 213	9.6	49 460 594	9.9
山西省	17 174 527	3.5	9 750 124	15.4	7 424 403	−8.8
内蒙古自治区	14 385 922	3.0	5 256 589	−2.5	9 129 333	6.5
辽宁省	121 154 623	2.4	5 348 993	1.8	67 715 630	2.9
吉林省	25 198 326	2.9	5 708 216	−5.3	19 490 111	5.6
黑龙江省	27 395 578	−2.9	12 239 831	23.2	15 155 547	−17.2
上海市	434 199 172	0.0	188 785 501	−2.5	245 413 971	2.0
江苏省	593 273 559	0.8	333 820 902	−0.1	259 452 657	2.0
浙江省	365 526 311	5.0	262 467 031	7.3	103 059 780	−0.4
安徽省	39 039 245	18.4	22 463 299	8.8	16 575 946	34.6
福建省	154 508 632	5.7	94 343 515	6.2	60 165 117	4.9
江西省	33 646 997	11.3	23 303 247	16.4	10 343 750	1.3
山东省	315 632 806	6.4	141 957 906	4.4	173 674 899	8.1

续表

经营单位所在地	进出口		出 口		进 口	
	金 额	比上年同期±%	金 额	比上年同期±%	金 额	比上年同期±%
河南省	62 769 538	15.5	38 582 122	20.8	24 187 416	8.0
湖北省	35 644 625	9.9	20 987 548	11.9	14 657 078	7.1
湖南省	24 306 334	13.3	14 401 606	16.7	9 904 727	8.7
广东省	1 281 704 706	14.9	732 071 307	15.1	549 633 400	14.7
广西壮族自治区	38 713 509	-5.3	9 395 556	2.0	29 317 953	-7.4
海南省	14 750 457	1.3	3 173 022	13.0	11 577 434	-1.5
四川省	55 110 335	6.6	32 761 888	5.2	22 348 447	8.8
重庆市	58 796 308	30.0	38 212 792	23.1	20 583 516	45.0
贵州省	4 756 696	-5.9	3 209 509	2.0	1 547 188	-18.8
云南省	15 809 445	30.4	8 784 260	62.0	7 025 184	4.9
西藏自治区	2 104 125	-0.5	2 049 209	1.3	54 916	-40.1
陕西省	20 219 859	33.1	10 221 774	20.2	9 998 085	49.5
甘肃省	6 875 330	-4.0	1 430 924	-21.8	5 444 406	2.1
青海省	855 544	5.2	350 709	-18.1	504 835	31.1
宁夏回族自治区	2 608 191	-2.4	1 798 761	-4.0	809 430	1.4
新疆维吾尔自治区	37 566 557	11.7	15 933 564	11.7	21 632 993	11.7

资料来源：中国海关统计

图书在版编目(CIP)数据

江苏商务发展.2013 / 马明龙主编. --南京:南京
大学出版社,2014.6

ISBN 978 - 7 - 305 - 12923 - 0

Ⅰ.①江… Ⅱ.①马… Ⅲ.①商业经济－经济发展－
研究报告－江苏省－2013 Ⅳ.①F727.53

中国版本图书馆 CIP 数据核字(2014)第 051461 号

出版发行 南京大学出版社
社　　址 南京市汉口路 22 号　　　　邮　编　210093
网　　址 http://www. NjupCo. com
出版人 左　健

书　　名 **江苏商务发展 2013**
主　　编 马明龙
责任编辑 府剑萍　　　　　　　编辑热线　025 - 83592193

照　　排 江苏南大印刷厂
印　　刷 南京大众新科技印刷有限公司
开　　本 787×960　1/16　印张 20.75　字数 330 千
版　　次 2014 年 6 月第 1 版　　2014 年 6 月第 1 次印刷
ISBN　978 - 7 - 305 - 12923 - 0
定　　价 65.00 元

发行热线 025 - 83594756
电子邮箱 Press@NjupCo. com
　　　　 Sales@NjupCo. com(市场部)